한국어로 내려온
New Bible

# 새로운
# 성 경

제45권 3부 | 총10부

하얀마음

# 하나님 말씀 중에서

## 1. 사랑의 하나님

- 세상을 창조하신 하나님은 모두를 사랑하신다. 인간만 특별히 더 사랑하지 않고, 우주 만물을 다 똑같이 사랑하신다. 그러니 하나님이 창조하신 천지 만물과 화친하고, 미물까지도 소중히 대하라.

- 하나님은 특정 종파나 민족만을 더 사랑하지 않으신다. 자기 자신만 구원받겠다는 욕심을 버리고, 자기 종파만 구원받는다는 편협한 교리에서 벗어나야 한다. 종파를 초월해서, 모두를 사랑하라.

- 원수까지 사랑하라 했으니, 이 세상에 사랑하지 못할 자가 누가 있겠는가? 종파가 다르다고 해서 부모 형제와 원수처럼 지내는 자는 인간의 근본을 모르는 자다. 가장 가까운 가족부터 사랑할 때 남도 진심으로 사랑할 수 있다.

- 한 사람을 원수같이 생각하던 마음에서 사랑하는 마음으로 돌리면, 자기 자신의 마음이 가장 기쁘고 행복하다. 하나님께서는 인간의 마음속에 무거움이 없이 기쁘고 행복한 삶을 살기를 바라신다.

- 이웃을 "내 몸처럼" 사랑하라 했으니, 마지막 한 장 남은 천국의 티켓도 이웃에게 양보하라. 자기 중심적인 신앙에서 벗어나서 남을 위해 살아야 한다.

- 독초도, 약초도, 이단도 사탄도 천사도 다 필요하기에 존재한다. 독초일지라도 극소량을 사용해서 생명을 살릴 수 있고, 약초라 하더라도 남용하면 생명을 잃을 수 있다.

- 세상 모든 것을 명약으로 활용하는 것은 인간의 지혜에 달렸다. 어떤 것이든 어떤 사람이든 적재적소에 꼭 필요한 명약으로 승화시키라.

- 사탄도 이단도 천사도 모두 하나님의 주관하에 존재한다. 진정한 하나님의 백성은 사탄과 마귀까지도 감화시켜서 천사로 거듭나게 한다.

## 2. 기도

- 하나님은 인간의 생각까지 모두를 다 알고 계신다. 우리의 소원도 이미 알고 계시기에, 소원의 기도를 할 필요가 없다. 우리가 받을 자격이 되면 내려 주신다.

- 죄를 짓고 아무리 회개를 해도 용서받지 못한다. 도둑질한 자는 용서해 달라고 기도하고, 도둑맞은 자는 도둑을 잡게 해 달라고 기도하면, 공의의 하나님은 누구의 편에 서시겠는가?

- 자기가 잘못한 것은 그 사람에게 직접 갚고 용서를 구하라. 그가 용서하면 하나님도 용서하신다. 땅에서 매면 하늘에서도 매이고, 땅에서 풀리면 하늘에서도 풀리는 이치다.

- "회당에서 기도하지 말고 골방에서 기도하라" 했다. 눈에 보이는 골방이 아니라, 골방과 같이 고요한 마음이다. 잡념을 버리고 하나님을 향해 마음을 집중하며, 사랑하고 용서하는 아름다운 생각만 나오도록 하라.

- "두드리면 열릴 것이다." 하는 것은 육의 소원을 위해 두드리라는 것이 아니라, 진리의 깨달음을 얻기 위해 두드리라는 것이다.

- 기도하는 방법: 생활 속에서 수시로 기도하는 삶을 살아야 한다.

- "저의 죄를 용서하여 주옵소서." 하는 회개의 기도를 하라.
- 범사에 "하나님! 감사합니다." 하라. 현재 가진 것에 감사하며, 과욕하지 말라. 자기 노력 이상의 것을 더 갖고자 기도하는 것은 도둑놈심보다. 공의의 하나님은 각자 노력한 만큼 주신다.
- "하나님 뜻대로 살아가겠나이다." 하며 마음의 각오를 다지라.

- 기도는 하나님의 말씀을 받아서 "행하는 것"이다. 하나님이 계심을 굳건히 믿고, 하늘을 향하여 한 점 부끄럼 없이 사는 삶 자체가 가장 위대한 기도이며, 삶이 곧 예배다.

## 3. 지도자

- 똑같이 사랑한다는 말을 해도, 순수하게 하는 말은 천사의 말이지만, 사기 쳐서 재산을 가로채려고 하는 말은 사탄의 말이다.

- 종교 지도자가 아무리 훌륭한 설교를 해도, 신도의 재물을 거둬서 더 큰 교회를 짓고 자기의 부귀영화를 바라며 설교하면 사탄의 가르침이 된다.

- "저희 교회는 만원사례요, 믿음은 다 같으니 이웃의 개척 교회에 가서 예배를 드리시오." 하며, 이웃 교회의 부흥을 먼저 생각하여 제 신도를 보내는 종교 지도자가 있다면 그를 따르라. 그가 하나님의 사랑을 실천하는 자다.

- "부자가 천국에 들어가는 것은 낙타가 바늘구멍을 통과하는 것보다 더 힘들다" 하였거늘, 지금의 교회에서는 부자가 되기만을 기도하고 소원하니, 이는 곧 천국을 포기하고 지옥 행 열차의 티켓을 사는 것과 같다.

- 예수는 빈손이었다. 종교 지도자가 예수보다 더 호화롭고 편안하게 살아간다면 잘못된 것이다. 부귀영화와 명예를 바라는 자는 절대로 갈 수 없는 좁고 협착한 길이 종교 지도자의 길이다.

- 종교 지도자는 유리로 비춰 봐 한 점의 부끄러움이 없이 살아야 한다. 의식주도 직접 일해서 해결하고, 예수의 가르침과 행함을 그대로 따라야 한다.

- 종말은 없다. 지금의 잘못 가는 종교 집단에게만 종말이 있다. 보이지 않는 하나님은 보이는 육의 종말은 관여하지 않으신다. 환경 파괴로 인간이 스스로 멸망을 자초하는 것이다. 종파끼리 싸우기 전에, 무너진 인성을 바로잡고 지구의 몸살을 해결하는 데 뜻을 모으는 게 급선무다.

## 4. 성전이란

- 이 세상 자체가 하나님께서 만드신 성전이다. 자연보다 더 아름다운 성전이 있는가? 보이는 건물이 성전이 아니라, 성스러운 마음가짐이 성전이다.

- 반석 위에 교회를 지으라 했다. 지상의 단단한 돌은 인간이 쪼갤 수 있으나, 마음속의 굳은 결의는 세상 무엇으로도 쪼갤 수 없다. 바르고 굳건한 믿음으로 성경의 가르침을 실천하는 것이 마음의 반석 위에 교회를 짓는 것이다.

- 손으로 지은 건물의 교회에 모여서 복음을 전하는 것이 아니라, 교회를 개인과 가정에 심어 주어야 한다. 무너지고 부서지는 건물을 짓지 말고, 마음속에 영원히 불변하는 참진리의 교회를 지으라.

## 5. 십계명

▪ 십계명은 인간이 죽어서 반드시 통과해야만 하는 열 개의 관문이다.

- 부모를 공경하지 아니한 자는 "네 부모를 공경하라." 하는 제5계명의 관문이 열리지 않으니 구원받을 수 없다.
- 살인, 간음, 거짓, 우상 등의 나머지 계명도 마찬가지다.

▪ 십계명은 하나님의 친필이다. 모기소리만 한 하나님의 음성이라도 들어 보겠다고 여기저기 찾아 헤매지 말고, 십계명부터 암송하고 지키라.

▪ 십계명은 영혼을 구원하는 양식이며, 십계명을 지키는 것이 구원을 받는 길이다. 인간이기에 지키고자 노력하고 또 노력한다면 지킬 수 있다.

▪ 십계명을 지키고 천사처럼 아름답게 살아가는 그 마음 하나면 세상에 이루어지지 않는 것이 없다.

## 6. 보물

▪ 하나님은 재물이 아니라 우리의 마음을 받으신다. 사랑을 실천하며 천사처럼 변하는 마음이 하나님께 바치는 보물이다.

▪ 보이지 않는 하나님께 재물을 바치려 하지 말고, 너희를 길러 준 부모에게 용돈 드리고, 찾아뵙고, 효성을 다하라. 그것이 하나님께 효도하는 것이다.

▪ 하늘에는 선과 악의 창고가 있다. 자기 창고에 선이 많으면 천국으로 구원을 받고, 악이 많으면 심판받아 지옥으로 간다. 그것이 바로 "선한 일을 행한 자는 생명의 부활로, 악한 일을 행한 자는 심판의 부활로" 나오는 것이다.

▪ "선악과를 따먹지 말라"는 것은 양심을 지키라는 것이다. 선과 악을 구분할 수 있는 양심을 최초에 인간에게 주셨다. 선한 열매는 취하고, 악한 열매는 버리며, 양심에 비추어 부끄럼 없는 삶을 살아가라.

▪ 가장 작은 거짓말을 하지 않고, 가장 작은 죄를 짓지 않으며, 가장 작은 선행을 하고, 가장 작은 악행을 멀리하는 것이 율법의 일점 일획도 빠뜨리지 말고 다 지키는 삶을 사는 것이다.

## 7. 우상

- 박물관에 있는 불상은 하나의 예술품이다. 그 조각품에 대고 제 소원을 빌 때 우상숭배가 된다. 십자가라 하여도 그 앞에서 소원을 빈다면 우상숭배하는 것이며, 하나님께 소원을 빈다면 하나님을 우상으로 전락시키는 것이다.

- 지금 기복신앙에 젖어 있는 모든 사람이 우상 앞에 절을 하고 있다. 조각품을 우상이라며 파괴하지 말고, 네 마음속에 있는 욕심의 우상을 무너트리라.

- 생수를 약초가 먹으면 약을 만들고 독사가 먹으면 독을 만든다. 같은 성경을 봐도 선한 지도자는 신도를 천사로 만드는 데 활용한다. 그러나 욕심이 가득한 지도자는 재물을 거두어들여 제가 부귀영화를 누리는 데 악용한다. 그가 바로 성경을 우상숭배의 도구로 전락시키는 거짓 선지자다.

- 성경을 한 획도 빼거나 더하지 말라는 것은, 그 가르침을 빠트리지 말고 온전히 지키라는 것이다. 성경 속에서 자기에게 유리한 구절만 보는 것은, 자기에게 불리한 구절들을 빼 버리는 것이다. 믿음이 제일이요, 행함은 구원과는 관계없다는 것은 자신에게 유리한 쪽으로 성경을 악용하는 것이다.

- 진정한 종교 지도자는 종파에 관계없이 어떤 종파든 어떤 책이든 접하고 보고 깨우쳐 견문을 넓히도록 인도한다. 참진리를 모르고 자신이 없는 자가 남을 이단이라며 배척하고, 신도들의 눈과 귀를 가린다.

## 8. 예수

- 예수의 재림은 없다. 예수가 다시 온다 해도, 과연 누가 그를 예수라고 믿겠는가? 예수와 같은 삶의 행함이 곧 예수의 재림이다. 각자 모두가 "재림 예수"가 되는, 차원 높은 믿음으로 가야 한다.

- 예수는 "주여 주여 하지 말고, 아버지의 뜻대로 행하라"고 했다. 예수가 전한 하나님의 뜻이 곧 "길이요, 진리요, 생명"이며, 그 가르침이 예수의 보혈처럼 소중한 것이다. 예수를 믿는 것은, 예수의 가르침을 믿고 따르는 것이다.

- 예수는 낮은 자로서 만백성을 섬기고자 했다. 만나는 모든 사람을 다 하나님이라 생각하라. 돈을 벌수록 겸손하고, 높은 지위를 얻을수록 낮아지라.

▪ 예수는 종파를 만들지 않았다. 인간이 만든 종교와 인간의 교리를 따르지 말고, 예수를 통해 전한 하나님의 참진리를 연구하고 따르라.

▪ 예수가 2천 년 전에 만백성을 위해 죽었으니, 지금 이 땅에는 예수의 가르침대로 사는 천사만 존재해야 한다. 예수가 죽어 가면서 바란 것은 만백성이 천사가 되어 예수의 자리를 채워 주는 것이지, 지금과 같이 재물을 바치면서 중언부언 제 소원만을 비는 백성들을 바란 것이 아니다.

## 9. 구원

▪ 천사가 사는 천국에는 천사만 갈 수 있으니, 천사 같은 마음을 길러야 한다.

- "천국 열쇠를 네게 주리니 땅에서 무엇이든지 매면 하늘에서도 매일 것이라" 했다. 땅에서 천사같이 사는 자가 하늘에서도 천사가 되어 천국에 들어간다. 모든 사람에게 천사같다는 말을 듣는 삶을 살아야 한다.

▪ 천사의 곱고 아름다운 마음은 부모를 공경하고 어른을 어른으로 대접하는 데에서 출발한다. 효도하는 자는 형제와 화목하게 지내기에 가정이 화목해지고, 이웃과 화목해지고, 국가가 화목해지고, 온 인류가 화목해진다.

- 그러므로 지상의 아름다운 소왕국은 가정에서부터 이루어야 한다.

▪ 선택된 14만 명만 구원받는 것이 아니라, 천사처럼 변하고자 하는 14만 명을 기초로 온 인류가 천사처럼 거듭나는 영적인 개혁이 시작되는 것이다.

▪ 천 년에 걸쳐서 하늘에서 이루어진 것같이 이 세상을 낙원으로 만들어, 만백성이 지상의 천국에서 살다가 죽어서 그대로 하늘의 천국으로 들어가는, 영원한 지상 낙원을 건설하는 것이 하나님의 계획이다.

- **이것이 구약과 신약에 이어 "새로운 성경"으로 역사하시는 하나님의 창조의 완성이다.**

▪ 지금의 믿음으로 구원받을 수 있다면 그 길을 가라. 그러나 자신이 없다면 하나님께서 직접 내리신 160권의 "새로운 성경"을 읽고 구원의 길을 보라!

# 하나님 머리말씀

이 새로운 성경을 읽는 너희 모두는
이 율법에 따라 행하면 영원히 구원받을 것이니라.

너희 인간이 수년, 수십 년, 평생
성서를 공부하고 기도하는 것은
하늘나라 나의 곁으로 오고 싶은 소망일진대,

몇천 년 전의 너희 인성과 생각이
지금의 너희와는 판이하게 다르니,

꺾여 가고 병들어 가는 너희를 고칠 수 있는 길은,
오늘 내가 선지자에게 내리는 새로운 성경과 같이
너희가 변화되는 것뿐이니라.

나의 예수가 태어난 것처럼
내가 아들 선지자를 선택하여
나의 새로운 성경을 온 세계에 전하고자 하니,

묵은 것은 버리고 새로운 것은 취하여,
너희 모두는
'여호와 하나님! 저의 죄를 용서하여 주옵소서.'
하는 기도문으로 기도하고, 죄를 뉘우치라.

이 새로운 성경은
수천 년간 내려온 성서를 요약한 것이니,
너희는 이 책을 정독하여 쉽게 깨달음을 얻고,
이대로 실천하여 하늘에 오르라.

# 대역자 머리말

## ■ 하나님의 율법을 지키는 선지자로 선택을 받도다.

저는 남들처럼 그저 열심히 살아온 평범한 사람이었습니다. 그러나 50대 중반에 사업에 실패하여 많은 부채에 시달렸으며, 건강도 악화되어 눈이 잘 안 보이고, 걷기도 어렵고, 두통이 심해서 잠을 이룰 수 없는 고통의 나날을 보냈습니다. 그때 제가 선택할 수 있는 것은 육의 삶을 끝내는 길뿐이었습니다.

죽기 직전에 그동안에 죄를 지은 이들에게 용서를 빌고 인생을 끝내기로 작정하였습니다. 어려서부터 지은 죄를 빌고 빌다 보니 끝이 없었고, 죽음으로도 그 많은 죄를 용서받을 길이 없다는 생각에 하염없이 눈물이 흘렀습니다. 그 순간 '재래식 화장실의 구더기는 죄를 짓지 않는데, 나는 인간으로서 구더기만도 못한 삶을 살았구나.' 하는 생각이 들면서 괴로움에 몸부림칠 때, 갑자기 하나님의 음성이 들렸습니다.

"나는 여호와 하나님이니라. 너는 십계명을 암송하고 내가 내려 주는 메시지를 받아 책으로 만들어 만백성을 구하라." 하시며, 제 눈을 손으로 문지르게 하시고, 아픈 머리와 다리를 손으로 두드리게 하셨습니다. 그러고 나니 눈도 잘 보이고 걸을 수 있었으며 머리의 통증도 말끔히 낫게 되었습니다. 그때부터 십계명을 암송하고 나면 들려주시는 말씀을 기록하였고, 1999년 8월부터 2004년 7월까지 권당 288쪽, 총 160권을 받아서 "새로운 성경"이라는 책으로 펴내게 되었습니다.

그러한 저에게 죽기보다도 힘든 길이 시작되었습니다. 모든 교인들이 저에게 사탄이요, 이단이요, 악마요, 마지막 시대에 온 거짓 선지자라 하면서 공격하였고, 저를 짐승을 보듯이 대하는가 하면, 편협한 종교 지도자들의 선동으로 신도들이 이 책을 직접 읽어보고 평가할 기회마저 막아 버렸습니다. 그래서 하나님의 말씀을 세상에 내는 데 많은 어려움을 겪으며, 피를 토하는 심정으로 책을 전하고 있습니다.

그러나 아무리 인간의 힘으로 막으려 해도, 하나님의 뜻이 세상에 전해지는 위대한 역사는 계속될 것입니다. 책으로 전해지는 "하나님의 말씀"은 세상 끝날까지 항상 우리와 함께하실 것입니다. 사람은 죽어도, 책에 기록된 말씀은 영원히 남으니까요.

## ■ 따뜻한 실천

하나님께서는 어려운 사람들에게 삶의 터전을 마련해 주고, 미래를 열어 주는 것을 기뻐하십니다. 어려운 이웃이 스스로 자립할 수 있도록 이끌어 주는 것이 진정으로 이웃을 돕는 것이라고 말씀하셨습니다. 그래서 일자리가 없는 제자들에게 작은 사업장을 만들어 주는 "달란트 사업"을 하고 있습니다. 식당, 반찬 가게 등을 차려 주고, 기존의 어려운 사업장이 자립할 수 있도록 돕고 있습니다(커피숍, 미용실, 의상실 등).

하나님께서는 교회에 나와서 모든 시간과 재물을 쏟기를 원하지 않으시고, 그 시간과 재물을 교육에 투자하여 스스로 미래를 열어 가기를 원하십니다. 그래서 제때 공부하지 못한 제자들에게 학업을 이어 가도록 하였습니다. 중화요리 주방장을 하며 초등학교 검정고시부터 공부하여 2012년에 방통대를 졸업한 36세 남성, 만학도들의 2년제 중학교에 입학해서 2007년에 명지대학을 졸업한 38세 여성, 중학교 검정고시를 시작으로 숭의여자대학을 졸업한 47세 여성 등이 있습니다. 그밖에도 많은 제자들에게 나이를 초월하여 배우고 깨우쳐서 사회 속의 당당한 일원이 되도록 인도하고 있습니다.

학자금 대출로 힘겨워하는 젊은이들을 위해 "따뜻한 바람 장학회"를 발족하여(2016년 12월) 대출받은 학자금 전액을 매월 갚아 주고 있습니다. 또한, 다문화 가정을 위해 "다문화 가족 랜드"를 조성하여, 각종 시설을 무료로 활용하도록 하고 있습니다.

이러한 따뜻한 실천이 아직은 미약합니다. 그러나 책의 수입이 늘고, 저와 뜻을 같이하는 분들이 늘어나면 계속 확대할 것입니다. 지도자로서 신도의 재물을 헌금으로 거둬들여 착복하는 것이 아니라, 하나님께서 기뻐하시는 일에 사용하도록 중매 역할만 하며 살아가고자 합니다. 이런 제가 과연 사탄이고 이단인가요? 하나님께서 기뻐하시는 일이라면, 저에게 사탄이라 하든 거짓 선지자라 하든 굽히지 않고 실천해 나갈 것입니다.

끝으로, 일상의 삶 속에서 "지금 내가 하는 행동이 과연 하나님께서 기뻐하실까, 슬퍼하실까?" 생각하고, 매사에 하나님께서 기뻐하시는 길을 택하기 바랍니다. 교회에 모여서 집단적으로 예배 드리는 것이 아니라, 개인이나 가정 단위로 새로운 성경을 읽어 스스로 깨우치고 그대로 행하면 충분합니다. 그것이 마음속에 성전을 짓고, 신령과 진정으로 예배 드리는 길입니다. 그러면 천국의 문에 들어서게 됩니다.

2017. 2. 1.

하나님 말씀 대역자 김용철

# 차 례

# 십 계 명

이 책은 십계명을 암송하고 나면 내려 주시는 "하나님의 음성"을 듣고 그대로 받아쓴 기록입니다. 하나님께서 십계명을 모세에게 내려 주셨지만, 그것은 만백성에게 내려 주신 것입니다. 마찬가지로 이 책의 모든 말씀도 저에게 내려 주셨지만, 만백성 각자에게 들려주시는 말씀입니다. 여러분도 이 책을 접할 때마다 십계명을 암송하고 나서 정독해 주시기 바랍니다.

제일은, 너는 나 외에는 다른 신들을 네게 있게 말지니라.
제이는, 너를 위하여 새긴 우상을 만들지 말고, 또 위로 하늘에 있는 것이나, 아래로 땅에 있는 것이나, 땅 아래 물 속에 있는 것의 아무 형상이든지 만들지 말며, 그것들에게 절하지 말며, 그것들을 섬기지 말라.
제삼은, 너는 너의 하나님 여호와의 이름을 망령되이 일컫지 말라.
제사는, 안식일을 기억하여 거룩히 지키라.
제오는, 네 부모를 공경하라.
제육은, 살인하지 말지니라.
제칠은, 간음하지 말지니라.
제팔은, 도적질하지 말지니라.
제구는, 네 이웃에 대하여 거짓 증거하지 말지니라.
제십은, 네 이웃의 집을 탐내지 말지니라.

나 여호와가 존재함을 믿는 그 자체가 구원의 길에 들어서는 기본이요, 근본이며, 나의 새로운 성경을 가슴에 안고 정독하는 자, 반석 위에 서서 하늘에 오르는 찬란한 빛을 보게 되는 영광을 얻게 됨이니라. 진정 나를 따르고 믿는 자는 감히 사탄이나 마귀도 근접하지 못하느니라.

〈하나님 말씀〉

# 2002년 9월

## 3,247 번째 하나님 말씀

*2002년 9월 3일 18시 22분*

1 사랑하는 나의 아들아!
2 "네, 아버님! 말씀하옵소서."
3 나 여호와를 너희들이 말하기를 공의
의 하나님이라 하며 창조주 하나님이
라 하며 모든 질서의 기본이요, 근본
이라 말함이니, 지금 살아가면서 나의
성전에 와 공부하는 나의 아들의 제자
너희들과 그리고 이 법전을 읽으며,
나의 성령을 받아 네가 강론하는 그
강론을 듣기 위하여 모이는 그들은 알
아야 할 것이 하나가 있음이니라.
4 너희들이 남을 도와주며 그들에게 힘
이 되어 줄 때 너희들은 남들에게 아
무런 기대가 없고 받고자 하는 생각이
없으며 거기에 대한 이유가 없이 그저
던져 주라 말하였음이니라.
5 그리고 주는 자는 그와 같이 미련이
없으며 어떤 계산된 것이 없으며 그저
자기가 여유가 좀 있기에 도와주는 마
음으로, 그 재물이 자기의 손을 떠났
을 때 그것이 자신과 아무런 관계가
없는 그와 같은 마음으로 주는 것이
진정 남을 도우며 사랑을 베푸는 것이
라 말하였음이니라.
6 그러니 주는 것은 주는 것으로 끝이
요, 작은 인사 한마디 받고자 해도 그
는 값어치가 없다 했으며, 너희들이
남에게 베푸는 그 의미가 없으며 너희
들이 사랑과 축복을 받을 것이 없다
말하였음이니라.
7 그러나 주는 자가 그와 같은 마음으로
주나, 받은 자의 자세는 또한 어떠해
야 되겠는가?
8 그렇다면 준 사람은 아무런 부담 없이
주는 것이며, 받은 자는 아무런 부담
없이 제가 쓰며 제 삶에 도움이 되며
제가 살아가는 데 힘의 원동력으로써
그것을 썼다고 하자.
9 그는 그에 대한 감사함을 알아야 될
것이니라.
10 그리하여 그는 준 사람의 마음만큼 제
가 돌려주고자 해야 하는 것이며 그
얻은 만큼 반드시 돌려주는 것이 너희
들이 말하는 공의의 하나님이요, 나의
재판이요, 나의 심판의 기준이 아닌가?
11 너희들은 그와 같은 이치를 깨달아야
될 것이니라.
12 내가 너희들에게 베푸는 자는 아무런
생각이 없고 부담 없이 그저 베풀라
하였으며, 받는 자는 내가 무어라 했
느냐?
13 배로 갚는 것이 사랑이라 하였음이니
라.
14 내리는 사람의 사랑이 있으면 받는 사
람도 또한 그에게 보답하는 그와 같은
사랑이 같이 어울리는 것이 공의의 세
상이요, 정당한 방법이요, 정당한 거
래가 아니던가?
15 그리하여 나의 아들을 통하여 나의 성
전에 와 공부하는 백성들, 너희들의
육의 삶의 의식주를 나 여호와가 이제

해결해 줄 것이며, 너희들이 편안한
인생을 살아갈 수 있고 그 편안함 속
에서 너희들이 진실한 믿음을 가지며
나를 향하여 오는 그 믿음이 진실이며
너희들이 행복을 느끼는 그와 같은 역
사를 이루고자 내가 너희들에게 사업
장을 계속 내려 줌이니,
16 이는 내가 하늘에서 너희들에게 금화
와 은화를 직접 주는 것이 아니요, 가
진 자로 하여금, 가진 자를 통하여 내
가 너희들 제자 중 어렵고 힘든 자를
돕도록 그리 행할 것이니,
17 그를 주는 자는 아무런 마음의 부담이
없이 너희들을 아끼고 사랑하는 마음
이요, 나 여호와를 기쁘게 하는 그와
같은 행함이라 하여 그가 그와 같이
행할 것이니, 받는 자는 어찌 받아야
될 것인가를 너희들이 알아야 될 것이
니라.
18 내가 너희들에게 두 배로 갚으라 하였
음이니, 너희는 받은 자에게 그를 갚
으며 또 너희가 받은 것만큼 다른 사
람에게 베풀어 그가 의식주를 해결하
고 편안한 삶을 살아갈 수 있도록 그
리 만들어 주는 것이 받은 자가 해야
할 임무임을 너희들은 알라.
19 무상으로 베푼 자에게 너희들이 부담
을 주며 받은 것은 너희들이 그만큼
잘못 살아왔으며 잘못 행해 온 것이니
그것은 죄이니라.
20 그리하여 너희들은 그 죄를 배로 갚는
그와 같은 역사를 이루어 나가야 할
것이며, 그와 같은 삶을 살아서 너희
들이 남으로부터 받은 것에 대한 그
보상으로 너희 스스로 무거운 짐을 지
지 않는 그와 같은 삶을 살아가도록
그리하라.
21 이를 잊어서는 아니 될 것이니, 그리
행하도록 너는 지금서부터 너의 제자
들에게 이를 명하여, 그들이 받은 만
큼 돌려주며 또 받은 만큼 남에게 베
푸는 그와 같은 정당한 방법으로써 그
리 살아간다면 이 세상에 법이 필요
없으며, 너희들이 미래를 열어 가는
기틀을 세워 가는 데 부족함이 없는
나의 선택된 백성임을 알라.

## 3,248 번째 하나님 말씀

*2002년 9월 3일 21시 11분*

1 사랑하는 나의 아들아!
2 "네, 아버님! 말씀하옵소서."
3 이 세상 나의 피조물 만백성 중에 내
가 불로 써 그 모두를 담은 십계명을
너처럼 많이 암송한 자 없으며, 너처
럼 그 의미를 깊이 깨달은 자 없으며,
성서의 그 단면 모두를 그림을 펴 놓
고 보듯이 볼 수 있는 자 아무도 없음
이니, 너와 같이 그리 보는 자가 없음
이니라.
4 네가 나의 십계명을 목이 아프도록 암
송하며 또 암송하고 암송할 때마다 그
속에서 네가 깨우침을 알며 그 깊이를
앎이니, 그리하여 네가 법전을 세상에
만들어 기록하니 이 역사를 누가 알겠
는가?
5 아무도 그를 믿지 않으려 할 것이니라.
6 이게 곧 무엇이더냐?
7 순종함이니라.
8 내가 너에게 십계명을 그리 암송하라

했으니, 그를 거역하지 아니하고 암송
하며 지금 3부가 나올 때까지 네가 실
수 한 번 없이 그리 나갔으니, 160권
을 쓸 때까지 네가 얼마나 많은 기도
를 하며 얼마나 많은 십계명을 암송하
겠는가?
9 너희들이 많이 다니는 그 길도 한 번
가고, 두 번 가고, 세 번, 네 번, 다섯
번, 여섯 번 그 길을 다니고 또 다니다
보면 너희들이 발견하지 못했던 것을
거기서 발견함이니라.
10 돌부리가 나와 있는 것을 발견하며 나
무들이 우거져 있는 것을 바라보며 또
자연스럽게 있는 그 바위의 모형이나
그 모습을 발견하게 됨이니, 네가 다
니는 길도 계속 다니면 다닐수록 너희
인간들은 새로운 것을 거기서 발견하
고 얻게 됨이니,
11 하물며 너희들이 다니는 그 길을 계속
반복하여 다님으로 인하여 거기에 대
해서 너희들이 그를 깨닫고 거리가 단
축되며 너희들 마음 안에 그 거리가
들어옴이니, 남들보다 너희들이 얼마
나 쉽고 편안하게 그 길을 갈 수 있는
것이냐?
12 아무런 말이 없고 반응이 없고 그리고
감정이 없는 그 밟고 다니는 땅도 얼
마만큼 많이 다니느냐에 따라서 그와
같은 모든 변화가 오니,
13 산 사람인 너희들이 내가 불로 써 내
린 살아 있는 그 십계명을 암송하고
또 암송할 때 그 속에 있는 깊이를 알
게 되며 거기서 내가 원하는 것을 더
알게 됨이니, 이를 암송하지 아니하는
자는 그를 알 수 없음이니라.
14 이 세상에서 네가 가장 십계명을 많이
암송하는 자이니, 너희들이 이를 사탄
이요, 이단이요, 말세에 오는 거짓 선
지자라 말할 수 있는가?
15 구약 시대에 내가 그들을 바로잡기 위
하여 내린 십계명이니, 구약의 나의
백성들이 모세의 그 기적과 역사를 보
며 그들이 축복의 땅으로 가는 그 기
간에 그들이 고통과 힘들고 어려운 그
고비를 넘기지 못하여 우상을 만들어
광란의 짓을 하며, 저희들이 가진 재
물 모두를 바쳐 금으로 그 우상을 만
들어 그와 같이 광란의 짓을 행했던
것이니라.
16 그리하여 그들을 다스리기 위해서 이
루어진 것이 바로 십계명이니라.
17 그리고 신약 시대에는 그 십계명을 받
쳐 그를 행하고 실천하도록 하는 것이
나의 뜻이나 나의 아들이 그리 행하지
못하도록 한 것이 너희들이며, 그리하
여 십계명을 받쳐 만백성을 깨우치고
자 했으나 그 신약 시대가 그리 중단
되었음이니라.
18 그리하여 2천 년의 암흑의 세월이 흐
른 다음에 지금 내가 제3의 시대를 열
어 나의 십계명 속에 있는 그 뜻을 하
나하나 설명하며 깨우쳐 주니,
19 너희들이 십계명만이 영원히 구원받
는 영혼의 양식이라 하였음이니 그것
외에 너희들이 더 배우고 깨우친 게
어디 있는가?
20 하늘에 오르는 영혼의 양식이 열 가지
로 구분되어 있으나 그 속에는 천 가
지, 만 가지의 깊은 뜻과 삶이 있으며
행함이 있음이니,

21 그리하여 그를 하나하나 풀어서 나의
피조물 만백성 너희들이 초보자는 초
보자대로, 믿음이 있는 자는 있는 자
대로 그것을 보고 깨우쳐 하늘에 오르
는 길을 찾도록 내가 해 놓은 것이 지
금 제3의 시대에 내려가는 나의 법전
이니라.
22 그리하여 네가 나의 이 법전을 나의
성령을 받아 기록할 때 이는 바로 영
혼의 양식이요, 그보다 더 귀중한 것
이 없으며, 너희들이 죽어 왔을 때 그
영혼이 구원받고 못 받는 것은 십계명
을 얼마나 지키고 안 지켰느냐에 따라
서 너희들이 천국을 오고 못 오는 그
역사가 이루어짐이니,
23 그보다 더 소중한 것이 없기에 내가
십계명을 나의 아들을 통하여 그리 수
천수만 번 암송하게 하면서 이 역사를
이루어 감이니, 너희들은 과연 나의
아들처럼 그리 많이 십계명을 암송하
는가?
24 내가 불로써 써 내린 그 십계명을 암
송하고 또 암송하는 그를 어찌 사탄이
요, 이단이라 말하는가?
25 내가 구약 시대를 바로잡고자 했으며
신약 시대에 십계명을 받치고자 했으
며, 지금의 시대에 십계명을 풀어 놓
은 그 법전을 쓰는 나의 아들이 하늘
에 오르는 길이요, 영혼의 양식인 십
계명을 그리 암송하니,
26 믿음의 길을 가는 나의 백성을 구원의
길로 인도한다는 너희들은 가장 소중
한 십계명을 얼마나 암송하며 얼마나
중요시하며 얼마나 소중히 하며 값진
것으로 보는가?
27 여기서 너희들이 하나 알고 갈 것이
있음을 알라.
28 그리고 너의 제자들에게 똑바로 나의
성령이요, 너를 통하여 내리는 이 뜻
을 들어 기록하라 이르라.
29 구약과 신약이요, 제3의 시대의 법전
을 통틀어 그 모든 중요한 핵심의 원
본은 십계명이니라.
30 내가 너희들에게 다시 명하니, 구약의
그 많은 역사와 신약 시대에 이루었던
그 역사와 지금 제3의 시대에 160권
의 법전이 나가는 이 장정의 역사도
오로지 십계명을 위해서, 십계명을 바
탕으로 하여 그와 같이 이루어야 되기
때문에 십계명을 강조하는 것이며 그
를 풀어 가르치는 것이니라.
31 그러니 가장 중요한 십계명을 나의 아
들은 하루에도 몇십 번씩 암송하며 그
의미를 깨우쳐 가거늘, 1년이요, 2년
동안 한 번도 제대로 암송하는 자 없
으며, 가장 중요하고 구원을 받는 그
구약과 신약과 제3의 시대에 가장 귀
하고 하늘에 오를 수 있는 원액의 그
십계명을 너희들이 얼마나 연구하고
얼마나 공부하는가?
32 이와 같이 너희들이 그 원액인 십계명
을, 나의 성령이요, 나의 심장부인 십
계명을 너희들은 과연 몇 번이나 암송
하며 종교 지도자로서 너희들이 신도
들을 가르치는가?
33 나의 아들은 하루에도 몇십 번씩 암송
하며 깨우쳐 감이니, 과연 누가 사탄
의 자식이며 사악한 자며 나의 뜻을
거역하는 자들인가?
34 이 이치 하나만 깨달아도 나의 아들이

누구인가를 알 것이니, 사탄이 천사
보고 사탄이라 말하느니라.
35 사탄의 눈에는 사탄만 보이니, 천사는
보이지 아니함이니라.
36 그리하여 그들은 천사나 사탄을 분별
할 수 없고 눈으로 볼 수 없기 때문에
천사를 보고 사악한 자라 말하며, 하
늘의 만백성을 구하는 그 참빛을 보고
허황된 빛이라 그리 말하느니라.
37 가장 소중히 여기는 성서의 심장부요,
나의 심장부인 이 십계명을 누가 많이
암송하는가?
38 그를 암송하며 이치를 깨달아 나로부
터 성령을 받아 전하며 그를 연구하고
공부하는 나의 아들이 과연 이단이고
사탄인가 아니면 너희들이 사악한 자
들인가?
39 이 종말을 이룬 이 마지막 시대에 내
가 뿌리 뽑아 버리고자 하는 바로 너
희들이 사탄이고 사악한 자들임을 알
라.

## 3,249 번째 하나님 말씀

*2002년 9월 3일 21시 55분*

1 사랑하는 나의 아들아!
2 "네, 아버님! 말씀하옵소서."
3 그 오랜 세월 동안에 많은 나의 백성
들이 세상에 왔다가 죽어 갔으며, 또
그 종교 지도자들도 얼마나 많이 죽어
갔는가?
4 그리고 그들 밑에서 믿음을 깨우쳐 하
늘에 오르겠다던 자들이 얼마나 많이
세상에 나왔다가 저희들이 그리도 욕
심을 부리며 그리고 억척같이 살며 육
의 행복과 부귀와 영화를 위해 발버둥
치며 그를 위하여 노력하다가 죽어 갔
는가?
5 저희들은 나에게 와 심판받는 그 자체
도 잊어버리고 오는 세월 동안 자신도
모르는 사이에 반백이 되었으며 저희
들이 죽음의 문턱에 왔음이니,
6 그때서야 그들의 육의 삶이 잘되고 잘
못된 것을 깨달아 저희들이 그 죽음의
끈을 놓지 않고 그 고비를 넘지 않으
려 그리도 발버둥치고 몸부림치나, 그
들은 그를 벗어날 수 없으며, 죽음에
임박해서야 저희 육신이 잘못 살았으
며 잘못 믿음의 길을 갔음을 깨닫게
됨이니,
7 너희들이 거기서 나 여호와에게 단 1
년이요, 단 며칠 만이라도 시간을 달
라고 아무리 애원하고 몸부림쳐도 내
가 너희들에게 줄 수 없음이니,
8 너희들에게 단 하루라도 살 기회를 준
다면 너희들이 모든 죄를 용서 빌며
너희들이 가진 모든 재물을 다 불쌍하
고 가련한 자들에게 돌려주며,
9 나 여호와의 재산을 관리했던 것이 얼
마나 축복이고 영광인가 하여, 너희들
이 죽음의 직전에 와서 재물 하나 가
지고 가지 못함이니, 너희들이 그것들
을 나누어 주고자 하여 너희들이 단
며칠 만이라도 시간을 얻고자 하나 너
희들은 그를 얻지 못하며 이미 받을
수가 없음이니,
10 너희들이 그리하여 넘지 않으려는 그
죽음의 문턱을 넘게 되어 있음이니,
그때부터 너희들에게 어떠한 형상이
이루어지는 것인지 너희들은 죽음 앞

에 왔을 때에만 알 것이니라.
11 그리하여 너희들이 그리 애착을 가지
고 정든 사람, 정들었던 그 모두들, 그
리고 너희들이 이루고자 했던 모든 것
들을 다 놓고 가는 그 마당에, 너희들
이 얼마나 잘못 살아오고, 남에게 나
누어 주고 살지 못하며 베풀지 못하고
살았는가를 후회하며, 그리하여 너희
들이 어떠한 죄의 대가를 받아 어디로
가는가 그때 몸부림치나, 너희들은 단
한 시간도 그를 회개할 시간이 없으
며, 다시 와 정리할 시간이 없음이니
그것이 바로 너희들이니라.
12 그리하여 너희들이 그리 감이니라.
13 그리하여 내가 지금 너희 만백성을 구
원의 길로 인도하고 너희들을 구원하
고자 제3의 시대에 정녕 나의 뜻을 다
태워 너희들에게 알기 쉽고 깨우치기
쉽도록 그를 내려보내나, 너희들은 이
를 또 믿지 아니함이니라.
14 그리하여 이를 이단이요, 사탄이라 말
하며, '저것이 무엇이기에 우리를 구
원하는 길이라 하는가, 정녕 저게 여
호와 하나님, 창조주로부터 받은 내용
인가?' 하고 의심하며 핍박함이니라.
15 너희들은 생각해 보라, 내가 무어라
말했는가.
16 나의 법전에 나의 아들의 얼굴의 그림
이 그려져 있으니, 그를 찾아가 그가
어찌 사는 사람인지 알아보며, 그 주
변에 가서 그가 인생을 어떻게 살았는
가 물어보며, 어떠한 환경에서 자랐는
가를 물어보라 말하였느니라.
17 그가 너희들처럼 문학적 자질이 있어
서 소설을 쓰는 사람도 아니요, 시 한
편을 쓴 사람도 아니며, 그는 오로지
자기의 삶을 위하여, 육신의 향락을
위하여 그저 너희들보다도 더 무지막
지하게 몸과 마음을 아끼지 않고 살아
온 자이니라.
18 그가 지금 나에게 성령을 받아 너희들
이 말하는 내가 세상을 창조한 6일의
그 시간인 지상의 6일에 나의 법전 한
권을 책으로 세상에 내는 그 역사를
이루고 있음이니, 그것도 한두 권도
아니요, 160권이라는 그 장서를 내니,
그가 과연 어떤 사람이던가?
19 너희들이 그를 평가하고 그를 들여다
보면 그가 정녕 160권을 쓸 수 없다는
것을 알 것이니라.
20 그럼 이건 누구의 뜻이던가?
21 창조주인 나의 역사함이라는 것을 너
희들이 알 것이며, 그리고 나의 법전
에 기록된 내용들이 다 진실이며 사실
임을 알 것이니라.
22 그러나 너희들의 종교 지도자는 그리
말할 것이니라, 그러기에 네가 사탄이
요, 창조주의 말씀과 같기 때문에 이
게 마지막 시대에 오는 거짓 선지자
요, 사탄도 창조주와 같은 행세를 한
다 하나, 너희들은 그와 같은 말에 현
혹되지 말라.
23 그 누가 창조주 나의 흉내를 내며 나
에 버금가는 역사를 이룬다 말할 수
있는가?
24 그건 너희들을 현혹하기 위한 말이니
라.
25 그리고 내가 무어라 말하였느냐?
26 구약과 신약에서 가장 소중한 것이 십
계명이라 하였음이니라.

27 그 십계명을 수천수만 번 암송하며 그
의미를 깨달으며 이 법전을 받아 세상
에 내보내니, 그와 같은 자가 있는가
물어보라.
28 너희들은 믿어야 될 것이니라.
29 '설마' 하다 너희들이 지옥으로 가게
됨이니라.
30 너희들이 지금 세상 모두는 나 여호와
의 주관에 의해 이루어지는 것이라 하
며, 돌부리 하나도, 떨어지는 낙엽도
그 모두는 나의 역사요, 나의 주관하
에 이루어진다 하였음이니, 그가 다
소중함이 아니더냐?
31 세상사 살아가면서 너희들의 몸을 해
하는 모든 독소요, 사나운 맹수요, 그
들이 왜 세상에 있겠는가?
32 다 있어야 되기 때문이니, 창조주의
프로그램에는 그들이 그 자리에서 자
리를 지키지 아니하면 이 우주가 돌아
갈 수 없으며 형성될 수 없기 때문에
그들이 다 필요함이니라.
33 사악한 맹수도 필요하며 독소를 가진
것도 필요하며, 사람의 생명을 죽이고
동물의 생명을 죽이는 그 독소를 가진
식물들도 그들이 필요하기 때문에 존
재하는 것이니라.
34 너희들이 건축물을 지을 때 한 가지만
빠져도 그를 이룰 수 없듯이 그와 같
은 원리이니라.
35 그와 같은 이치를 너희들이 깨달아 세
상을 다시 한 번 돌아다본다 하면, 나
의 법전이 세상에 나와야 하는 그 뜻
을 알게 되며, 그것이 나로 하여금 세
상에 나왔다는 것을 너희들은 알게 될
것이니라.
36 이제 기회가 없으며 시간이 없음이니
라.
37 너희들은 나의 법전이요, 내가 내리고
나의 아들이 받아 너희들에게 강론하
는 성령의 뜻을 듣고 깨우치는 것만이
너희들이 나에게 올 수 있는 길이라는
것을 잊어서는 안 될 것이니라.

## 3,250 번째 하나님 말씀

*2002년 9월 4일 0시 07분*

1 사랑하는 나의 아들아!
2 "네, 아버님! 말씀하옵소서."
3 만백성과 너의 제자들에게 너는 일깨
워 주어야 될 것이니라.
4 노아의 방주는 무엇이었던가?
5 그는 나의 뜻을 따라 그 방주를 만들
었음이니 그가 바로 그 시대의 기적이
요, 한 역사를 이루었던 것이니라.
6 또 모세는 어떠했던가?
7 모세는 저희 백성을 구원하였으며 그
또한 나의 명에 의하여 그와 같은 기
적을 이루었음이니라.
8 나의 아들 예수는 죽음으로써 너희를
구원하고자 하였음이니, 그 또한 한
시대에 만백성을 구하는 그 대임을 수
행하였음이니라.
9 그러면 지금 나의 아들은 어떠하던가?
10 나의 명에 따라서 법전을 만들어 세상
에 전함이니, 그것도 한두 권의 법전
이 아니요, 288쪽이라는 160권의 법
전을 짧은 기간에 만들어 만백성을 구
하고자 함이니, 이는 나의 명에 의하
여 순종하며 행하는 것이니 이 또한
기적이 아니고 무엇이던가?

11 나의 명에 따라서 그가 법전을 만들어
세상에 전함이니, 이것을 너희들은 어
찌 보고 어찌 생각하는가?
12 너희들은 노아의 방주와 예수가 만백
성을 구하기 위한 역사와 또한 지금의
법전을 만드는 그 역사가 무엇이 다르
다 생각하는가?
13 지금 나의 아들이 나의 명에 따라 세
상에 만백성을 구하는 그 역사를 이루
는 것은 다 똑같은 기적임을 너희들은
어찌하여 생각지 못하는가?
14 노아의 방주는 방주로써 그 시대의 기
적이요, 역사며, 너희들이 그 역사의
기적 앞에 경탄함이니, 나 여호와가
아니면 이를 이룰 수 없으며, 나 여호
와의 명에 따르고 순종하지 아니하였
다면 노아의 방주는 있을 수 없음이니
라.
15 또한, 모세의 시대에 모세는 어떠했는
가?
16 그도 나의 명과 내가 원하는 뜻에 따
라 그가 거역하지 아니하고 순종하였
음이니, 그 백성을 이끄는 그와 같은
역사의 한 단면을 만들었으며 기적의
역사를 그는 이루지 아니하였던가?
17 예수, 나의 아들의 죽음은 어떠했는가?
18 그도 또한 만백성을 구하는 나의 명을
따라 그와 같이 역사의 한 장을 만들
었음이니, 그 또한 나에게 거역하지
아니하고 순종함이니라.
19 지금 나의 아들은 성령으로 증거하는
책을 만들어, 너희들이 보고 읽고 깨
우칠 수 있으며 너희들이 분석하고 판
단할 수 있는 증거물을 제시하는 이와
같은 것을 만들어 너희들을 구하고자
160권의 법전을 세상에 만듦이니, 이
것이 또한 그가 나의 뜻을 거역하지
아니하고 순종함이니,
20 위의 너희들 것은 위대한 것이며 지
금의 나의 아들이 나의 뜻에 순종하
며, 나의 뜻을 거역하지 아니하고 그
가 밤과 낮을 가리지 아니하며 짧은
기간에 그 누구도 상상할 수 없고 만
들 수도 없는 160권이라는 대장서요,
구약과 신약보다 몇 배 더 많은 내용
들을 그가 만들어 세상에 내보내니,
이게 바로 무엇이더냐?
21 지금 내가 제3의 시대를 열고자 하는
기적이니라.
22 내가 심판하고자 하는 그 시대가 지금
열리고 있음을 너희들은 알아야 될 것
이니라.
23 제3의 시대는 마지막으로 나 여호와
가 직접 너희들을 구원하는 방법으로
써 너희들을 구원하고자 함이니, 이보
다 더 위대한 기적이 없음을 너희들은
알아야 될 것이니라.
24 노아의 방주는 일개 가족이요, 모세
시대의 그 여정은 그 민족과 그 백성
을 위함이요, 예수는 만백성을 구하기
위한 그 역사를 이루었음이니라.
25 그러니 나 여호와가 직접 내려와 너희
들을 구원하고자 지금 성령을 내려보
내니, 내가 160권이라는 책으로써 너
희들을 구원하고자 마지막 시대에 모
든 것을 증명하며 증거하며 너희들이
읽고 깨우쳐 깨달음을 얻을 수 있는
이 책을 내가 직접 통제하며 나 여호
와가 이를 관리하며 내가 내려가 너희
들을 다스리는 그와 같은 역사가 이루

어짐이니, 이가 또한 무엇이더냐?
26 만백성을 구원하고자 함이니라.
27 내가 만백성을 구하고자 함은, 예수의
시대와 달리 너희들의 언어와 문자와
풍습이요, 모든 것을 다 하나로 만들
어 천 년이라는 그 세월 속에 나의 백
성이요, 나로부터 선택된 백성들만이
이 지상에 존재하는 그와 같은 역사를
이루고자 하는 것이 나의 뜻이니라.
28 여기에 너희들이 정녕 동참하며 너희
들이 나로부터 구원을 받는 백성이라
면, 너희들은 위로는 노아의 방주요,
모세요, 예수요, 지금 제3의 시대에
나의 법전이 세상에 나가는 이 기적을
너희들은 같은 맥락으로 봐야 될 것이
니라.
29 다만, 나의 아들이 순종하며 거역하지
아니하며 이를 행하는 것이니 너희들
은 이를 알아야 될 것이니라.

## 3,251 번째 하나님 말씀

*2002년 9월 4일 0시 27분*

1 사랑하는 나의 아들아!
2 "네, 아버님! 말씀하옵소서."
3 만백성과 너의 제자들과 그리고 종교
집단에서 지금 이끌어 가는 지도자들,
그들을 네가 깨우쳐야 될 것이니라.
4 지금 종교 지도자들은 어찌 가르치는
가?
5 저희들 조상 대대로 흘러내려 오는 그
종교 집단 저희들만이 구원을 받는 길
이며 나 여호와로부터 성령을 받았으
며 나로부터 선택된 자들이니,
6 어떠한 백성도 저희들을 심판할 수 없
으며, 저희들은 사악하고 더러운 짓을
해도 나 여호와만이 심판할 수 있으며
저희들의 신도요, 저희를 먹여 살리며
저희에게 은혜를 베푸는 너희들이 저
희를 심판할 수 없다 그리 말함이니,
이는 곧 먹이를 주는 주인이 종을 다
스리지 못한다는 것과 마찬가지니라.
7 너희들의 금화와 은화로써 먹고살아
가며 그것으로 호의호식하고 사는 종
교 지도자들이 도리어 너희에게 군림
하고자 하는 그와 같은 형국의 지도자
들의 흐름이 지금의 이와 같은 역사이
니라.
8 과연 그들이 가르치는 그 교리가 무엇
이더냐?
9 성서라는 것을 가지고 그들은 설교하
며 너희들을 가르치고 있지 않은가?
10 그러나 수천 년의 역사가 흐르는 동안
에 그 많은 종교 지도자들이 세상에
왔다가 사라졌지만, 지금 나의 아들은
160권이라는 나의 성령을 받아 법전
이라 하여 책을 세상에 냄이니, 그와
같은 역사를 그들은 과연 이룬 적이
있는가?
11 그 많은 종교 지도자들이 나 여호와의
성령의 뜻이요, 나의 메시지라 하여
나의 음성이요, 내가 저희들에게 내리
는 그 뜻을 받아 책으로 만들어 너희
들을 구원하는 그와 같은 길의 역사를
과연 이룬 적이 있는가?
12 지금까지 수천 년 흐르는 세월 동안에
너희들은 구약과 신약을 덮고 그를 능
가할 수 있는, 내가 직접 내리는 성령
의 가르침을 받아 만백성을 구하고자
160권이 넘는 가르침의 책을 만들어

만백성을 지도하고 가르치는 그와 같
은 역사의 변화를 이루는 자 있는가?
13 너희들은 이를 할 수 없음이니라.
14 정녕 너희들은 이와 같은 역사를 이룰
수 없음을 알아야 될 것이니라.
15 세상에 구약과 신약을 덮으며 이 나의
법전만을 가지고 너희들을 구원하고
자 하는 것이 나의 뜻이며, 이는 160
권이라는 법전을 처음 시작해서 끝날
때까지 그 짧은 기간에 인간으로서는
만들어 낼 수 없음을 너희들은 알아야
될 것이니라.
16 이 역사는 나의 기적이 아니고 나의
뜻이 아니면 이루어질 수 없음을 너희
들은 알아야 될 것이니라.
17 너희들은 말하기를, 구약과 신약은 한
자의 획도 바꾸어서도 아니 되며 고쳐
서도 안 된다 말하며, 그는 영원히 불
변이라 그리 말하느니라.
18 그러나 지금 시대에 구약과 신약을 덮
으며 새로운 나의 법전으로써 너희들
을 구원하고자 하는 것 또한 나의 계
획에 의하여 진행되어 가고 있음을 너
희들은 깨우쳐 알아야 될 것이니라.
19 내가 구약 시대나 신약 시대에 너희들
이 편안한 길로써 구원을 받으며 너희
들이 참진리의 빛을 봐 하늘에 구원받
을 수 있는 그와 같은 기회를 주었으
나, 너희들은 그를 다 버리며 나로부
터 천국의 문을 걸어잠그게 하였다 하
였음이니라.
20 그리하여 지금 내가 너희들에게 다시
한 번 더 기회를 주기 위하여 160권이
라는 법전을 세상에 내려보내니, 이
세상에 나오는 법전의 그 역사를 너희
들이 더듬어 보고 살펴보아야 할 것이
니라.
21 인간으로서 어찌 288쪽이나 되는 그
책을 6일 만에 한 권씩 써낼 수 있다
생각하는가?
22 그것도 한두 권이 아니요, 짧은 기간
에 160권이라는 그와 같은 장서를 써
낼 수 있다 너희들은 생각하는가?
23 너희들은 과연 그리 쓸 수 있다 생각
하는가?
24 하루도 거르지 아니하고 6일마다 한
권씩의 법전을 세상에 써내는 그와 같
은 역사를 너희들이 이룰 수 있다 생
각하는가?
25 너희들은 과연 이것을 보고도 이게 나
여호와가 주관하는 기적의 역사라 그
리 생각하지 아니하는가?
26 너희들 종교 지도자 중에, 나의 아들
이 160권을 시작하여 끝날 때까지 그
기간에 160권과 같은 장서를 만들어
만백성을 가르치고 깨우치는 그와 같
은 역사를 이룰 수 있는 자가 있다 하
면 나의 아들이 진정한 나의 아들이
아니라 너희들이 그리 말해도 내가 너
희들을 벌하지 아니할 것이며,
27 나의 법전이 마지막 시대에 오는 거짓
선지자가, 사악한 무리가 만백성을 혼
돈에 빠트리기 위하여, 너희들을 지옥
불로 이끌어 가기 위하여 이와 같은
사탄의 역사가 이룬다 그리 말하며 나
의 법전을 보지 아니하고 나의 법전을
읽지 아니한다 해도 내가 너희들을 벌
하지 아니할 것이니라.
28 나의 아들이 160권이라는 288쪽의 법
전을 써내기 시작했을 때와 끝날 때까

지 그 짧은 기간에 그와 같은 역사를
이루는 종교 지도자가 있다 하면, 너
희들이 나의 아들을 욕하며 시시비비
하며 나의 법전을 태워 찢어 버린다
해도 너희들을 벌하지 아니한다 하였
음이니라.
29 그 누구도 이와 같은 역사를 이룰 수
없음이니라.
30 창조주인 나 여호와만이 이를 이룰 수
있음을 너희들은 알아야 될 것이니라.
31 내가 성서에 기록하여 너희들에게 무
어라 말하였더냐?
32 그가 자의로 말하지 아니하며, 제 생
각대로 말하지 아니하며, 오로지 듣는
것만 가지고 만백성을 깨우치는 자가
역사한다 하였음이니,
33 지금 너희들이 읽고 있는, 너희들이
손에 들고 있는 이 160권의 장서가 바
로 그것임을 너희들은 알아야 될 것이
니라.
34 나 여호와가 역사하지 않으면 그 누구
도 이룰 수 없는 이 위대한 역사가 지
금 이루어지고 있음이니, 너희들은 이
변화되는 뜻을 알아야 될 것이니라.
35 이 모두는 나의 뜻에 의한 것이며 나
의 계획에 의하여 이루어짐을 너희들
은 알아야 될 것이니라.
36 그는 오로지 듣는 것만을 기록하며,
내가 내리는 것만을 기록하며, 내가
전하는 메시지만 받아 기록하기에 6
일에 한 권씩 책을 써내는 그 역사를
이룰 수 있음이니라.
37 너희들 중에 그와 같이 이룰 수 있는
종교 지도자가 있다 하면 한번 기록하
여 보라, 그리고 책으로 만들어 만백
성이 경탄하며 그들이 깨우침을 얻으
며 진정한 하늘에 오르는 길이 무엇인
가를 깨달아 그 마음속에 변화를 이룰
수 있는 그와 같은 책을 한번 기록해
보라.
38 나의 법전 열여섯 권을 읽은 자 눈을
뜨게 되며, 세상에 살아가는 의미를
알며, 구원을 받는 길을 알며, 너희들
이 살아가는 길을 알며, 이 세상 육의
삶이 생각하고 연구하며 살얼음판을
걷는 것보다도 더 조심스럽게 그와 같
이 살아가지 아니하면 정녕 구원을 받
을 수 없다는 그와 같은 이치를 깨달
으며, 세상사 너희들이 하늘에 오르는
그 모든 뜻이 여기에 기록되어 있음
이니, 이를 정독하는 자는 구원을 받
을 것이니라.
39 이와 같은 책을 세상에 만들어 낼 자
있거든 만들어 제시해 보라 그리 이르
라.
40 누구도 못 할 것이니라.
41 그러기에 이것이 기적이니라.
42 이것이 내가 주관하는 역사임을 너희
들은 여기서 깨우쳐야 할 것이니 그리
알라.

## 3,252 번째 하나님 말씀

*2002년 9월 4일 0시 43분*

1 사랑하는 나의 아들이!
2 "네, 아버님! 말씀하옵소서."
3 나의 법전이 세상에 나오는 것을 모든
각국의 언어로써 그들이 원하는 대로
번역하여 깨우치도록 그리하라 하였
음이니라.

4 이제 네가 법전 1, 2부를 다 썼으며 3
부에 돌입하여 지금 너희들이 말하는
2002년 10월 말이라는 그 기간에 나
의 3부의 법전이요, 288쪽짜리 48권
이라는 나의 성령이 기록된 나의 가르
침이요, 너희들을 구하는 나의 법전이
책으로 세상에 나감이니,
5 이제는 너희들이 이를 기계 문명의 그
모두를 동원하여 만백성에게 전하는
그 사업에 전념을 다하라.
6 홍보라 하여 많은 백성이 이를 보고
깨우칠 수 있도록 너희들의 기계 문명
을 다 동원하여 만백성에게 전하는 일
에 모두 다 매달릴 것이며, 모든 정성
과 힘을 그곳에 다 쏟으라.
7 그리하여 너희들이 노력할 때 그 결과
가 얻어지는 것은 내가 거두어들일 것
이니라.
8 이제 여기서 14만 명의 전사를 고르
기 시작할 것이며 그들이 대역사의 변
화를 이룰 것이니라.
9 이제 너는 주저하지 말며 네가 지금서
부터 홍보 사업에 모든 기계 문명의
역사 앞에 그를 다 던지라.
10 그리하여 홍보에 역점을 두라.
11 3부의 법전이 이루어지기 전에 네가
홍보라는 것을 하며 남들 앞에 나가는
것을 내가 너에게 억제하라 하였으며
그를 통제하라 하였으나,
12 이제는 3부의 법전이 나가 만백성의
각국의 언어로써 그를 번역하여 그들
이 원하는 대로 보내 주어야 할 것이
니,
13 너희들은 홍보에 역점을 두어 이제 그
곳에 맞추어 기계 문명을 최대한 이용
하고 활용하여 나의 법전이 세상에 나
오며 기적이 이루어지는 이와 같은 역
사를 그들에게 일깨워 주도록 하라.
14 그리하여 그들이 법전을 저희들의 생
명보다도 더 소중히 여기며 그를 구하
여 읽어 볼 수 있도록 그 변화의 역사
를 이루라.
15 너희들이 모두 홍보에 역점을 다할 때
그 얻어지는 결과와 만백성이 깨우치
는 것은 내가 다 이루어 줄 것이며, 너
희들은 거기에 대한 이제 만반의 준비
와 모든 것이 다 갖추어졌음이니라.
16 나의 아들인 너의 깨우침이 경지에 올
랐으며, 네가 행함이 한 점의 부끄럼
이 없으며, 너의 제자들 또한 쇠파이
프를 손에 쥐면 녹을 것 같은 그와 같
은 변화의 깨우침이 무섭게 치닫고 있
으니,
17 그들 자신도 당당하며 남에게 부끄러
움이 없는 그와 같은 삶을 살아가는
것이 지금 너의 제자며 그와 같이 마
음이 하나가 되어 가고 있음이니라.
18 그러니 이제는 네가 법전을 받아 만백
성에게 전하며 너의 제자들에게 모든
기계 문명을 동원하여 홍보라는 것에
최대의 역점을 두도록 그리 명하며,
너희들이 결의하고 다짐하도록 그리
하라.
19 내가 너희들과 같이 역사할 것이며 너
희들에게 힘과 용기를 줄 것이며, 너
희들의 눈으로 변화되는 그 역사의 무
서우리만큼 밀어닥치는, 회오리바람
보다도 더 강하게 세상이 변화되는 것
을 볼 것이며, 태풍보다도 무서운 파
괴력을 가지고 나의 법전이 세상에 전

해지는 그 역사가 이루어질 것이니라.
20 이에 대해 너희들은 전진하라.
21 그리고 돌격하는 병사들처럼 너희들
이 힘을 합하여 홍보하는 데 모든 매
체를 다 동원하여 이를 깨우치도록 그
리하라, 나의 아들아!

## 3,253 번째 하나님 말씀

*2002년 9월 4일 0시 50분*

1 사랑하는 나의 아들아!
2 "네, 아버님! 말씀하옵소서."
3 이제 나의 법전이 세상에 나가며, 네
가 나의 아들이요, 나의 선지자로서
나의 성령을 받아 구약과 신약을 덮고
새로운 시대를 여는 이 법전의 시대가
열린다 그리 말하니, 많은 백성들이
너에게 말할 것이니라.
4 네가 정녕 나 여호와의 아들이라면 예
수의 그 시대처럼, 예수처럼 어떤 물
리적인 기적을 저희들에게 보여 줄 것
을 원할 것이며, 불가사의한 일을 보
여 달라 그리 말할 것이며, 그들은 '네
가 그리 보여야 우리가 너를 믿을 것
이며 너를 따를 것이다.' 그리 말할 것
이니라.
5 그리고 또한 그 역사와 기적을 증명하
기 위하여 그들은 너에게 그 증거를
보이라 그리 말할 것이니라.
6 그러나 너는 그들에게 말하라.
7 나의 아들 예수가 너희들을 깨우치는
동안에 그가 매일같이 몇 번씩 기적과
역사를 이루며 물리적인 행동이요, 병
자를 치료하며 그와 같은 역사를 이루
는 것만이 그가 이루었던 것인가 그리
물어보라.
8 그것은 그가 만백성을 깨우치고 이끌
어 가며 때에 따라 내가 그것을 역사
할 필요가 있을 때 그에게 명하여 그
와 같은 기적을 이루도록 하였음이니
라.
9 그는 나의 성령을 만백성에게 전할 때
성전이 없이 이곳저곳 다니며 들이나
사람이 모인 곳이라면 어디서든지 백
성들을 깨우치는 데 모든 역점을 다
두었음이니라.
10 그가 기적을 이루어 너희들을 깨우치
고 이끌어 가는 그와 같은 방법으로써
너희들을 깨우치고자 했던 것이 아님
을 너희들은 알아야 될 것이니라.
11 지금 나의 아들도 또한 내가 필요로
할 때 그에게 역사하며, 너희들의 눈
으로 볼 수 있는 기적의 역사나 물리
적으로 행해지는 불가사의한 어떠한
일을 이루는 그 역사를 보여 주고자
할 때, 내가 필요로 할 때 나의 아들을
통하여 너희들에게 그와 같은 역사를
이루어 줄 것이니라.
12 너희들은 지금 그 모든 물리적인 역
사나 불가사의한 일을 보는 것으로써
그것을 기적으로서 위대하다 생각하
지 말라.
13 지금 내가 나의 아들을 통하여 160권
의 법전과 그가 33년의 삶의 생활 속
에서 무엇인들 너희들에게 이루지 못
할 것이 있으며 또한 무엇인들 어떠한
기적인들 너희들에게 보이지 못할 것
이 있겠는가?
14 다만, 내가 필요로 하며 내가 그것을
필요하다 느낄 때 나의 아들에게 기적

과 역사를 임하게 됨이니라.
15 너희들은 여기서 깊이 깨우쳐야 될 것
이니라.
16 내가 너희들에게 말했듯이, 물리적인
기적을 행하며 불가사의한 기적으로
너희 마음을 돌려놓는다 해도 그와 같
은 믿음은 영원히 지속되지 못한다
하였음이니라.
17 그것은 곧 무엇이더냐?
18 기적이 보이지 않을 때나 기적을 이
루지 못할 때 떠나며 등을 돌리는 그
와 같은 것이 너희들의 심리 상태이기
때문에, 기적으로 너희들은 존재할 수
없다 하였음이니라.
19 그보다 더 위대한 것이 내가 나의 성
령을 태워 나의 아들을 통하여 160권
이라는 그 법전을 세상에 만들어 너희
들에게 증거하며, 보고 읽어 깨우쳐
하늘에 오르는 길을 스스로 찾도록 하
는 것이니,
20 이것보다 더 위대한 기적이요, 너희들
에게 영광된 기적이 없으며, 이보다
더 기적을 이루는 역사가 없음을 너희
들은 알아야 될 것이니라.
21 이보다 더 위대한 역사는 영원히 없을
것이니 너희들은 이를 깨우쳐 행하도
록 해야 될 것이니라.

## 3,254 번째 하나님 말씀

*2002년 9월 4일 0시 58분*

1 사랑하는 나의 아들아!
2 "네, 아버님! 말씀하옵소서."
3 나의 성서에 기록되어 너희들에게 깨
우치기를, 너희들은 어떤 백성들이나
어떠한 사람이든지 그를 학대하지 말
며 심판하지 말며 차별하지 말라 그리
가르쳐 이미 성서에 기록하여 전했음
이니라.
4 그러나 지금에 오는 종교 집단이나 나
의 아들 예수의 보혈로써 구원을 받았
다 그리 말하며 착각 속에 젖어 있으
며 환상에 젖어 사는 자들, 그리고 그
착각과 환상 속에서 가르치는 종교 지
도자들, 또 그들을 따라서 구원의 길
이라 하여 그곳에 가 무엇인가를 얻고
자 기도하며 경배하는 자들, 너희들은
이를 행함이 어찌 가고 있는 형태이던
가?
5 너희들은 과연 너희들과 같은 믿음의
길을 가지 않는 형제요, 백성이요, 이
웃에게 심판하지 않으려 하며 학대하
지 않으려 하며 너희들과 차별화를 두
지 않는 그와 같은 삶을 사는가?
6 그와 같은 삶을 사는 것이 나의 믿음
이요, 하늘에 오르는 길을 가는 너희
들이 할 수 있는 행위라 내가 말하였
음이니라.
7 그러나 너희들은 어찌하던가?
8 나의 이 뜻을 과연 위배하고 버린 자
는 없는가?
9 지금 믿음의 길을 가는 자들이 같은
믿음의 집단이 아닌 자는 저희 형제나
더 가까운 부모에게까지도 차별화하
며 마음을 열지 아니하며 그들과 한
배를 타고 가지 않으려 하는 것이 너
희들이니, 이웃과의 관계는 어떠하던
가?
10 이웃에 있는 모든 사람들이 너희들과
같은 종교 집단이 아니거나 같은 믿음

을 가지 아니하면 너희들은 그들을 경
원시하고 미워하며, 인간을 학대하는
것보다도 더 싸늘한 방법으로, 더 마
음의 문을 열지 아니하며 문을 닫고
살아가는 것이 지금 너희들의 형국이
니, 너희들이 과연 나로부터 선택된
백성이라 말할 수 있는가?
11 너희들만이 위대한 백성이요, 너희들
만이 선택된 백성이라며 차별화하는
그 자체가 얼마나 나의 성령의 뜻을
거역하며 나에게 순종치 아니하는 것
인가를 너희들은 알아야 될 것이니라.
12 너희들 스스로 자신을 모르며, 너희들
이 지켜 하늘에 오르는 길이 무엇이며
너희들이 행해야 하는 길이 무엇인지
그 자체도 알지 못하면서 지금 구원을
받았다 말하며, 너희들은 구원의 길에
들어서서 하늘을 향해 달려간다는 그
와 같은 착각 속에 살며,
13 너희들의 육이 죽었을 때 하늘나라에
와 구원을 받는다는 그와 같은 환각
상태인 너희들이 진정 찬란한 빛을 보
지 못하며 허황된 빛으로써 그 빛을
향하여 그게 하늘에 인도하는 길이라
하여 달려가는 지금의 그와 같은 형국
이니,
14 나의 성서에 기록되어 있는 너희들이
행해야 될 것과 너희들이 지켜야 될
것과 너희들이 순종하며 살아가야 할
그 내용 하나하나를 발췌하여 그것을
기록하여 축소판으로 만들어 그를 읽
고 또 읽어 너희 머릿속에 심어 그 뜻
에 따라 행하지 않는 자는 정녕 믿음
의 길을 가는 자가 아니요, 나에게 역
행하는 자임을 너희들이 알아야 될 것
이니라.
15 형제지간에 반목하는 자는 지옥 불에
간다 하였으며, 부모에게 불효하는 자
는 더 큰 죄를 짓는다 하였으니, 성서
속에서 누가 무엇을 행했으며 누가 어
찌하였다는 그 역사의 족보를 암송하
고 따지는 것이 성서를 보는 것이 아
니니라.
16 성서에서 너희들이 가장 지키기 어렵
고 힘든 그 내용들을 발췌하여 소책자
로 만들어 너희들이 그걸 읽고 또 읽
어 거기서 깨우침의 길을 가면, 곧 너
희들이 십계명을 지키지 아니할 수 없
으며, 그 모두는 십계명에 의해서 나
간 것이라는 것을 너희들이 알게 될
것이며,
17 그리하여 십계명이 구약과 신약을 축
소한 것이며, 너희들의 영혼의 양식이
며 구원을 받는 것이라는 것을 알게
될 것이니라.
18 그리하여 너희들은 지금 형제지간에
차별을 두며 부모와 이웃과 모든 인간
관계에서 너희들의 손으로 지은 그 성
전에 와서 기도하고 경배하지 않는 자
는 차별화를 둠이니,
19 내가 성서에 차별화를 두지 말며 심판
하지 말며 그 모두를 학대하는 마음으
로 대하지 말라 하였거늘,
20 너희들은 내가 하지 말라는 것만을 골
라서 지금 행하고 있으면서 너희들이
그 죄를 짓는 것도 모르며 나의 뜻을
거역하는 것도 모르며, 그와 같은 행
위로써 살아가는 것이 나와는 아무런
관계가 없는 백성이라는 그 자체도 너
희들은 모르니,

21 모르면서 당당히 그와 같은 것을 행하
고 있음이니, 너희들이 얼마나 사악한
것에 용감하며 얼마나 사악한 것에 미
련하며, 너희들이 얼마나 사악함과 선
함을 구별하지 못하는 자인가 너희 스
스로 깨우칠 때가 왔음을 알라.

## 3,255 번째 하나님 말씀

*2002년 9월 4일 01시 10분*

1 사랑하는 나의 아들아, 너의 제자들에
게 일러 깨우치라.
2 나의 법전을 읽고 공부하며 나의 성령
의 뜻을 직접 들어 깨우친 너희들의
살아가는 모습이 과연 어떠하여야 되
겠는가?
3 고픈 배를 채우기 위하여 거짓된 행위
를 한다든지 남에게 폐를 끼치는 행위
를 하고 남으로부터 지탄받는 그와 같
은 행위를 하며 한 끼를 때운다면 너
희들은 차라리 굶주림의 고통을 겪는
것이 백배 천배 나음을 알아야 될 것
이니라.
4 너희들이 굶주린 배를 채우기 위하여
나 여호와를 속이고 거짓 하고 남에게
피해를 주며 그와 같은 불법적인 행위
로써 한 끼의 끼니를 채운다면 너희들
은 그 죄가 얼마나 무서운가를 모를
것이니라.
5 너희들이 육의 생활을 해 가면서 너희
들이 말하는 의식주에 좀 더 남보다
좋은 옷을 입고자 거짓 하며 추한 짓
을 하며 죄로써 다스려질 짓을 한다
든지, 좋은 집에 살고자 수단과 방법
을 가리지 아니하고 재물을 모으는 데
너희들이 남의 사정, 이웃의 피해를
생각하지 아니하며, 그저 사악한 방법
으로 좋은 집을 소유하기 위하여 그와
같은 방법으로 간다든지 그러한 짓은
차라리 집 없는 삶이 나으며, 떨어진
옷을 입고 있는 것이 더 나음을 알아
야 될 것이니라.
6 너희들이 지금의 그와 같은 육의 삶에
남에게 보여 주기 위한 그 방편으로써
더 좋은 집, 더 좋은 옷, 더 행복하게
그리고 즐겁게 살아가는 그것만이 인
생의 전부인 양 그리 행하여 가며 너
희들이 남에게 폐를 끼쳐 그 무엇인가
를 얻는다 하면,
7 너희들은 그것을 얻어서 편안한 것보
다 몇천 배의 고통이 너희들에게 따른
다는 것을 알아야 될 것이니라.
8 그러니까 너희들은 부끄러운 짓, 추한
짓, 더러운 짓, 남으로부터 용서받지
못할 짓을 행하면서 부귀영화를 누리
는 그와 같은 행위를 하는 어리석은
백성이 되지 말아야 될 것이니라.
9 못 입어도 너희들의 깨끗한 자세가 너
희들에게 복이 되며, 좋은 집에서 살
지 못한다 해도 깨끗한 마음으로 지탱
하고 살아가는 그것이 너희들에게 천
만 배 영광의 길임을 알아야 될 것이
니라.
10 그와 같은 이치를 너의 제자들에게 깨
우쳐 너의 제자들 스스로 마음을 다스
리도록 해야 할 것이며, 이와 같은 것
을 위배하고 사는 자는 정녕 나에게
오를 수도 없으며, 선택받은 백성이라
는 그 명단에서 지워짐을 알아야 될
것이니라.

11 육의 세상에서 너희들이 어떠한 부귀
영화도 잘못된 방법으로써 그를 취하
고 얻으며 너희 소유로 만들었을 때,
너희들은 지금의 즐거움보다도 몇백
배 몇천 배 더 험악한 그 죄의 대가를
받게 됨이니, 너희들은 죽어 내 앞에
왔을 때 그게 얼마나 어리석었나를 통
곡할 것이니라.
12 너희들은 굶주리더라도, 한 끼를 굶주
리며 열 끼를 굶주린다 하더라도 너희
들이 더럽고 추한 방법으로써, 나 여
호와에게 당당히 보일 수 없는 자세
요, 하늘을 향하여 한 점의 부끄럼이
있는 행위로써 그를 취한다면, 차라리
굶어 죽는 것이 나음을 알아야 될 것
이니라.
13 이것이 하늘의 이치며 너희들이 나에
게 받는 심판의 결과이니, 이를 너희
들이 명심하여 행하라.
14 내가 법전에 기록하여 너희들에게 모
두를 다 가르쳐 주며 너의 제자들에게
깨우침의 역사를 이루어 줌이니, 이를
배우고 깨우친 너의 제자들이 이를 행
하지 아니하고 역행했을 때, 너희들의
그 죄가 모르는 자보다 더 무서움을
알아야 될 것이니라.
15 너희들이 나의 법전을 읽고 깨우치고
도 그만큼 변하지 아니하며 너희들이
행하지 아니한다면 그를 배우고 듣지
못한 자보다도 더 사악한 자들이니,
그 죄의 대가의 무서움을 너희들은 알
아야 될 것이니라.
16 나의 법전을 읽고 깨우친 자, 나의 성
전에 와 나의 아들로부터 강론을 듣는
자, 너희들은 하루하루가 무서우리만
큼 변해야 될 것이니,
17 너희들 스스로 자신을 평가하며 자신
을 냉혹하게 심판하며 너희들 자신을
돌아다보며 사는 그와 같은 삶을 살라
말하였느니라.
18 너희들 앞에 이름 석 자를 써 놓고 그
이름 앞에 하나하나 지은 죄를 들추어
내 보라.
19 그 이름이 얼마나 추하게 살았으며 얼
마나 후회스럽게 살았으며 용서받지
못할 삶을 살았는가를, 너희들이 후회
와 뼈저린 통곡의 눈물을 흘리게 될
것이니, 그와 같이 깨닫기 시작한다면
너희들이 구원의 길에 들어선 자임을
알아야 될 것이니라.

## 3,256 번째 하나님 말씀

*2002년 9월 4일 02시 17분*

1 사랑하는 나의 아들아!
2 "네, 아버님! 말씀하옵소서."
3 지금 네 눈앞에 어떠한 현상이 이루어
지는가?
4 "네, 모든 색상들이 하나씩 제 눈을 스
쳐 가옵나이다.
5 붉은색이 세상을 덮으며, 검정색이 덮
으며, 파란색이 덮으며, 주황색이 덮
으며 모든 색상들이 이 세상을 덮었다
가 제 앞을 거쳐 가며 또 펼쳐졌다가
거쳐 가는 그와 같은 형국이 이루어지
고 있사옵나이다."
6 그러니라, 나의 아들아! 너희들이 마
음을 어찌 먹고 사느냐에 따라서, 마
음을 어찌 먹고 생활하느냐에 따라서
세상이 그와 같이 보임이니라.

7 그리하여 내가 너희들에게 천사의 마
음같이 하얀 마음이 되라 하였음이니
라.
8 그와 같이 형형색색으로 변하는 지상
이라면 너희들이 살겠는가? 못 살 것
이니라.
9 그리하여 하얀 마음이 되어 너희들이
보는 모든 것이 하얀색으로 보일 때,
그때 너희들이 정녕 깨달음을 얻은 것
이니라.
10 그리하여 마음을 비우지 못하는 자는
그 색상들이 세상을 덮고 가림이니 너
희들이 어찌 밝고 하얀 백성을 볼 수
있겠는가?
11 그것이 너희들의 마음자리의 요동이
니라.
12 너희들 마음에 수십 가지 생각을 가지
고 있으면 수십 가지 색상으로써 너희
눈을 가릴 것이며, 열 가지의 마음의
변화를 너희들이 가지고 있다면 열 가
지의 색상으로써 너희들 마음을 가림
이니, 진정한 나의 뜻이요, 하얀 마음
이요, 천사와 같은 그 마음의 빛을 볼
수 없음이니, 그 색상을 다 지워야 되
느니라.
13 그 색상으로 세상이 덮이는 그 모든
모습을 다 지워야 되느니라.
14 사랑하는 나의 아들아!
15 "네, 아버님! 말씀하옵소서."
16 나를 대신하여 세상의 만백성을 구하
는 삶을 사는 너는 너 자신의 삶이 없
음이니라.
17 너의 제자들에게 또한 가르쳐 주라.
18 만백성을 깨우치는 나의 아들의 제자
로서 선택되었으며, 나의 혈통으로서,
만백성을 구하는 전사로서, 너희들이
모든 전사들을 선별하는 그와 같은 중
책을 맡고 지금 나의 성전에 와 나의
법전이요, 나의 성령을 듣고 깨우쳐
가고 있음이니, 너희들을 심사관으로
서 지금 육성하고 있음이니라.
19 너희 또한 너희들의 생활이 있으면 아
니 되느니라.
20 너희들의 삶이 없으며 너희들의 생활
이 없음이니라.
21 오로지 만백성의 죄를 씻어 주며 그들
을 깨우쳐 주는 것으로써, 남의 인생
을 살며 남의 삶을 살며 남의 생활을
살아야 될 것이니, 그 속에서 그들이
짓고 있는 죄와 그들이 고치지 못하는
병을 하나하나 씻어 내고 고쳐 주는
것이 너희들의 삶임을 잊지 말라.

## 3,257 번째 하나님 말씀

*2002년 9월 4일 08시 31분*

1 사랑하는 나의 아들아!
2 "네, 아버님! 말씀하옵소서."
3 정녕 만백성을 구하는 지도자가 가는
길이 어떠한 길이던가?
4 우선은 너희들이 세상사에 살아가면
서 천 가지 만 가지 이루어지는 그 모
든 길에 진리요, 순리를 역행하지 않
는 자세로써 육의 세상에서 살아가는
것이 가장 중요하며,
5 위로는 나 여호와가 존재함을 믿으며
내가 너희들에게 내린 지키라는 그 계
명과 성서에 기록된 너희들이 지키며
살아야 할 중요한 부분을 너희들이 몸
소 실천하고 행하고 사는 것이 중요하

며,

6 지금 이 시대에 사는 백성 너희들은 내가 너희들을 위해 지금 내리는 나의 이 법전이요, 내가 증거하여 내리는 이 책을 읽고 깨우쳐 그 속에 기록된 부분대로 너희들이 기도하고 변화되는 삶을 사는 그것만이 많은 백성을 지도하는 지도자로서 이끌어 가는 자가 되는 것이니라.

7 그러한 자세가 되지 아니한 자가 나의 피조물 만백성을 이끌어 간다 하면 그는 자격이 없으며 나와는 아무런 관계가 없음이니라.

8 마음속에 수천수만 가지 생각을 가진 자, 그리고 저 스스로 변질되는 마음이나 정신적으로 또는 육체적으로 너희들의 질서를 파괴하며 추악한 생각을 하며 추한 생각 속에서 살아가는 그와 같은 자도 진정한 종교 지도자로서 그 자리를 지킬 수 없음을 너희들은 알아야 될 것이니라.

9 내가 너희들에게 이르기를, 천사와 같은 마음을 가지고 있지 아니한 자는 정녕 천국이라는 나의 나라에 들어올 수 없다 하였음이니, 그와 같은 자격이 되지 아니하는 자는 만백성을 가르치고 깨우칠 자격이 또한 없음이니라.

10 자질이 없는 자에게서 너희들이 무엇을 배우며 무엇을 깨우쳐 하늘에 오를 수 있다 생각하는가?

11 지금 많은 종교 지도자들이 말하기를, 믿음이란 그저 저희들이 손으로 지은 성전에 와서 저희들에게 굴복하며 저희들이 설법하는 교리요, 설교하는 것을 들으며 그저 '주여, 주여!' 하며 나의 아들을 찾고 나 여호와를 찾으면 구원을 받는다 그리 말하나니, 너희들은 여기서 깊이 깨우쳐야 할 것이니라.

12 너희들은 육의 삶과 육의 행함이 소중하지 아니하다 하나, 너희들의 그 육의 이루어지는 모든 것을 무엇이 지배하는가?

13 영이 지배함이니라.

14 그리하여 내가 너희들에게 육으로 행하는 것보다 영의 생각으로써 죄를 짓는 것이 더 무섭고 더 감내할 수 없다 말하였음이니라.

15 육은 영의 지시하에 움직이기에 영은 스승이요, 육은 제자라 그리 비유하여 너희들에게 깨우쳤으니, 너희들은 과연 육의 행함이 어디서 이루어진다 말하는가?

16 너희들은 믿음만이, 그리고 너희들이 지은 성전에 와 기도하며 우리 부자를 찾는 것만으로써 구원을 받는다 말하며, 육은 죽어 한 줌의 흙으로 돌아가는 것이기에 아무런 의미가 없다 하여, 너희들이 질서를 파괴하며 추한 짓을 하며 인간 모든 백성들이 지키는 도덕적인 질서도 파괴하며 살아가는데 하나의 부끄러움을 모르고 살아가느니라.

17 그러나 너희들의 그 육을 지배하는 것이 무엇이더냐?

18 내가 영이라 말하지 아니하였던가?

19 너희들의 생각에 의하여 지시하는 것이니 영으로서 지시함이니, 너희들이 죽어 나에게 와 심판을 받는 것은 영이 심판을 받는다 하였음이니라.

20 영이 나에게 심판을 받아 그가 천국에

오르는 것이요, 지옥에 가는 것으로
분류된다 하였음이니, 그 육을 누가
지시한 것이더냐?
21 영의 지시가 아니던가?
22 그리고 육의 행함보다 영의 지시함이
더 무섭고 높다 하였음이니, 너희들이
이와 같은 이치를 깨우친다 하면 육의
행동은 아무것도 아니라는 말을 할 수
없을 것이며, 육의 행동은 관계없으며
그저 믿음만이 제일이요, 그저 금화와
은화의 재물을 많이 바치는 자만이 구
원을 받는다 그리 가르치는 것을 너희
들은 이제 깨우쳐야 될 것이며,
23 이 책이 나간 후 이 법전을 읽은 자가
그 후에도 그와 같은 말을 하면 그 죄
의 가중함이 얼마나 무서운가를 알게
될 것이니라.
24 그러니 이제 너희 육의 행함은 영의
지시에 의함이니, 그 영이 바로 육에
게 지시하였기에 그가 나에게 와 심판
을 받음이니, 너희들의 육의 행함이
얼마나 소중한 것인가를 알아야 될 것
이며,
25 인간 세상에서 살아가는 그 육이 어찌
행하였느냐에 따라 너희들이 구원을
받고 못 받는 것이 거기에서 결정된다
는 것을 너희들은 마음속에 깊이 새
겨, 너희들이 육을 다스림에 있어서
바른 자세와 바른 생각으로써 그 육을
통제하는 데 너희들의 모든 정신적인
집중을 다 바쳐야 될 것이니라.
26 이제 사랑하는 나의 아들의 제자들과
나의 법전을 읽는 백성들과 그리고 수
천 년 동안 믿음의 길에 의하여 구원
의 길에 인도자라 말하는 너희 자신이
먼저 더 변해야 될 것이니라.
27 이제는 내가 이와 같이 하늘의 뜻을
깨우쳐 주었거늘, 그래도 너희들이 육
의 행함은 아무것도 아니요, 영의 행
함만이 중요하며, 그저 너희들이 지은
그 두꺼비집 같은 성전에 와서 기도하
고 경배하고 그저 광란의 짓으로써 눈
물 흘리며 찬송하며,
28 너희들이 번 재물을 갖다 하늘에 오르
는 티켓을 사는 양 갖다 바치고 또 바
치면 구원을 받는다는 생각, 그리고
육의 어떠한 추한 짓을 해도 그것은
죄가 되지 아니하며 오로지 구원을 받
는 것은 너희들이 말하는 성전에 나오
면 육의 행동은 다 용서되며 그는 아
무런 가치도 없다 말하는 그 이치가
너희들이 얼마나 잘못 가르치고 얼마
나 잘못되었기에, 그리고 얼마나 잘못
배워 깨우쳐 왔기에 너희들과 나는 아
무런 관계도 없다 말하는지 그 뜻을
하나하나 너희들에게 지적했을 때 그
를 죽 기록하여 정독해 보라.
29 그리하면 지금 가르치는 종교 지도자
의 잘못 간 것과 잘못 배운 너희들이
지옥행 열차를 타고 손 흔들며 가다
지옥으로 떨어지는 그와 같은 형국이
너희 머릿속에 상상될 것이니라.
30 그러고도 너희들이 깨우치지 못한다
하면 너희들은 나의 이 애절한 마음이
요, 내가 너희들에게 호소하며 가르치
며 너희들을 살리고자 하는 이 마음이
너희들의 육이 존재하는 그 세상의 삶
의 그때까지니,
31 그것이 끝난 다음에 너희들이 내 앞에
와서 내가 지금 오늘에 너희들을 깨우

쳐 주려 했던 것에 거역한 것이 얼마
나 큰 죄인지를 알게 될 것이며, 너희
들이 나의 뜻을 듣지 아니하고 순종하
지 아니한 죄의 무서움을 알게 될 것
이니라.

## 3,258 번째 하나님 말씀

*2002년 9월 4일 09시 09분*

1 사랑하는 나의 아들아!
2 "네, 아버님! 말씀하옵소서."
3 세상에 단비가 촉촉이 내려 모든 동식
물에게 생명력을 주듯이, 그보다 더
소중한 것이 있다 하면 바로 나의 법
전이니라.
4 수천 년 역사가 흐르며 지구가 존재한
이후에 이 세상에 가장 소중한 것이
있다 말한다면 바로 나의 성령이요,
나의 모두를 태워 마지막 시대에 만백
성을 구하고자 내리는 나의 160권의
법전보다 더 소중하고 값진 것이 없음
이니라.
5 이 세상의 창조주요, 이 세상을 다 주
관하는 나 여호와가 이 법전이 가장
중요하다 하거늘, 어찌하여 너희들은
그를 믿지 아니하고 또 거역하려 하는
가?
6 내가 구약 시대의 백성들에게 모세를
통하여 그 많은 역사를 기적으로 보여
주었건만 그 백성들 또한 그로부터 등
을 돌렸음이니, 이와 같은 것이 너희
들의 심성이며 너희들의 자세이니라.
7 그리하여 내가 너희들을 바로 세우고
구원하고자 십계명이라는 것을 그 백
성에게 내렸으나 그를 접한 백성들이
모세로 하여금 그를 던져 십계명의 판
을 깨도록, 그리 흥분하도록 만들었으
며, 그와 같이 그가 광분하지 아니하
면 아니 되는 그 처참한 환경을 만들
었으니, 인간의 형태가 어떠하던가?
8 그 많은 기적의 역사를 보지 않은 백
성들이 그를 믿고 따른다는 것이 과연
어떠한 기적에 가까운 것이 아니던가?
9 그 모두를 본 자들이 그와 같이 광란
의 형태로 변하였기에 내가 불로 직접
써 내린 그 계명을 나로부터 받은 모
세가 그것을 던져 그들을 저주하고 싶
었던 그 마음이 오죽이나 분하고 답답
하면 그러한 행동을 했겠는가?
10 그와 같은 모습이 너희들의 심성이요,
너희들이 가진 마음 자세이니라.
11 그리하여 내가 너희들을 구원하고자
또 나의 아들 예수를 보냈으나 너희들
이 그를 어찌하였던가?
12 그와 같이 지구가 존재하며 흐르는 많
은 세월 속에서 가장 중요한 것이 나
여호와 창조주가 지금 직접 나의 성령
을 나의 모두를 태워 내려보내는 나의
법전보다 더 소중함이 없다 하였으니,
13 이게 곧 마지막 주자요, 마지막 너희
들이 행하여 이 지구가 존재하는 한
영원히 존속할 것이기 때문이니라.
14 그리고 이 법전을 너희들이 정독하는
것이 구원의 길에 들어서는 가장 소중
한 것이기에, 내가 이 지구가 존재하
는 동안에 이 세상에 존재한 그 모든
것 중에 가장 소중한 것이 바로 나의
법전이라 너희들에게 말함이니,
15 이와 같은 나의 뜻을 거역하는 자 있
어서는 아니 될 것이니, 법전을 정독

하고 또 읽도록 그리해야 될 것이니라.
16 그리하여 너희들의 생명수요, 너희들
이 잠시도 먹고 마시지 아니하여서는
살 수 없는 그 가뭄에 내리는 단비처
럼 내가 법전을 소리 없이 내리고 있
음이니,
17 그 단비의 생수보다도 더 소중하고 더
귀한 방법으로써 내가 법전을 세상에
내려보내는 것이니, 너희들은 이와 같
은 뜻을 알아야 될 것이니라.
18 그리하면 이 법전을 받아 기록하는 네
가 소중하며 네 자세가 발라야 하는
것이며, 그리고 이를 듣고 깨우친 제
자 너희들도 무섭도록 변해야 될 것이
며, 육의 삶의 모두를 다 털어 버리고
정녕 천사와 같은 마음으로 변해지는
것이 너희들이 해야 할 가장 소중한
대명임을 잊지 말라.
19 너희들을 내가 사랑함이니, 세상에 가
장 소중한 것을 다루는 자가 나의 아
들이요, 나의 아들을 따르는 제자 너
희들이 또한 그다음에 그리 소중함이
니라.
20 너희들로 하여금 새로운 역사를 이루
며 새로운 뿌리를 내리고자 함이니 이
를 너희들이 잠시도 잊어서는 아니 됨
을 알아야 될 것이니라.

## 3,259 번째 하나님 말씀

*2002년 9월 4일 11시 36분*

1 사랑하는 나의 아들아!
2 "네, 아버님! 말씀하옵소서."
3 내가 이 세상 모두를 다 창조하였음이
니, 너희들이 알듯이 6일에 걸쳐 이
세상의 모든 역사를 이루었으며 지금
과 같이 역사가 흘렀음이니라.
4 그리하여 이 지상에 존재하는 모든
것, 살아 움직이는 그 모든 것 중에서
가장 소중한 것이 무엇이라 내가 너희
들에게 말하였던가?
5 바로 내가 제3의 시대에 만백성을 구
원하기 위해 만드는 나의 법전이 가장
소중한 것이라 말하였음이니라.
6 그리고 이 법전이 가장 소중함을 너희
들은 알아야 될 것이니라.
7 이는 내가 마지막 시대에 너희들을 구
원하는 마지막 기회이기에, 그리고 내
가 직접 나의 성령을 내려보내 이 역
사를 이루고자 하기 때문이니라.
8 모세를 보내 역사를 이루었으며 나의
아들을 보내 역사를 이루고자 하였으
나, 지금 그 모두가 너희들이 알다시
피 천국의 문을 닫는 그와 같은 일만
을 자초하였기에,
9 내가 지금 더 이상 누구를 보내 너희
들을 다스릴 수 없어서 내가 직접 나
의 성령으로써 나의 뜻을 책으로 기록
하여 전함이니,
10 이 책의 뚜껑을 열 때 내가 너희들과
같이 있다 하는 뜻이 여기 있음이니라.
11 가장 소중한 나의 법전을 만들어 세상
에 전하는 너희들, 그리고 이를 가지
고 공부하며 깨우치는 너희들이 어찌
말하는가?
12 너희들은 나에게 기도하기를, '저의
죄를 용서하여 주옵소서.' 그리 기도
함이니라.
13 그리고 너희들의 깨달음의 경지가 높
아 내가 너희들에게 다음에 뭐라 말하

였는가?
14 많은 백성들의 죄를 너희들이 가슴에
안고 대신 지옥 불로 감으로 인하여
많은 생명을 구함으로써 나 여호와에
게 기쁨을 준다 말하였음이니라.
15 너희들은 말로써 그리하며 나에게 기
도를 함이니, 너희들은 지금 여기 육
의 세상에 살면서 깨우쳐야 할 것이
있음을 알라.
16 너희들은 지금 나의 피조물 만백성을
직접 구원하는 데 너희들의 모두를 다
바쳐야 될 것이니라.
17 나의 성전에 많은 백성이 와서 나의
법전을 읽으며 나의 강론을 들을 수
있는 그와 같은 역사를 이루는 것이
너희들이 육의 삶에서 바로 나에게 실
천함이요, 나에게 약속한 것을 실행함
이니라.
18 많은 백성들의 죄를 너희들이 가슴에
안고 지옥으로 가는 것보다 너희들이
육의 세상에 살면서 지금 많은 피조물
나의 백성들을 직접 구원하는 데 너희
들의 모두를 다 두어야 될 것이며, 거
기에 너희들이 전심전력을 다해야 될
것이니라.
19 그리하기 위해서는 너희들의 마음 자
세가 바로 서야 될 것이니라.
20 너희들의 마음 자세가 바로 서지 못하
며 너희들의 마음이 굳어지지 아니한
상태에서는 그 누구도 구원할 수 없음
이니,
21 나의 아들이 지금 존재하며 사는 이
세상에 같이 사는 그 백성들을 너희들
이 어찌 구해야 될 것인가를 돌이켜
봐야 할 것이니라.
22 그들이 과연 바른 생활을 하고 있으
며, 나로부터 부끄럽지 않은 삶을 살
수 있는 자들이라 생각하는가?
23 너희들이 인생의 삶을 비추어 보았을
때 그들과 너희들을 같은 수준으로 보
면 될 것이니, 너희 자신이 반성할 때
그들 또한 반성을 해야만 된다는 것을
너희들은 알아야 될 것이니라.
24 그리하여 너희들은 그 영혼을 구하기
전에 육의 세상에서 그 영혼을 다스리
는 육과 영이 동일하게 하나로 이루어
있을 때 너희들의 육의 행함을 바로잡
아 영으로써 그 육을 다스려 그 영혼
이 나에게 와 구원을 받는 그 역사를
이루기 위해서는 많은 나의 피조물 만
백성이 성전에 그득히 모여 나의 아들
의 강론을 듣도록 하며 나의 법전을
그들에게 쥐여 주는 것이 가장 소중
한 역사이며, 그보다 더한 것이 없음
을 알아야 될 것이니라.
25 너희들은 이제 너희 스스로 자신을 돌
이켜 봐야 될 것이니라.
26 나로부터 은혜와 영광과 축복을 받은
너희들이 과연 어찌 행해야 되는 것인
가를 돌이켜 봐야 할 것이며, 영의 세
계에서 죄지은 영혼의 죄를 갖고 지옥
에 가는 그와 같은 마음 자세로 너희
들이 변해야 되는 것이 나의 뜻이니라.
27 그리 변하기 위해서 너희들은 영의 세
계의 그 어렵고 힘든 관문을 통과할
수 있도록 나의 피조물 만백성을 구하
는 것보다 육의 세상에서 그들이 바로
설 수 있는 그와 같은 깨우침과 가르
침을 주며 그들을 구원의 길로 인도하
는 것이 너희들에게 급선무이며 우선

가장 중요한 대명임을 깨우쳐야 될 것
이니,
28 이것 하나도 너희들이 깨우치지 못함
이니, 내가 나의 아들을 통하여 너희
들에게 전하는 이와 같은 나의 수고로
움을 정녕 덜어 줄 수는 없는 것인가?
29 오늘 너희들은 여기서 이것 하나로써
견주어 생각하지 말라.
30 너희들이 천 가지 만 가지를 다 나 여
호와에게 고통을 주고 있으며, 나의
편안한 마음의 그 시간을 다 앗아 가
는 것이 너희들의 삶의 형태이니라.
31 오늘과 같이 너희들이 나의 성전에 그
득히 만백성을 채워 나의 아들을 통하
여 내리는 강론을 듣고 법전을 깨우치
도록 그들을 인도하는 것이 너희들의
중요한 뜻임을 너희들이 모르고 있었
음이니라.
32 그것이 너희들의 임무요, 사명인 것을
너희들은 들여다보지 못하며, 너희 스
스로 자신만이 구원을 받으며 너희들
이 나로부터 그 주옥같은 뜻을 들어
너희 것으로 만들어 너희 혼자만이 변
하는 그와 같은 삶을 살고자 했던 것
은 다 너희들의 욕심이며 질투요, 시
기의 마음을 버리지 못함이니라.
33 이제 내가 나의 아들을 통하여 너희에
게 마지막으로 전함이니, 너희들은 너
희들의 삶을 생각하지 말라.
34 너희들에게는 너희들의 삶이 없으며
너희들의 생활이 없음이니라.
35 너희들의 삶과 너희들의 생활 그 모두
를 다 나 여호와에게 맞춰 그리 살아
가는 삶을 살아야 하는 것이 너희들이
니,
36 그 첫 번째 너희들에게 내리는 대명은
나의 성전에 그득히 그들이 와 배워
깨우치는 그와 같은 역사를 이루어 육
에서 그들이 구원의 빛을 보도록 그리
하라.
37 너희들이 눈으로 보고 만지며 행함이
거기 있음이며 얻어지는 기쁨이 거기
에 또한 있는 이 세상의 세속에서 그
역사를 이루는 데 너희들의 모든 지혜
를 다 동원하도록 그리하라.

## 3,260 번째 하나님 말씀

*2002년 9월 4일 22시 47분*

1 사랑하는 나의 아들아!
2 "네, 아버님! 말씀하옵소서."
3 네가 네 재산을 관리하지 아니하며,
네 앞에 재물을 쌓아 놓고자 하지 아
니하며, 너의 제자들의 의식주를 해결
하기 위해 동분서주하며 그렇게 들고
뜀이니, 너의 그 마음이 갸륵하도다.
4 네가 5달란트의 나의 교훈을 위하여
지금 열여섯 가정 중에 네 가정을 위
하여 그들이 살아갈 수 있는 터전을
마련해 줌이니,
5 그것이 바로 사랑이요, 살아 있는 나
여호와를 그들이 믿으며 그들이 나를
따르게 되어 있으며 내가 존재함을 믿
게 함이니라.
6 작은 골방과 같은 나의 이 성전에서
네 개의 가정의 안식을 위하여 네가
그 많은 역사를 이루고 있음이니, 그
마음의 뜻이 정녕 갸륵하도다.
7 그와 같이 네가 1년, 2년, 10년의 세월
이 흘러간 다음에 이 세상에 그와 같

은 가족이 기하급수로 늘어 갈 것이니,
8 그들의 의식주와 생활의 터전을 만들
어 주어 그들이 안정된 생활 속에 나
여호와를 찾으며 나를 경배하며, 그리
고 나의 법전을 읽고 깨우치며 나의
법전을 저희들의 생명보다도 더 소중
히 다스림이니, 그게 바로 몸소 행하
며 실천함이니라.
9 아무리 좋은 말로 다스리며 아무리 너
희들이 말로써 그에게 은혜와 혜택을
주는 듯해도, 그들은 저희들의 손에
들어오는 것이 없거나 저희들의 피부
에 와 닿는 것이 없을 때 믿지 아니함
이니라.
10 너는 말로써만 함이 아니요, 그저 너
희들의 모든 재물과 능력을 가지고 너
의 제자들의 의식주를 해결하며 그들
의 사업장을 하나씩 만들어 줌이니,
이와 같은 변화의 역사가 앞으로 어떻
게 되겠는가?
11 이 세상에 선한 백성들만이 존재하게
되며, 살아 있는 나 여호와에게 너희
들이 법전을 읽고 나의 성전에 와 공
부했을 때 나로부터 육의 은혜요, 영
의 크나큰 은혜를 몸소 체험하며 은혜
를 입음이니,
12 그들이 어찌 너에게 등을 돌리며, 나
여호와에게 등을 돌리며, 내가 존재치
않는다고 그리 말할 수 있겠는가?
13 지금 수천 년 역사가 흘러온 그 너희
들의 종파 속에 저희 제자들을 위하여
안식처를 만들어 주며 그들이 살아갈
수 있는 기반을 만들어 준 자가 과연
얼마나 있는가?
14 너는 지금 네가 단돈 몇 닢이 없다 하
여도, 그 모두를 털어 너의 제자들의
자리를 만들어 주는 데 모두를 다함이
니, 이는 네가 나의 뜻을 행함이니라.
15 웅대한 성전이요, 궁궐과 같은 성전을
지어 놓고 제왕적인 권위 의식에 병들
어 가는 그 지도자들과 다르게, 네가
이와 같이 초라한 성전이지만 너의 제
자들의 의식주를 해결할 수 있도록 하
나하나씩 사업장을 만들어 가는 그 노
력함은, 너희들이 지금은 미진하나 세
월이 지난 다음에 얼마나 위대한 역사
가 이루어지는 것인가를 너희는 알아
야 될 것이며, 그게 바로 나를 믿는 백
성들이 나로부터 은혜를 받는 것이니,
이를 곧 네가 실천함이니라.
16 너는 사업장을 만들어 주며 그 제자들
에게 그리 이르라.
17 너희들은 재물을 모으는 데 모두를 다
바치는 것이 아니고, 사람을 낚는 어
부로서 사람을 낚는 데 최선을 다하라
그리 가르칠 것이며,
18 너희들의 마음속에 검은 마음이나 지
울 수 없는 마음이 도사리고 있거든,
흐르는 산골짜기의 물에 발을 담그고
너희들의 모든 검은 마음을 흐르는 물
에 하나하나 띄워 보내라 그리 말하라.
19 흐르는 산골짜기의 물에 낙엽이 떨어
져 흐르듯이, 너희들이 죄짓고 잘못
살아오고 너희 자신을 다스리지 못하
는 그 추한 마음과 과거에 잘못 살았
던 것과 너희들이 오늘에 회개치 못하
는 추한 생각과 부끄러운 생각을 지우
지 못하는 그 사악한 마음의 뿌리들을
그 낙엽 위에 하나하나 얹어 흘려보내
는 그와 같은 삶을 살라.

20 흘러가는 물에 너희들의 마음속에 있
는 사악한 것들을 하나하나 흘려보내
천사와 같은 나의 백성으로 다시 태어
나는 그 역사를 이루도록 그리하라.
21 올해는 너희들이 몇 개의 사업장을 만
들었으나, 1년 후에는 몇십 개의 사업
장을 만들게 될 것이며, 그 숫자 또한
너희들이 말할 수 없을 정도로 기하급
수적으로 늘어날 것이며, 그들이 살아
있는 나 여호와를 피부로 체험하며 그
들이 목숨 바쳐 구원의 길을 위하여
전진할 것이니, 그게 바로 내가 이루
고자 하는 역사임을 너는 알아 행하라.

## 3,261 번째 하나님 말씀

*2002년 9월 4일 23시 05분*

1 사랑하는 나의 아들아!
2 "네, 아버님! 말씀하옵소서."
3 너의 제자들이 말하기를, 저 자신을
죽여 많은 사람을 구할 수 있다면 그
길을 가겠다 그리 말하는 자가 있음이
니, 그 마음이 얼마나 갸륵하고 기특
하더냐?
4 그는 정녕 마음의 준비를 그리하였기
에 그와 같은 말을 함이니라.
5 그와 같은 마음 자세가 되어 있는 그
가, 나의 법전을 만들며 나의 법전이
세상에 나가 나를 믿는 백성들과 너의
제자들에게 안식처를 만들어 주는 그
와 같은 용감한 일을 할 수 있는 그가
정녕 천사와 같은 자이니라.
6 자신의 모든 것을 다 던져 많은 사람
을 구할 수 있다 하는 그와 같은 마음
에서 자신은 쓰러져 죽는다 하여도,
자신의 명예는 땅에 떨어져 그 누구라
도 짓밟고 지나갈 수 있게 그와 같이
추락한다 해도 많은 사람을 구할 수
있는 길이라면 그 길을 선택하여 가고
자 함이니,
7 그가 나 여호와의 뜻에 따름이요, 나
여호와가 존재함을 믿고 있기 때문이
니, 그가 얼마나 용기 있는 자며 그가
얼마나 당당한 자며 그가 얼마나 힘차
게 밀고 가는가?
8 너의 제자들은 다 그와 같은 마음으로
살아가야 할 것이니, 그의 말에 따라,
그의 행함을 따라 너의 제자들이 그와
같은 역사 속에서 살아가도록 그리하
지 아니하면 너희들은 나로부터 선택
된 백성이 아니요, 나로부터 축복을
받을 수 있는 백성이 아님을 알아야
될 것이니라.
9 자기 하나 던져 많은 사람을 구할 수
있다면 그 길을 선택하겠다 하여 그는
남들이 생명보다 더 소중히 여기는 그
재물을 헌신짝 버리듯이, 그저 종이
한 장 던지듯이 그와 같은 가벼운 마
음으로 저희 형제요, 나의 아들의 제
자요, 나의 성전에서 공부하는 백성들
을 위하여 모두를 다 던져 줌이니, 그
가 얼마나 당당하며, 그가 얼마나 힘
있게 살아가며 용기 있는 자인가?
10 그와 같은 행위를 보고 따라가는 너의
제자들 또한 다 같이 그와 같은 마음
으로 던져야 될 것이니라.
11 '나 하나를 던져서 우리의 형제요, 여
호와 창조주인 아버님의 성전에 와서
공부하며 법전을 깨우치는 그 어렵고
힘든 자들을 위하여 모든 것을 다 던

지겠다.' 하는 그와 같은 마음자리를
가지고 너희들이 용감하고 자신 있게
행할 때 모든 역사의 기적이 거기서
이루어짐을 알라.
12 그와 같은 마음을 가진 자는 쓰러질
일이 없으며, 그와 같은 마음을 가진
자는 무너질 일이 없으며, 그와 같은
의지를 가지고 살아가고 그리 행하는
자의 그 이름이 아무리 땅에 떨어진다
하여도 그 찬란한 빛에 그 누구도 그
를 밟고 갈 수 없음이니라.
13 이와 같은 너의 제자들을 하나의 마음
으로 그리 만들라.
14 받은 자가 받음의 즐거움만 있고 받은
만큼 행할 수 있는 마음의 준비요, 마
음자리가 되어 있지 아니한다면 정녕
너희들은 아무런 가치도 없는 자들이
며, 보통 사람들이요, 보통 나의 백성
들만도 못한 자들임을 알아야 될 것이
니라.
15 너의 제자들은 모두가 그와 같은 마음
으로 살라.
16 그와 같은 마음으로 하나가 되어 살아
갈 때, 모든 기적과 역사가 이루어질
것이며, 나의 아들이 힘을 얻어 너희
들에게 감히 불가능한 기적을 이룰 것
이며, 예수가 너희들을 위하여 이루었
던 그 모든 역사를 나의 아들이 이룰
수 있음을 너희들은 알아야 될 것이니
라.

## 3,262 번째 하나님 말씀

*2002년 9월 5일 03시 14분*

1 사랑하는 나의 아들아!
2 "네, 아버님! 말씀하옵소서."
3 네가 나의 성령을 받아 160권의 법전
을 세상에 냄이니, 그 임무는 어떠한
일이 있거나 어떠한 험난한 사탄의 방
해가 있어도 네가 세상에 있는 동안
만들어 내야 되며 네가 만들어야만 되
느니라.
4 네가 160권에서 159권을 만들고 한
권을 만들지 않아도 이는 아니 됨이니
라.
5 네가 살아서 160권을 완성하며 한 사
람인 나의 아들을 통하여 만들어야 함
이니, 이제는 그 누구를 통해서도 이
를 내려보낼 수 없으며 이를 만들 수
없기 때문이니라.
6 너만이 나의 아들로서 마지막 시대에
나의 성령을 받아 완벽하게 만들어 내
야 되기 때문이며, 그로 하여금 세상
의 모든 백성들이 하나가 될 수 있는
그와 같은 깨달음의 경지에 오르기 때
문이니라.
7 네가 아니고 다른 사람을 통해서 만들
어 낼 수 있다 하면 내가 너를 이와 같
이 밤과 낮을 가리지 아니하며 네가
어떤 역경이든 어떠한 형태든 160권
의 법전을 만들어 내도록 독려하지 아
니할 것이니라.
8 그러나 너는 만들어 내야 되며, 너를
통하여 모두가 다 이루어지는 이 역사
를 매듭지어야 되기 때문이니라.
9 이를 너는 잠시도 잊어서는 아니 될
것이니라.
10 내가 너에게 뭐라 했느냐?
11 1분이요, 1초라는 그 시간도 아끼고
쪼개서 쓰는 지혜를 가지라 하였음이

니라.
12 어떠한 방법이든 무엇이든 너와는 아
무 관계가 없다 생각하라 하지 않았던
가?
13 오로지 나의 법전을 받아 160권을 만
드는 것이 네가 역사하는 것이며, 모
든 너희들이 운영하는 것은 운영할 사
람들을 그때그때 내가 선정하여 서로
책임자로서 그 임무를 하도록 할 것이
니, 너는 법전을 만드는 데만 최선을
다하라.
14 누구도 네가 법전을 만드는 길을 방해
할 수 없으며, 그 누구도 160권의 법
전을 쓰는 데 방해하는 자, 나 여호와
가 용서하지 아니할 것이며, 또한 네
가 160권을 쓰지 아니하고는 정녕 나
에게 올 수 없음이니, 이를 네가 기억
하여 행하도록 그리해야 될 것이니라.
15 이제 네가 탄력이 붙어서 6일에 한 권
씩 나의 법전을 세상에 냄이니, 여기
서 중단해서도 안 되며 밀려서도 아니
되느니라.
16 그리고 네가 계산을 하고 주저앉아도
아니 되느니라.
17 그리고 외부로부터 네가 어떤 시시비
비를 받았다 하여 나의 법전을 만들어
내는 데 중단하며 변화가 있어서는 아
니 되는 것이니라.
18 너는 어떠한 일이 있어도 하루에 녹음
테이프 하나를 완성하여 6일이라는
기간에, 내가 세상을 창조한 그 엿새
만에 한 권의 법전을 세상에 내야 되
니, 그리하여 쌓이는 그 법전이야말로
이 세상의 만백성을 구하는, 무엇과도
바꿀 수 없는 소중한 보배라는 것을
나의 만백성이 알게 될 것이니라.
19 이를 잊지 말라.

## 3,263 번째 하나님 말씀

*2002년 9월 5일 03시 46분*

1 사랑하는 나의 아들아!
2 "네, 아버님! 말씀하옵소서."
3 지금의 믿음의 길을 이끌어 가는 종교
집단이요, 너희들의 그 집단이 수천
년 동안 내려오면서 너희들의 종교 지
도자가 무어라 가르쳤느냐?
4 나 여호와가 내리는 그 보혜사요, 성
령의 그 모두를 개인이 받게 되며, 모
두는 다 개인으로서 그와 같은 은혜를
받는다 그리 생각하며, 그리하여 너희
들은 각자가 은혜로움을 받는 것이라
그리 생각하고 있음이니라.
5 그러나 여기서 너희들은 이제 깨우쳐
야 될 때가 되었음을 알라.
6 그들에게 전하라.
7 예수의 시대에는 모든 나의 성령의 뜻
을 예수를 통하여 그 제자들과 그를
따르는 백성들에게 전하였음이니라.
8 지금은 나의 아들을 통하여 내가 성령
을 내려보내니, 나의 법전이라 하여
책으로 만들어 내며,
9 이 책을 읽는 자, 그리고 이를 보고 깨
우치는 자, 너희들이 성령의 은혜요,
보혜사의 말씀이라 하는 그와 같은 그
모든 것도 다 나의 아들이 기록하여
전하는 나의 법전을 접하지 않고 읽지
않는 자에게는 어떠한 성령도 임할 수
없으며, 너희들이 구원을 받을 수 없
음을 알아야 될 것이니라.

10 너희들은 예수의 시대에 나의 아들을 통해 내가 내렸던 것을 상기해 보며 그때 역사의 배경을 깊이 연구할 필요성이 있음을 알아야 될 것이니라.

11 그 당시에도 나는 나의 아들을 통해서만 세상에 만백성을 구하는 그 진리를 내려보냈으며,

12 또한 2천 년이 흐른 지금의 제3의 시대를 열면서 나의 아들을 통하여, 나의 성전을 통해서, 그리고 나의 법전을 통해서만 너희들에게 은혜와 깨달음을 내리며, 너희들의 기도를 또한 나의 아들을 통해 받아들인다 하였음이니, 이는 엄연한 사실임을 너희들은 알아야 될 것이니라.

13 이제 나의 법전 3부가 세상에 나가면 세상이 온통 이 법전의 이야기로 들끓게 될 것이며,

14 그리하여 이제는 저희들이 설 자리가 없으며 저희들이 다스릴 자리가 없는 자들이 나의 법전을 회수하며, 이를 기록하여 전하는 나의 아들을 제거하고 세상에 존재하지 못하도록 하게 함이 저희들의 크나큰 기쁨이요, 영광이라 생각하며,

15 그리하여 나의 아들을 세상에 존재치 못하게 하는 자, 나의 법전을 세상에 존재치 못하게 태워 버리고 찢어 버리는 자, 그리고 그 모두를 회수하여 세상에 존재하지 못하도록 하고자 하는 자들, 저희들이 그와 같은 역사를 이루는 것을 나에게 축복받으며 영광이라 생각하여 기쁜 마음으로 그와 같은 행위를 할 자들이 수없이 일어날 것이니라.

16 너희들은 그와 같은 것이 얼마나 무서운 죄를 짓는 것인지 모르고 너희들이 나에게 거역하며 나의 뜻을 거역하여 내가 새로 이루고자 하는 시대의 역사에 너희들이 거역함이니,

17 그러나 너희들이 그리 거둬들이며 나의 아들을 존재치 못하게 하며 나의 법전이 세상에 존재하지 못하게 하는 것이 너희들의 가장 큰 기쁨이요, 영광이라 생각할 것이나, 그와 같은 영광의 기쁨은 너희들에게 영원히 없을 것임을 알아야 될 것이니라.

18 지금 내가 나의 아들을 통하여 너희들을 구원하고자 160권의 법전을 세상에 내는 것은 그 누구도 막을 수가 없으며,

19 오로지 나의 법전을 읽는 자, 그리고 이를 접하는 자만이 구원의 길을 볼 수 있으며, 하늘에 올 수 있는 것이 그 길을 통해서만 오기 때문이니 그리 알라.

20 너희들이 어떠한 형국으로 살아가고 어떠한 방법으로 믿음의 길을 가든 너희들이 하늘에 오르는 길에 오르는 것은, 나의 아들이 있는 그 성전의 좁은 문을 통하지 아니하고는 너희들이 하늘나라에 올 수도 없으며 그 길을 볼 수도 없음을 알라.

21 지금 나의 피조물 만백성이 수천 년 동안 오면서 너희들의 믿음이요, 너희들이 구원할 자요, 너희들이 선택받은 자라 하여 나의 피조물 만백성을 지금까지 잘못 이끌고 온 그 죄 또한 너무나도 무거우니, 너희들은 그것을 스스로 감내하기도 어려울 것이니라.

22 그러면서 너희들은 지금 나의 백성들
에게 뭐라 가르치더냐?
23 성령의 모든 보혜사의 은혜요, 모든
영광은 각자 개인에게 내려온다 그리
말하느니라.
24 그리하여 너희들은 각자가 받은 것처
럼 착각하며 받을 것이라 착각하느니
라.
25 그리고 너희들은 달라 하면 줄 것이
며, 두드리면 열어 줄 것이라는 그와
같은 것에 맞추어 나의 백성을 몰아붙
이나, 그 모두는 나와는 관계가 없음
이니라.
26 오로지 나의 법전을 다시 읽고 깨우치
는 자만이 구원의 빛을 볼 수 있으며,
27 나의 법전을 읽고 깨우치며 나의 계명
대로 살아가는 자만이 나의 아들이 존
재하는 그 성전을 통하여, 나의 아들
이 존재하는 곳을 통하여 하늘에 오르
는 빛을 보며 그 길을 볼 수 있는 것이
니,
28 오로지 나의 아들을 통해서만이 구원
의 길이 있음을 알라.
29 그리하여 나의 아들을 신랑이라 말하
였으며, 나의 피조물 만백성 너희들은
남녀노소 어른 아이 할 것 없이 다 신
부라 하였음이니,
30 그 신부의 수업이요, 신부의 자격은
나의 법전을 읽고 또 읽고 정독하여
그 내용대로 살아가는 자에게 있으며
그자만이 구원을 받음이니,
31 이 역사가 천 년에 걸쳐 이루어진다
면 너희들이 어찌 이것이 이와 같이
이루어질 수 있는 것인지 나 여호와의
뜻을 알 것이니라.
32 내가 단시일 내에, 일이십 년이요, 일
이백 년에 이를 이루고자 하는 것이
아니요, 천 년에 걸쳐 나의 법전을 읽
고 깨우치는 백성만을 구원하고자 함
이니, 너희들은 이를 알아야 될 것이
니라.

## 3,264 번째 하나님 말씀

*2002년 9월 5일 03시 57분*

1 사랑하는 나의 아들아!
2 "네, 아버님! 말씀하옵소서."
3 너의 제자들과 나의 법전을 읽은 백성
들에게 너는 깨우쳐야 할 것이 있느니
라.
4 2천 년 전 나의 아들 예수의 시대는
그가 세상에 내려와 나의 성령으로 만
백성을 다스리고자 하였으며, 그는 내
가 존재함을 피조물 만백성에게 일깨
워 주는 그 역사의 임무였음을 알아야
될 것이니라.
5 나의 아들은 세상에 나와 나의 성령으
로써 만백성을 구하기 위하여 너희들
에게 나 여호와가 존재함을 보여 주는
대명으로써 세상에 나왔음이니,
6 그는 바로 너희들에게 내가 존재함을
알려 주었으며, 그가 죽음의 그 길을
갈 때 내가 또한 그와 더불어 있는 것
을 너희들은 알게 되었던 것이니라.
7 그리하여 나의 아들 예수는 창조주 내
가 존재하며 내가 있음을 너희들에게
깨우치기 위하여 2천 년 전에 세상에
나와 역사를 하였으며,
8 이제 제3의 시대에 나의 아들을 세상
에 내려보냄은 내가 존재함을 너희들

에게 알리고자 함이 아니라, 이제는
내가 너희들에게 행하는 것을 가르쳐
주며 정녕 구원의 길이 무엇인지 구원
을 받는 그 이치를 깨우치는 것이며,
제3의 시대의 역사가 이루어짐을 너
희들은 알 것이니라.
9 나의 아들 예수가 죽은 2천 년 전, 그
후로부터 너희들은 믿음이라는 것을
알게 되며, 나 여호와가 존재함을 알
게 되며, 하늘에 너희들이 기도하는
것을 알게 되며, 그리고 구원의 길을
알게 되었다 그리하였음이니,
10 내가 존재하고 있음을 지금까지 수십
억 인구들이 그리 부르짖고 있으며,
너희들의 죽어 간 조상들과 앞으로 너
희 후손들까지도 나 여호와가 존재하
기에 너희들이 성전을 짓고 그곳에 와
기도하고 경배하며 예수의 보혈로써
구원을 받았다 그리 가르치며 지금까
지 내가 존재하는 것을 너희들은 전하
고 다 전하였음이니라.
11 그리하여 나의 아들 예수가 세상에 나
온 그 큰 목적은 너희들을 깨우쳐 주
며 너희들의 생명을 구하는 것과 또
나 여호와 창조주가 존재하는 것을 만
백성에게 전하는 것이 임무였으며 그
것이 그의 한계였음이니라.
12 그리하여 지금까지 2천 년이 흐르는
동안에 내가 존재함을 너희들이 성전
이라는 것을 지어 만백성에게 전하고
그리 깨우쳐 주었으며, 지금 하늘나라
에 창조주 내가 존재하는 것을 모르는
사람이 없음이니라.
13 그러나 너희들이 나의 아들 예수의 뜻
이요, 그를 그리 죽이지 아니하여 많
은 성령의 기틀이 세상에 잡혔더라면,
너희들은 나 여호와가 존재함을 세상
에 전하는 그 역사를 이룸과 동시에
진실한 믿음이요, 진실한 구원의 길이
요, 영원히 사는 그와 같은 길로 만백
성을 인도하고 구원하여 왔을 것이니
라.
14 그러나 여기서 잘못되었으며 문제가
있음이니라.
15 너희들이 나의 아들 예수가 나의 뜻을
전했던 그와 같은 진리대로, 내가 불
로 써 내린 십계명을 지키는 그것 하
나만 실천하면서 나 여호와가 존재함
을 알렸다 하면, 지금같이 험악한 세
상이요, 종말이라 너희들이 말하는 이
러한 세월은 오지 아니하였음이니라.
16 그리하여 지금에 나의 아들이 세상에
내려가 다시 제3의 시대를 열어 나의
성령을 받아 160권의 법전이라는 책
으로 기록함이니, 이것은 나 여호와가
존재함을 너희들에게 알리고자 함이
아니요,
17 너희들이 구원의 길이요, 구원받는 길
이요, 나에게 오르는 길이요, 지옥과
천국이라는 것을 구분할 수 있는 그와
같은 깨우침을 너희들에게 알려 주며,
직접 너희들이 행하며 구원을 받고 못
받는 심판의 시대가 이리 구분되어 있
음을 너희들에게 알리려 함이니라.
18 너희들은 예수의 시대에 이루었던 그
역사와 지금에 이루는 그 역사를 혼동
치 말라.
19 나의 아들 예수는 나 여호와가 존재함
을 증거하며 너희들에게 보이기 위해
많은 기적의 역사를 이루었으며, 그리

고 그가 죽어 2천 년이 흐른 지금 너
희들은 잘못된 종교의 믿음으로 빠져
흘러갔으나,
20 이 세상의 나의 피조물 만백성이 나
여호와가 존재하며 하늘에 내가 있음
을 인정하는 말로 너희들이 위급하고
급할 때 찾는 것이 '하나님! 살려주옵
소서.' 하고 찾지 않는가?
21 지금까지 너희들이 그리 깨우쳐 온 것
이 2천 년에 이루어 놓은 역사였으나,
그 방향을 종교 지도자들이 잘못 잡고
잘못 틀었기 때문에 내가 너희들에게
서 손을 떼는 지금의 이와 같은 형국
이 이루어졌음을 알아야 할 것이니,
22 이는 모두가 종교 지도자들이 잘못된
탓이요, 그곳에 가 구원을 받겠다 하
는 자들이 잘못 믿어 왔기 때문이니라.
23 그리하여 지금 내가 두 아들을 세상에
내려보내 2천 년 전의 예수의 시대와
지금 제3의 시대를 여는 그 뜻을 확실
히 깨우쳐 줌이니, 이는 바로 거기에
차이점이 있음이니라.
24 예수는 세상에 와 내가 존재함을 만백
성에게 전한 것이었으며, 지금의 나의
아들은 내가 존재함을 너희들에게 심
어 주는 것도 물론 있지만, 너희들이
구원을 받는 길이 무엇인가를 가르치
기 위하여 지금 세상에 내가 내려보냈
음이니라.
25 그리하여 이것이 마지막 시대이고, 너
희들의 구원의 길이 무엇인지 구원의
길을 안내하는 방법론을 가르치기 위
해 지금 책으로써 증거하여 내려가는
것이며, 그리하여 그 역사의 시대의
차이점이 여기 있음을 알라.
26 그 이치를 안다면 지금의 법전으로써
하나하나 풀어서 너희들이 천국에 오
는 길과 마음의 변화를 이룰 수 있는
그와 같은 나의 뜻을 기록하여 책으로
내리는 것을 알 것이니라.
27 지금은 나 여호와가 존재함을 너희들
에게 알리는 것이 아니요, 너희들이
나에게 오는 그 길과 방향을 깨우쳐,
너희들이 심판대에 섰을 때 구원을 받
는 그와 같은 이치를 전하는 제3의 시
대임을 알라.
28 그리하여 구원의 마지막 시대이니라.
29 내가 말하지 아니하였는가?
30 모세의 시대는 출발 주자요, 또 예수
의 시대는 두 번째 바통을 받는 자요,
지금 제3의 시대에 나의 아들이 역사
하는 것은 마지막 주자가 달리는 것이
라 말하였듯이, 바로 너희들이 구원을
받고 못 받는 그 이치를 깨우치고 가
르치는 것이기 때문에 그와 같은 이치
로써 내가 너희들에게 설명해 주었음
을 알아야 할 것이니라.
31 이를 깊이 깨달아 나의 법전이 진정한
성령이요, 너희들을 구원하는 길의 빛
이요, 너희들을 구원하는 영원한 생명
이라는 것을 잊지 말고 나의 법전을
깨우쳐 너희들이 하늘에 오르는 그 좁
은 문을 통과할 수 있도록 그리하라.

## 3,265 번째 하나님 말씀

*2002년 9월 5일 04시 20분*

1 "너는 나 외에는 다른 신들을 네게 있
게 말지니라.
2 너를 위하여 새긴 우상을 만들지 말

고, 또 위로 하늘에 있는 것이나, 아래
로 땅에 있는 것이나, 땅 아래 물 속에
있는 것의 아무 형상이든지 만들지 말
며, 그것들에게 절하지 말며, 그것들
을 섬기지 말라.
3 너는 너의 하나님 여호와의 이름을 망
령되이 일컫지 말라.
4 안식일을 기억하여 거룩히 지키라.
5 네 부모를 공경하라.
6 살인하지 말지니라.
7 간음하지 말지니라.
8 도적질하지 말지니라.
9 네 이웃에 대하여 거짓 증거하지 말지
니라.
10 네 이웃의 집을 탐내지 말지니라.
11 나 여호와가 존재함을 믿는 그 자체가
구원의 길에 들어서는 기본이요, 근본
이며, 나의 법전을 가슴에 안고 정독
하는 자, 반석 위에 서서 하늘에 오르
는 찬란한 빛을 보게 되는 영광을 얻
게 됨이니라."
12 사랑하는 나의 아들아!
13 "네, 아버님!"
14 네가 이 깊은 밤, 너희들이 이를 지키
는 것이 구원의 양식이라 한 내가 내
린 십계명을 애절하게 외움이니,
15 그 목소리는 네가 앉아 있는 이 조그
마한 다락방을 울리나, 그 음성은 세
계 방방곡곡의 만백성이 듣는 것을 너
는 알아야 될 것이니라.
16 이와 같이 네가 나에게 순종하며 나의
십계명을 외우며 나로부터 성령을 받
아 세상의 백성들을 구원하는 길을 인
도하고자 하는 그 일념으로 지치고 고
달픈 그 육의 생활을 접어 두며 오늘
의 네가 이리 가고 있음이니,
17 이를 보는 나 여호와의 마음의 기쁨이
한량없으며, 내가 너를 세상에 내려보
낸 것이 가장 큰 기쁨이요, 영광이라
생각하느니라.
18 내가 지금 제3의 시대에는 만백성에
게 나 여호와가 존재함을 알리는 것이
아니요, 그들로 하여금 저희들이 구원
을 받을 수 있는 길을 열어 주며, 그것
이 나 여호와의 뜻이며, 나의 뜻을 따
르지 아니하는 자는 하늘에 오를 수
없기에 내가 직접 세상에 나의 성령을
내려보내 그들에게 구원의 빛을 보게
하고자 지금 제3의 시대를 이끌어 가
며 너에게 이리 성령을 내림이니라.
19 한 사람의 농사꾼을 비유하여 너희들
에게 하늘의 이치를 깨우친다 하면,
너희들은 다시 한 번 깊이 깨달을 의
미가 있을 것이니라.
20 한 사람의 농부가 곡식을 가꾸기 위하
여, 사람은 같은 사람이되 그가 봄에
씨앗을 뿌림이니라.
21 그리하여 그 씨앗이 나도록 그를 다스
리며 그리하여 그 씨앗이 자연의 섭리
속에 왕성히 성장하여 열매를 열게 되
면 너희들이 가을에 추수함이니,
22 농사는 3단계로 짓되 농부는 한 사람
이요, 그러나 그가 일하는 방법이 다
름이니라.
23 처음에는 씨앗을 뿌림이요, 또 그 씨
앗의 나무들이 잘 자랄 수 있도록 그
를 보살피며, 그가 왕성히 번창하여
그곳에서 그는 또한 곡식의 열매를 얻
게 되니, 그리하여 추수하여 거둬들이
는 것이 농사꾼이 농사를 짓는 기쁨이

요, 그가 단계적으로 하는 일이 다름
이니라.
24 지금 나의 피조물 만백성을 이끌어 가
는 종교 지도자, 너희들은 말하느니라.
25 예수가 죽은 뒤 2천 년의 역사가 흐른
지금은 추수의 시대요, 알곡식을 거두
는 그와 같은 시대라 너희들이 말하고
있음이니,
26 그와 같은 이치를 비추어 봤을 때, 그
말을 너희들이 어디서부터 들었으며
어찌하여 너희 입에서 그와 같은 말이
나오는가를 알아봐야 할 것이니라.
27 한 사람의 농부가 씨앗을 뿌렸듯이 창
조주인 나 여호와가 구약 시대를 열었
으며, 나무가 왕성히 자라는 것이 예
수의 시대였음이니라.
28 나의 아들 예수의 신약 시대가 그와
같이 왕성하니 그게 바로 무엇이더냐?
29 만백성에게 나 여호와가 존재함을 깨
우쳐 주며, 하늘에 창조주가 있음을
깨우쳐 주며, 그리하여 너희들이 세상
의 두렵고 무서움을 알아 바르고 곧게
하늘에 오르는 그 믿음의 길을 가도록
하였으나,
30 인간인 너희들이 육의 욕심에 맞추다
보니 너희들이 짓지 말아야 할 성전을
지었으며, 그 성전 또한 그리 호화롭
게 궁궐처럼 관리하였으며,
31 너희들이 만백성 앞에 서는 의상이요,
단상이요, 그 모두를 위압적이고 고압
적으로 만들었으며,
32 하늘에 오르는 그 진리의 길을 가르칠
자신이 없기에 너희들은 외형적으로
나의 피조물 만백성이 고개를 숙이며
겁을 먹게 하여 너희들에게 감히 거역
치 못하게 하며,
33 또한 너희들에게 거역을 하는 자는 죄
를 받으며 하늘에 오를 수 없는 자요,
오로지 단상에 선 자는 나 여호와만이
심판할 수 있다는 그와 같은 해괴망측
한 말까지 만들어 내어 나의 백성들을
그리 이끌어 왔음이니,
34 예수의 시대는 그 열매를 거두기 위한
왕성한 시대였음이니라.
35 이제 추수의 계절이니, 나 여호와가
너희들의 씨앗을 뿌렸으며, 왕성히 나
무를 가꾸었으며, 지금은 추수를 함이
니,
36 내가 나의 법전을 세상에 내려보내 이
를 읽고 깨우치는 자를 직접 거둬들인
다 하였음이니, 너희들이 말하는 추수
의 시대가 지금 시작되었음이니, 바로
나의 법전이 그 추수를 하는 낫이니라.
37 벨 것은 베며 버릴 것은 버려 고르듯
이, 내가 지금 나의 법전으로써 이를
보고 깨우치는 자를 거둬들일 것이며
이를 보고 깨우치지 못하는 자는 버리
는 추수의 시대가 지금 열렸으니, 너
희들이 알고는 있었음이니라.
38 그러나 너희들은 지금이 추수하는 시
대라 말하나 어찌 그와 같은 역사가
이루어지는 것인가를 모름이니,
39 오로지 단편밖에 모르기에 너희들이
나로부터 선택된 것이 아니요, 나로부
터 들은 것이 아니요, 너희들은 그저
귀동냥으로 들은 것이며 바람결에 흘
러가는 이야기를 들어 그것이 나의 뜻
이고 너희들이 무엇인가를 받았으며
영광의 축복을 받은 것처럼 그리하나,
40 천기요, 하늘의 비밀을 아는 자는 나

의 아들밖에 없음이니,
41 너희들이 발하는 세속에 그 이유가 무
엇이며 그 뜻이 무엇인가는 오로지 나
의 아들만이 알고 있으며 너희들에게
전할 수 있으니,
42 나의 아들이 법전에 기록하여 내는 그
책의 내용과 나의 아들이 나의 성령을
들어 강론하는 그 내용만이 하늘에 오
르는 진실한 빛이요, 참진리요, 내가
내려 모든 역사를 이루고자 하는, 나
의 품 안에 오는 길이라는 것을 너희
들은 잊지 말라.

## 3,266 번째 하나님 말씀

*2002년 9월 5일 04시 30분*

1 사랑하는 나의 아들아!
2 "네, 아버님! 말씀하옵소서."
3 내가 너희들에게 뭐라 말하였느냐?
4 나의 아름다운 자연의 이 성전에 두꺼
비집 같은 것을 지어 놓고 저희들이
성전이요, 그곳에 오는 자만이 구원을
받는다는 곳에 나의 순박하고 착한 백
성들이 한번 잘못 가 '아멘, 할렐루
야!' 그 소리 한번 찾음으로 평생 재물
을 바치며, 그저 낚싯밥에 걸린 잉어
처럼 그리 끌려가는 인생을 삶이니,
그리 살다 너희들이 지옥에 간다 하였
음이니라.
5 그러나 여기서 또한 너희들이 깨우쳐
야 할 것이 있음이니, 나의 법전을 읽
고 깨우치며 나의 법전을 접한 백성이
한두 줄을 읽으며 나의 한 권의 책을
읽을 때, 이것은 정녕 나 여호와의 진
리요, 참뜻이요, 하나님의 성령이라
저희들은 그리 믿음이니라.
6 그리하여 그들이 나의 성전에 찾아와
나의 아들 너의 제자가 되고자 하며
공부를 함이니라.
7 그리하여 그들이 공부하고 깨우치고
또 깨우쳐 가며 나의 성령의 깊이를
알아 갈수록 저희들은 지금까지 살아
온 그 인생을 다 저버리고 살 수 있는
자신과 용기를 서서히 잃어 감이니,
곧 이는 나의 법전에 두려움을 느끼기
때문이니라.
8 그리하여 살아온 인생을 모두 다 저버
리며 나의 법전대로 세상에 사는 것이
두려워 너의 제자라 말했던 자들이 등
을 돌리고 떠나가는 그와 같은 변화가
이루어지는 것이니, 이는 수없이 이루
어질 것이니라.
9 여기서 너와 너의 제자들이 알아야 할
것이 있음이니라.
10 나의 법전이 지금 세상에 전해지며 수
많은 나의 법전이 세상에 전해지니,
이를 접하고 읽은 백성들이 지금까지
종교 집단에서 저희들이 행했던 저희
들의 직함과 대우받았던 그 모두를 다
버려야 되는 것이 그들의 두려움의 하
나요,
11 과연 저희들이 타성에 젖어 그저 나에
게 구원해 달라 기도하면 되며 축복
달라 기도하면 되며 저희 손으로 지은
그 성전에 가 기도하면 예수의 보혈로
써 구원을 받으며, 재물을 조금 바치
면 그것으로써 은혜를 받으며, 하늘에
바치면 또 하늘에 그 재물이 쌓인다는
그와 같이 편안한 믿음의 생활 속에
젖어 왔으며, 생활을 그리해 온 그들

이 이 법전을 보고 그 방향을 바꾸기
가 너무나도 두렵고 겁이 남이니,
12 이 법전을 읽고 깨우친 자 중에 나의
성전의 문 앞에까지 왔다가 감히 이
문을 열지 못하고 돌아가는 백성이 있
음이니라.
13 앞으로 더 말할 수 없이 많은 그와 같
은 백성들이 있을 것이니, 여기에서
너의 제자들이 어찌 행해야 되는 것인
가?
14 바로 여기에 뜻이 있음이니라.
15 너희들이 천사와 같은 자로 변해야 되
며, 너희들이 먼저 나의 심성으로 그
리 변하는 바른 삶을 살지 아니하면
아니 된다 하여, 내가 너희들의 작은
실수도 원하지 아니하며 용서하지 아
니하며, 완벽한 너희들이 되도록 나의
아들을 통하여 너희들을 달구고 달구
는 이유가 거기에 있음이니라.
16 저희들과 똑같은 너희들이 변하는 모
습과 너희들이 그리 아름답게 살아가
는 모습, 그리고 나의 성령의 뜻에 의
하여 5달란트라는 그 역사를 이루며
나의 아들의 제자들의 생활 터전을 만
들어 주는 것들이 그들의 입에서 입으
로 전해지는 변화의 소리를 들었을 때,
17 그리고 나의 성전에 와서 공부하는 너
의 제자들은 진정 천사와 같은 자들이
라 그리 평이 나 있을 때, 그들도 슬그
머니 이 성전의 문을 열고 들어올 용
기가 생김이니라.
18 그리하여 나의 법전에 너의 제자들의
개인의 이름을 기록하여 전하라 함이
니라.
19 '나는 이러한 사람으로서 이렇게 살았
으며, 나는 이러한 사람으로서 믿음을
이리 갔으며, 당신들의 종교 집단에서
가지고 있는 집사요, 권사요, 또는 각
종 직함을 가지고 있던 자가, 당신들
과 동질의 뜻이요, 같은 깨우침을 가
지고 있던 백성이 지금에 와 그 모두
를 저버리고 이 성전에 와 법전을 정
독하고 깨우쳐 새로운 사람으로 태어
나 어찌 변했다.' 함을 전하라.
20 저희들이 평생 종교 집단에 가서 바치
고 깨우쳤어도 남은 것은 허무함과 공
허함뿐이요, 저희들이 평생 모아 갖다
바친 그 재물을 차라리 부모나 형제에
게 나누어 주었다면 영원히 그들로부
터 사랑받는 그와 같은 사람으로 살
수 있었다는 것까지도 너희들이 후회
하게 될 날이 머지않았음이니,
21 그러한 자들이 깨우쳐 지금 바로 나에
게 올라올 수 있는 그와 같은 역사를
이룰 수 있는 것은 너희들이 바로 서
는 것이며, 그리하여 나의 법전에 너
희들의 그 복음서를 기록하여 전하라
함이 여기 있음이니라.
22 너의 제자들의 복음서를 많이 기록하
여 그들이 보고 깨우칠 수 있도록 그
리해야 될 것이며, 이제 용기 없는 수
많은 나의 피조물 만백성이 법전을 읽
고 나니 두려우며 저희들의 가슴에 방
망이질하며 숨이 막히며 터질 것 같은
마음을 달랠 수 없는 형태로 그와 같
이 변화되며,
23 제가 과연 인생의 삶을 버릴 수 있으
며 제가 이와 같이 법전대로 살 수 있
으며 변화될 수 있으며 제가 새로운
사람으로 태어날 것인가 두렵고 겁이

나 이 성전을 오지 못하는 자가 수없
이 있음이니,
24 그들에게 용기를 주며, 본보기로서 그
들을 인도할 수 있는 것이 너의 제자
들이 바로 서는 것이며, 천사와 같은
마음으로 나의 성전에 오는 너의 제자
들이 하나가 되는 그와 같은 역사가
이루어져야 됨이니라.
25 그것을 보았을 때 그들은 자신 있게
올 수 있으니, 너의 제자들의 복음서
를 많이 기록하여 집어넣도록 그리하
라.
26 그리하여 그들이 그것을 보고 깨우쳐
자신 있게 나의 성전에 와서 나의 법
전을 읽으며 나의 아들의 강론을 듣도
록 하라.
27 그리하는 것이 너희들이 나의 백성들
을 이끄는 가장 간편하고 쉬운 방법이
며 그들을 나의 성전에 인도하는 길임
을 알아야 할 것이니라.
28 배운 자나 배우지 아니한 자, 오래된
자나 오래되지 아니한 자, 그를 구분
하지 말며, 깨달음을 얻은 자가 변화
된 지금의 상태를 기록하며, 그가 또
1·2년 세월이 흐른 뒤의 변한 상태를
기록할 수 있도록 그리하라, 사랑하는
나의 아들아!

## 3,267 번째 하나님 말씀

*2002년 9월 5일 04시 47분*

1 사랑하는 나의 아들아!
2 "네, 아버님! 말씀하옵소서."
3 나의 법전에 한 줄기 기록되어 나가기
를, 구약 시대와 신약 시대를 덮으며
제3의 시대에 거둬들이며 심판의 시
대가 열린다 하였음이니, 너희들이 읽
는 것은 한 줄의 글이며 한 페이지의
기록된 글이나, 이를 너희들이 생각해
보라.
4 수천 년 동안 흘러와 뿌리가 깊을 대
로 깊은 그 모든 종파를 다 뒤집어엎
는 그와 같은 무서운 말이니, 세상에
이보다 더 큰 변화나 개혁이나 혁명은
없음을 알아야 될 것이니라.
5 이게 얼마나 무서운 말이며 얼마나 위
대한 나 여호와의 역사인가?
6 창조주 나 여호와가 아니면 감히 말할
수 없으며 이야기할 수 없는 대목이니
라.
7 이 지구를 거꾸로 돌리며 이 지구를
엎어 놓는 것보다도, 너희들이 살고
있는 이 지상의 모든 땅덩어리를 거꾸
로 엎는 것보다도 더 무서운 말이니라.
8 그리하여 그들이 받아들이는 그 충격
이 어떻겠는가?
9 지금까지 하늘에 오르는 길이라 가르
치고 깨우친 그들에게 구약과 신약을
다 덮는다는 그 말은 그들의 목숨을
끊는 것보다도 더 무서운 이야기며 그
모두를 뿌리째 다 뽑아내는 그와 같은
무서운 이야기이니, 이게 얼마나 위대
한 역사요, 무서운 변화를 추구하는
것이던가?
10 지금 너희들이 조그만 다락방에 앉아
이를 기록함이니, 그와 같이 방대하고
뿌리가 깊은 그들을 어찌하여 너희들
이 다 엎을 수 있으며 뒤집어 놓을 수
있으며 대혁명이요, 대혁신을 이룰 수
있다 생각하는가?

11 아무것도 너희들은 할 수가 없음이니
라.
12 같은 민족의 집단에서 반기를 드는 것
도 비슷한 실력으로써 반기를 들 때,
기존의 실력을 가지고 있는 자들의 노
하우에 밀려 성공하기 쉽지 않은 것이
혁명인 것이니라.
13 그 한 민족의 집단이요, 얼마 되지 않
는 사람들의 그 나라라는 곳에서 하나
의 혁명을 이루는 것도 그 힘의 방대
함과 기존의 세력을 능가할 수 있는
위대한 힘의 위력이 없이는 그를 이룰
수 없음이니,
14 다락방에 앉아 너 혼자 구약과 신약이
요, 세상의 모든 백성들을 상대로 하
여 그 뿌리가 깊고 깊어 끝이 보이지
않는, 지금까지 믿어 왔던 그 모두를
다 엎어야 함이니,
15 위로는 그 조상들이 지옥으로 갔다는
것을 증거하며, 조상의 종교 지도자들
이 잘못 가르친 것을 증거하는 것이
며, 내가 너에게 말하여 전했듯이 그
모두를 입증하며, 지금의 종교 지도자
들이 잘못 가는 것과 저희들이 하늘의
뜻을 모르며 금화와 은화를 거둬들여
저희들이 살아가는 것에만 연연했다
는 것을 입증하며,
16 지금 살아 있으면서 예수의 보혈로써
구원을 받았으며 믿음만이 구원을 받
으며 행함은 관계도 없다 하여 그저
성난 짐승처럼 날뛰는 그 많은 백성,
그들을 과연 너 혼자 어찌 정립할 수
있으며 거기에 혁명이요, 혁신을 할
수 있다 생각하는가?
17 그 집단을 들어엎는 것은 누구도 할
수 없으며 그 뿌리를 뽑는 것은 어떠
한 인간의 집단으로도 할 수 없음이니
라.
18 오로지 나 여호와요, 창조주만이 그를
할 수 있음이니, 어떠한 것으로써 그
를 엎을 수 있다 생각하는가?
19 160권이라는 법전이 단시간 내에 세
상에 나와 전해지고 뿌려지는 것만이
그 뿌리를 천 년에 걸쳐 뽑을 수 있으
며 이를 대적할 수 없음이니라.
20 그들은 인간의 힘이요, 무력으로써 너
에게 대적하며 너를 해하고자 하나,
나의 법전 한 권이 나가 그를 막을 것
이며 만백성을 다스려 놓을 것이며 그
마음을 돌려놓는 그 역사를 이룰 것이
니라.
21 지금보다도 더 무서운 종교 집단이 없
음이니라.
22 구약과 신약을 덮으며 새로운 시대에
새로운 법전으로써 만백성을 구하는
나 여호와의 성령이 세상에 내려와 이
것만이 구원을 받는 길이라고 말하면
누가 믿겠는가?
23 예수가 직접 내려와서 '내가 예수라'
하여 기적을 이루어도 믿지 않는다 하
였으며, 내가 직접 내려가 '내가 창조
주라' 하며 기적을 이룬다 하여도 너
희들은 믿지 아니하며 사악한 방법으
로써 나를 해할 것이며, 그리하고도
남는 것이 너희들의 집단의 힘이니라.
24 인간의 무력이요, 인간의 무력의 충돌
로써는 그 누구도 감내할 수 없고 당
할 수 없는 것이 너희들의 집단이니라.
25 그러니 무엇을 하겠는가?
26 너희들이 준비되지 않은 상태에서 너

희들의 권력이요, 금화요, 은화요, 재
산으로 하겠는가?
27 물질적으로 그들을 엎을 수 있겠는가,
숫자적으로 그들을 엎을 수 있겠는가?
28 그들이 세 치 혓바닥으로써 감언이설
로 떠드는 그 말을 과연 너희들이 당
할 수 있는가?
29 아무것도 너희들은 그를 대적할 것이
없음이니라.
30 인력도 없으며 물자도 없으며 그에 병
행하는 재물도 없음이니, 그리고 어떤
장비나 준비된 것이 없으며, 또 세상
의 만백성 중에 아는 자 없으며 너희
들을 기억하는 자가 없음이니, 그들과
대적할 자가 아무도 없음이니라.
31 너희들의 말에 있듯이 바위를 계란으
로 깨고자 대드는 것보다도 더 무모한
역사이나, 여기에는 창조주인 나 여호
와가 존재함을 알아야 될 것이며,
32 이는 곧 나의 법전 160권이 세상에 빠
른 시간 내에 속전속결로 전해져 많은
백성들이 이를 읽고 지금의 종교 집단
이 이를 없애며 너희를 제거하려 할
때, 그들의 노도와 같은 힘의 무서움
에 좌절하도록 할 수 있는 것은 이 길
밖에 없으며 나의 법전을 세상에 내는
길밖에 없음이니라.
33 그리하여 내가 밤낮으로 너를 다스리
며 너를 통하여 이를 기록함이니, 네
가 이길 수 있는 것은 그것 한 가시밖
에 없는 것을 알고 네 목숨을 다 바쳐
법전을 만드는 데 게을리해서는 안 될
것이며,
34 나의 아들이 법전을 만들어 세상에 전
하는 데 그를 돕는 자와 그 역사를 같
이하는 자는 영원히 나의 나라에 올라
올 수 있으며, 그보다 더 큰 영광의 상
을 받을 자가 없음을 너희들은 알라.

## 3,268 번째 하나님 말씀

*2002년 9월 5일 04시 56분*

1 사랑하는 나의 아들아!
2 "네, 아버님! 말씀하옵소서."
3 오늘부터 너의 제자들에게 이와 같은
말을 하나 더 가르치라.
4 '선생님의 말씀이 모두가 맞습니다.'
'선생님이 하시는 그 모두가 맞습니
다.' 그리 암송하며 그와 같은 것을 머
릿속에 깊이 심으라 그리 말하라.
5 내가 너에게 일찍이 깨우쳐 말하기를
뭐라 했는가?
6 남들이 너에게 유리창을 깼느냐 묻거
든, 깨지 아니하였어도 '제가 깼습니
다.' 그리 대답하라 하였느니라.
7 너희들은 그것을 듣고 깨우치기를, 그
저 남이 유리창을 깼을 때 누가 물으
면 너희가 깼다고 대답하면 되는 것이
라 그리 생각하니, 너희들이 어찌 깨
달음의 경지에 오르며 천사와 같은 마
음으로 살아가겠는가?
8 그 모두를 너희들의 생활에 적용하며
너희들이 살아감에 그를 살과 뼈를 붙
여 너희 것으로 만들라 하였음이니,
이제 너희들은 상대방이 무엇을 아무
리 잘못하였다 하여도 그를 탓하지 말
며, 그 모두는 '선생의 말씀이 맞습니
다.' 그러한 말로써 너희 머릿속에 항
상 기억하도록 그리하라.
9 훈련을 반복하고 반복하면 그것이 머

리에 배니, 너희들이 식사할 때 기도
하는 것처럼 수시로 '선생이 하시는
말씀이 모두 옳습니다.' 하는 그것을
기억하라.
10 그리하여 모든 세상사에 살아가는 속
에 너희들은 마찰이 있어서는 아니 되
며, 언성을 높여서는 아니 되며, 시비
를 걸어서는 아니 됨이니, 옳고 그름
을 따져서는 아니 되는 것이니라.
11 그것이 너희들이 가야 할 길이며 너희
들이 행해야 할 길이니라.
12 당장은 너희들이 하나의 물건을 놓고
옳고 그름을 따져 답을 얻고자 하나,
그것은 얻는 것이 아니요, 잃는 것임
을 알라.
13 너희들은 하나의 물건을 구입한 뒤 그
물건이 나쁘다 하여 그의 옳고 그름을
따지지 말라.
14 '선생의 말씀이 맞습니다.' '선생의 뜻
이 맞습니다.' 그리 말하는 마음을 가
지라.
15 그것이 너희들이 오늘에 손해를 보는
것 같으며 너희들 인간 세상에서 손해
를 보나, 영원히 사는 나의 나라에 왔
을 때 너희들의 그 축복과 영광은 말
할 수 없으니, 삶을 그리 살라 이르라.
16 너의 제자들에게 그리 이르라.
17 그리고 너희들의 생활 방식을 그리 고
치도록 하라.
18 그와 같이 너희들이 하나하나 고쳐 나
가지 못한다면 너희들은 천사의 마음
이 될 수 없음이니라.
19 깨달음의 경지가 높은 자는 세상의 이
치를 다 아는 것이거늘, 알면서 속는
것은 속는 것이 아니니라.
20 그 모든 내용을 다 알고 있으면서 속
아 주는 것은 양보요, 미덕이고 사랑
이니라.
21 모르고 속는 것이 억울한 것이며 모르
고 속는 것이 속는 것이지, 알면서 속
아 주는 것은 속는 것이 아니지 않은
가?
22 너희들은 그와 같은 삶을 살라.
23 그리 살지 아니하면 천사가 될 수 없
음이니라.
24 그리고 이 말세에 너희들이 그들을 정
화시킬 수 없음이니라.
25 지금 썩어 가는 이 세상을 정화시키는
것은 새로운 생수로써 그득히 부어야
함이니,
26 그게 바로 너희들이 생수가 되어야 하
는 것이니, 그리하여 그 생수의 양이
늘고 늘 때, 고여 썩은 그 물을 정화할
수 있음이니라.
27 아주 썩은 곳에 적은 생수를 부으면
그것이 정화되고 변화될 수 없듯이,
그리하여 나의 법전을 읽고 깨우친 백
성들이 내가 너희들에게 내린 '나의
잘못이요, 나의 탓이요, 그리고 선생
이 하시는 말씀이 옳소, 선생이 하시
는 것이 정답이요.' 하는 그와 같은 마
음으로써 모두를 살아갈 때, 그 속에
너희들의 행복이 있으며, 만백성을 구
하는 빛이 너희 몸에서 비쳐 나갈 것
이니, 이를 그리 행하도록 가르치라.

## 3,269 번째 하나님 말씀

*2002년 9월 5일 05시 10분*

1 사랑하는 나의 아들아!

2 너희들이 그리 원하는 소망도, 세월이
지나면 너희들의 얼굴에 주름살이 생
기는 그것 하나도 너희들이 해결할 수
없으며 그를 벗어날 수도 없다 하였음
이니라.
3 그리고 또한 그를 막을 수도 없다 하
였음이니라.
4 세월이 가며 쇠진하는 너희 몸의 변화
또한 너희들이 막을 수 없는 것이며,
죽음의 그 문턱을 아무리 발버둥치고
몸부림쳐도 넘지 않을 수 없는 것이
너희들의 운명이라 하였음이니라.
5 그리하여 내가 너희들에게 일깨워 말
하기를, 하늘에는 창조주인 내가 존재
함이니, 너희들이 나에게 오르는 길을
누가 대신해 줄 수도 없으며 돌아갈
수도 없으며 물러설 수도 없으며 피해
갈 수도 없는 길이라 하였음이니라.
6 아무리 부모 형제가 애통하게 몸부림
을 쳐도, 금화와 은화와 너희들이 평
생 모은 그 재산을 다 갖다 바쳐 놓고
사정을 해도 그를 들어줄 사람이 없으
며 아무런 가치가 없는 그와 같은 것
이 너희들의 인생의 삶이라 말하였음
이니라.
7 오늘 너는 너의 제자들에게 일깨워 줘
야 될 것이니라.
8 그리고 너의 제자들 또한 마음자리를
단단히 해야 됨을 잊지 말라 이르라.
9 나의 아들과 더불어 지금 160권의 법
전을 세상에 내는 이 일에 동참한 열
여섯 가정의 신부들과 그리고 나의 성
전에 와서 법전을 읽고 깨우치는 너희
들은, 이 법전을 만들어 내는 길을 피
할 수도 없으며 돌아갈 수도 없으며
버릴 수도 없으며 너희 자신이 떠날
수도 없음을 알라.
10 오로지 너희들은 어떠한 역경과 어떠
한 어려운 환경에서도 이 160권의 법
전을 나의 아들이 세상에 기록하여 펴
낼 수 있도록 너희들의 모두를 다 바
쳐야 될 것이니라.
11 너희들의 정성이요, 너희들의 마음가
짐이요, 너희들의 각오에 따라 나의
아들이 법전을 세상에 빠른 시간 내에
낼 것이니,
12 만백성이 경탄하며 이는 창조주인 나
여호와가 아니면 역사를 이룰 수 없다
고 그들이 그를 깨우치며 놀랄 수 있
도록, 그리고 그 만백성이 이 법전이
야말로 하늘에 오르는 길이며, 진정한
나 여호와의 성령이요, 저희들의 생명
의 구원의 빛이라는 것을 스스로 깨우
칠 수 있도록 하라.
13 너희들은 이것을 만들어 내 세상에 전
하는 것에서 피할 수도 없으며 돌아갈
수도 없으며 너희들이 손을 놓고 등
돌리고 갈 수도 없음을 알라.
14 이제는 너희들이 모든 힘을 다 바치
며, 피할 수도 없는 그 길을 위하여 너
희 스스로 먼저 모두를 다 포기하며
법전을 만드는 데 모든 열과 성의를
다하는 그와 같은 마음 자세로 너희들
이 하나가 되지 아니하면 아니 됨을
알아야 할 것이니라.
15 이제 마음이 하나가 되어 법전이 세상
에 빨리 나올 수 있도록 그 역사만을
위하여 너희들이 모든 힘을 다 합쳐
하나가 되어야 한다는 것을 내가 너희
들에게 다시 한 번 간곡히 간곡히 내

려보냄이니,
16 이 나의 성령의 뜻을 가슴 깊이 새겨, 너희들은 법전 160권이 세상에 나올 수 있도록 거기에 모두를 다 바치라.
17 그리고 나의 아들이 법전을 받아 성령의 이 뜻을 만들어 낼 수 있도록 하는 거기에 모두를 다 바치라.
18 너희들이 생명을 바쳐 160권의 법전이 나와 만백성을 구할 수 있다면 그 역사가 얼마나 위대한 것인가를 너희들은 스스로 깨우쳐야 될 것이며,
19 거기서 너희들은 양보하는 자가 되어서도 안 되며 물러나는 자가 되어서도 안 되며 버림을 받는 자가 되어서도 아니 됨을 알라.
20 너희들이 이를 행하지 아니하면 너희들은 지옥으로 감이니라.
21 영원히 사는 나의 나라에 올라올 수 있는 너희들이 지옥으로 가는 그와 같은 것을 보는 내 아픈 마음을 헤아려 너희들이 그리 만들도록 하지 말라.

## 3,270 번째 하나님 말씀

*2002년 9월 5일 05시 19분*

1 사랑하는 나의 아들아!
2 "네, 아버님! 말씀하옵소서."
3 내 사랑하는 예수가 이루었던 그 신약 시대를 무엇이라 하였느냐?
4 하나의 알곡식을 거두기 위해 왕성한 나무의 성장을 다듬고 가꾸는 시대라 말하였음이니라.
5 그러니 나의 피조물 만백성에게 나 여호와가 존재함을 알리며 모든 백성들에게 내가 존재함을 알리는 것이 종교 지도자 너희들의 임무며 너희들이 행하여야 할 것이었느니라.
6 그리고 하늘에 오르는 길로 나의 피조물 만백성을 인도하는 것이 너희들의 대명이 아니며, 2천 년 동안 흘러오는 기간에는 직접 나의 백성들을 스스로 하늘에 올리는 그와 같은 능력과 자격이 없는 것이 너희들임이니라.
7 너희들은 오로지 나의 피조물 만백성을 악에 빠지지 아니하게 하며 악의 구렁텅이로 흘러가지 아니하게 하며 악한 일을 하지 않도록 나의 계명을 가르치며, 그들을 선한 쪽으로 살아갈 수 있는 그와 같은 방법으로 가르치는 것이 너희들의 대명이었음이니라.
8 너희들이 할 수 있는 것은 나의 피조물 만백성을 지옥으로 가지 아니하고 악한 마음을 갖지 않도록, 지옥으로 가는 그와 같은 죄를 짓지 아니하도록 그들의 악한 마음을 다스리며 그들의 마음을 선한 쪽으로 다스릴 수 있도록 깨우쳐 주며 방향을 잡는 것이 너희들이 나의 아들 예수가 열었던 신약 시대에서 지금까지 2천 년 동안에 이룰 수 있는 일이었느니라.
9 그러나 너희들은 그것이 아니라 너희들이 창조주요, 또는 작은 신인 양 성전이라 짓고 그 성전 속에서 나의 피조물 만백성을 모아 재물을 거둬들이며 너희들이 뭐라 말하였는가?
10 구세주처럼, 하늘에 오르는 길로 인도하는 것처럼 너희들이 그리 말하였음이니라.
11 그리하여 내가 너희들의 손을 놓았다 하였음이니라.

12 너희들의 위의 종교 지도자들부터 방
향이 잘못 잡혀 위의 물에서부터 혼탁
하게 내림이니, 그 아래의 물이 얼마
나 혼탁하겠는가?
13 이제 내가 너희들에게 깨우쳐 주니,
너희들의 임무는 바로 나의 피조물 만
백성에게 선과 악을 구분할 수 있는
그 깨우침을 주는 그것까지가 너희들
이 할 수 있는 것이며 너희들이 그리
왔어야 하는 것이니라.
14 그러나 너희들과는 해당도 안 되며
너희들이 감히 행할 수도 없는, 나의
피조물 만백성을 구하는 그와 같은 역
사를 너희들이 직접 이루는 것처럼,
수천수만의 종파들 밑에서 종교 지도
자에 의하여 헤아릴 수 없는 집단들이
저희들이 다 구원의 길로 인도하는 역
사를 맡은 것처럼 착각하고 있었음이
니,
15 내가 구약 시대와 신약 시대에 이루고
자 하는 그 단계도 모르고 너희들은
그리 천방지축으로 날뛰었음이니라.
16 너희들은 결승점을 향하여 달리는 자
가 아니니라.
17 너희들은 중간에서 출발 주자에게 바
통을 받아 결승점을 향하여 달리는 그
에게 바통을 넘겨주면 되는 것이거늘,
18 너희들은 그 바통을 넘겨주지 아니하
고, 바통을 넘겨줄 사람이 없는 양, 너
희들이 출발 주자에게서 받은 그 바통
을 들고 내뛰어 테이프를 끊어 우승의
영광을 바라보는 그와 같은 환상과 착
각 속에서 그저 지금까지 달려왔음이
니라.
19 그것이 지금 너희들의 종교 집단이 끌
고 온 형국이니라.
20 엄연히 첫 번째 주자로부터 바통을 받
아 마지막 주자에게 넘겨주는 것이 너
희들의 소임이나,
21 너희들은 그저 앞을 보고 뛰며 너희들
이 그 우승의 테이프를 끊으며 만백성
으로부터 영광을 받겠다는 환각과 착
각에 빠져 너희 자신을 모르고 그저
뛰는 그와 같은 형국으로 왔음이니,
22 너희들이 그리 뛰어서 결승점에 와 테
이프를 끊었다 해도 그것은 위법이요,
규칙에 어긋남이니, 승자가 될 수 없
는 것이니라.
23 그건 패자가 되는 것이니라.
24 바로 너희들의 믿음이요, 나의 피조물
만백성을 구한다 하여 종교 지도자들
이 지금까지 끌어온 길이 그래서 패자
라 함이니라.
25 너희들은 출발한 사람이 자기 몫을 뛰
어서 건네준 그 바통을 받아 마지막
주자에게 넘겨주면 그것이 너희들의
임무를 다하는 것이니, 그게 바로 무
엇인 줄 알겠는가?
26 선과 악을 구분할 수 있도록 나의 피
조물 만백성을 깨우치는 것이 너희들
의 임무였음이니라.
27 그러나 너희들은 그를 다 벗어나서 착
각과 환상 속에서 너희들 자신이 마지
막 주자라 착각하고 있었음이니라.
28 그리하여 그게 엉망이 되어 있는 것이
지금 너희들의 믿음의 형태이니라.
29 그리하여 지금 내가 마지막 주자인 나
의 아들을 통하여 나의 법전을 세상에
내보내며, 지금 바로 구원할 자와 구
원하지 않을 자를 구분하며 심판하는

시대가 왔음이니, 이것은 나의 아들이
너희들처럼 그리 명하고 가르치는 것
이 아니니라.
30 나의 법전이 그와 같이 심판을 하며
나의 법전을 읽고 깨우치는 자가 구원
을 받으며, 오로지 나의 아들은 법전
을 만들어 만백성에게 전하는 그 역할
을 하는 것뿐이며, 그가 구원하고 못
하는 것이 아니며 또한 거기까지가 그
의 한계이니라.
31 그러나 너희들은 직접 너희들이 구원
하는 양, 너희들은 중간 주자로서 마
지막 주자처럼 착각하여 너희들이 구
할 수 있으며 하늘에 오르는 길을 인
도할 수 있으며 천국의 문을 열어 줄
수 있다 하여 나의 피조물 만백성으로
부터 금화와 은화를 갈취하여 너희들
이 살아가는 데 인간의 육신의 행복을
위하여 모두를 다 이용하였음이니, 그
것이 바로 너희들의 지금의 위치며 너
희들이 오늘에 서 있는 자리이니,
32 이제라도 너희들이 그를 멈추고 나의
법전을 읽고 깨우쳐 마지막 주자의 가
는 길을 따라오는 것만이, 그 마지막
주자가 힘차게 달려 결승에 우승할 수
있도록 그를 모두가 보필하며 따르며
그와 같이 더불어 가고자 하여 회개하
고 반성하는 것만이 구원의 길이요,
영원히 사는 길에 올라올 기회를 너희
들에게 한 번 주는 것이 나의 뜻이니
그리 알라.

## 3,271 번째 하나님 말씀

*2002년 9월 5일 05시 30분*

1 사랑하는 나의 아들아!
2 "네, 아버님! 말씀하옵소서."
3 세상사 너희들이 살아가는 중에 정답
이라는 것이 여러 개던가?
4 정답은 하나이니라.
5 하늘에 오르는 길 또한 진리는, 사랑
하는 나의 아들아, 하나이니라.
6 진정한 진리는 둘이나 셋이 아니고 하
나임을 알아야 할 것이니라.
7 그리고 나 여호와의 성령이요, 나의
심성의 뜻을 너를 통하여 내리는 나의
법전을 읽고 깨우친 만백성이 나의 심
성과 하나가 되었을 때 너희들은 진리
를 볼 수 있으며 천국이라는 나의 나
라에 올 수 있는 것이니, 하나로써 이
루어져야 함이니 그리 알라.
8 너희들이 나와 같이 심성이 하나로 이
루어지지 아니한다면 내가 거하는 이
천국에 올 수가 없음이니라.
9 내가 가르치는 모든 진리는 하나요,
하늘에 오르는 길은 하나이니라.
10 그리하여 너희들이 하늘에 오르는 길
은 나의 아들을 통하여, 나의 성전을
통하여 내가 내리는 그 빛을 타고 올
라온다 함이 여기에 있음이니라.
11 내가 천 년에 걸쳐서 모든 언어요, 너
희들이 쓰고 있는 글이요, 모든 것을
하나로 이루고자 하는 뜻을 너희들은
이제 알았는가?
12 하나로 이루어지지 아니한다면 너희
들은 제대로 깨우침이 아니며, 참진리
의 뜻을 볼 수가 없음이니라.

13 내가 너희들에게 말했듯이 정답은 하나며, 진리는 하나요, 길은 하나이니라.
14 모든 나의 피조물 만백성이 나와 같이 하나가 되는 자만이 구원을 받을 수 있음이니, 내가 동양의 이 작은 나라의 언어와 그 문자요, 이를 갖고 세상을 하나로 만들고자 함이 여기에 있음이니라.
15 너희들의 풍습이요, 언어까지도 하나로 이루어지지 않은 상태에서 너희들이 중구난방으로 너희들의 생활의 환경과 여건에 따라 다른 믿음이요, 다르게 이해하고 깨우쳐 간다면, 과연 그것이 진정한 나의 뜻이요, 하나의 정답을 쓸 수 있겠는가?
16 정답이 없이 오답을 쓰게 되어 있으며, 너희들은 오답을 가지고 정답이라 말할 것이니라.
17 정답의 그 길에 하나의 정답의 표시가 되어 있으니 나머지 답이 어찌하여 정답이라 다시 들어올 수 있겠는가?
18 아니 됨이니라.
19 하늘에 오르는 진리는 하나요, 그 길은 하나요, 깨우침이 다 하나이거늘, 너희들의 지금과 같은 형국으로써는 이루어질 수가 없음이니,
20 내가 천 년에 걸쳐서 이루고자 하는 것이, 나의 성령과 같이 깨달은 백성들이 나와 하나가 되도록 하고자 하는 것이 나의 뜻이요, 그리하여 너희들이 구원받을 수 있는 것이니라.
21 그리하여 내가 나의 법전을 나의 아들을 통하여 그리 상세히 너희들에게 전하며 글로써 증거하고 입증하여, 너희들이 보고 듣고 읽고 깨우쳐 하늘에 오르는 길을 볼 수 있게 하고자 함이요, 너희들의 마음을 천사같이 다스려 나의 성령과 같이 하나가 되게 하고자 하는 것이 여기 있음이니라.
22 이와 같은 나의 뜻을 안다 하면, 너의 제자들부터 하나가 되어야 하는 그 이유를 알아야 될 것이니라.
23 너의 제자들이 하나가 되지 못하며, 나의 법전을 공부하며 나의 성령을 듣는 너희들이 우선 하나가 되지 못한다면, 이 동양의 작은 나라의 백성들도 하나가 될 수 없으며, 언어와 풍습이 다른 나의 모든 백성들이 정녕 하나로 될 수 없음이니라.
24 그리하여 내가 너희들에게 강하게 어렵고 힘든 길을 가며 마음을 비우고 하나가 되라는 뜻이 여기에 있음이니,
25 이를 너희들이 깊이 깨우쳐 한마음, 하나로써 너희들이 다스려지며 굳어져야 됨을 잊지 말라.

## 3,272 번째 하나님 말씀

*2002년 9월 5일 06시 06분*

1 사랑하는 나의 아들아!
2 "네, 아버님! 말씀하옵소서."
3 세상의 모두를 다 창조한 나 여호와가 무엇은 예뻐하며 무엇은 싫어하는 이와 같은 마음의 동요가 있다 생각하는가?
4 너희들이 말하기를 나 여호와는 창조주요, 공의의 하나님이라 그리 말하느니라.
5 그리고 세상 모두를 다 주관한다 하

니, 이 세상 모든 것이 나와 관계되지
않은 것이 없으며 내가 만들지 아니한
것이 없으며 내가 관리하지 않는 것이
없음이니, 그 모두는 내가 다 통제하
고 관리함이니라.
6 내가 지금 너희들의 믿음의 세계요,
지금까지 살아온 너희들의 잘못된 그
부분과 너희들이 방향을 잘못 잡고 길
을 잘못 잡아 많은 세월 동안에 믿음
의 길을 잘못 가르친 자와 또 그곳에
가 잘못 배운 너희들을 탓하여 그를
꾸짖으나,
7 내가 제3의 시대에 법전을 세상에 내
려보냄은 내가 일부의 백성은 구하며
일부의 백성은 버리는 그와 같은 뜻에
서 행함이 아님을 너희들은 알아야 할
것이니라.
8 내가 160권의 법전의 장서를 나의 아
들을 통하여 세상에 내보내는 것은 어
떠한 백성이든지 이 지상에 존재하는
백성들을 다 구원하고자 하는 것이며,
다 깨우치고자 하는 것이며, 그들에게
나의 품으로 올라올 수 있는 그와 같
은 기회를 주기 위함이니, 내가 지금
이 법전을 만들어 세상에 내려보내는
뜻이 여기 있음이니라.
9 내가 너희들에게 똑같은 기회를 주며,
너희들에게 똑같이 준 그 기회에서 깨
우쳐 하늘에 오르는 구원을 받고 못
받는 것은 너희 자신에게 달렸음이니,
10 나는 어떠한 백성만을 구하며 어떠한
백성은 버리는 그와 같은 마음에서 제
3의 시대에 법전을 내리며 이 시대를
열어 가는 것이 아님을 너희들은 알아
야 될 것이니라.
11 내가 나의 법전에 모두를 상세히 기록
하여 너희들에게 전하였음이니라.
12 그리고 하늘의 뜻을 내가 너희들에게
다 기록하여 알려 주고 깨우쳐 주었음
이니, 이제는 나의 법전을 보고 깨우
쳐 너희 것으로 만들며 뼈와 살이 되
도록 그리 노력하는 것은 너희 마음에
달렸음을 알아야 될 것이니라.
13 내가 너희들에게 말하고자 함이니라.
14 구약 시대는 시작의 단계였으며, 예수
의 시대는 나 여호와가 존재함을 알리
는 시대라 하였으며, 마지막 제3의 시
대는 알곡식을 추리며 추수하여 거둬
들이는 시대라는 것을 알고 있을 것이
며, 그 시대가 왔음이니라.
15 그리하여 내가 너희 모두를 다 구원하
고자 하여 나의 법전을 세상에 내려보
내는 것이니, 너희들은 나의 법전을
정독하여 너희 스스로 마음을 다스려
나가야 할 것이니라.
16 위에서 아래로 흐르는 물처럼, 그 물
위에 너희 마음을 다 띄워 흘려보내듯
이, 너희 마음속에 있는 것을 하나하
나 꺼내어 버림으로써 너희들이 하늘
의 이치를 알게 됨을 알아야 될 것이
니라.
17 이제 마지막 시대이기에 내가 직접 세
상에 내려가 너희들을 통제한다 하였
으며, 두 번 다시 이와 같은 역사가 있
을 수 없다 말하였음이니라.
18 그리하여 내가 동양의 작은 나라의 이
언어로써 세상을 천 년에 걸쳐 공통어
로 만들며, 너희들이 기도하는 방법과
나에게 경배하는 방법과 하늘에 오르
는 이치와 뜻을 똑같이 깨우칠 수 있

도록 그리 역사를 이루고자 하는 것이
나의 뜻이니,
19 내가 지금의 믿음에 잘못 가고 너희들
종파에 몸담고 있는 자, 그리고 잘못
가르치는 종교 지도자 너희들을 다 차
별화하여 버리는 것이 아니라 너희들
도 다 똑같이 구원하고자 함이며, 나
의 법전을 읽고 깨우친 백성도 구하
며, 믿음 자체도 없고 내가 존재함을
믿지 아니하려는 그 백성도 다 똑같이
구하고자 함이니라.
20 그러나 내가 너희들 인간을 통하여 너
희들에게 깨우치니, 너희들은 전하는
과정이나 듣는 이의 마음 자세에 따라
모두가 달라짐이니라.
21 그리하여 지금 너희 종교 지도자들이
많은 백성들을 모아 놓고 헌금을 거둬
들이며 너희들이 지어 놓은 성전이라
는 것을 운영하기 위하여, 진실한 진
리를 깨우치기 전에 너희들이 그 성전
의 노예가 되는 그와 같은 형국을 내
가 더 이상 볼 수가 없어 이를 바로잡
고자 하여 책으로써 세상에 내려보냄
이니라.
22 이제는 종교 지도자가 필요 없으며,
너희들처럼 성전을 지을 필요도 없으
며, 금화와 은화를 거둬들이며 나의
뜻에 거역하는 그와 같은 행위를 할
필요도 없음이니라.
23 그저 너희들이 나의 법전을 손에 들고
읽고 깨우치면 구원을 받을 수 있으며
그 속에 모두가 다 기록되어 있음이
니, 이게 바로 내가 너희들을 이끌고
자 하는 뜻임을 알아야 될 것이니라.
24 지금까지 수천 년 역사가 흘러오는 동
안에 너희들이 손으로 지은 그 성전에
와서 기도하고 경배하는 자만이 구원
받으며, 그리고 육의 행위는 어찌하며
살아가든 간에 진실한 믿음만을 가지
면 구원을 받는다 그리 말하였으며,
성전에 와서 기도하는 자는 나의 아들
예수의 보혈로써 구원을 받는다 하여
그곳에 오는 많은 백성들을 너희들이
통제하고 관리하여 너희 육의 손으로
나의 지상의 성전에 얼마나 큰 그와
같은 성전을 지었는가?
25 그리하여 그 속에 너희들이 감히 상상
할 수 없을 만큼 금화와 은화를 거두
어들이고 나의 피조물 만백성의 고혈
을 빨아 지어 놓은 그 성전은 나의 진
리를 가르치는 성전이 아니요,
26 이제 너희들이 거기에 이용당하는 자
들이며 그를 관리하기 위하여 너희들
이 성전의 부름을 받는 그와 같은 형
국으로 전락하였다 하였음이니라.
27 그것은 잘못되었음이니라.
28 그와 같은 형국으로써 믿음을 향하는
것이 아님이니라.
29 이제 내가 진정한 하늘에 오르는 그
이치와 길과 방법을 제3의 시대에 나
의 법전에 기록함이니, 너희들이 이
법전을 집에서 읽든 들에서 읽든 너희
들의 직장에서 읽든 어느 한 곳에서
법전을 읽고 깨우쳐 이게 하늘의 뜻이
요, 나의 뜻이라는 것을 깨달으면 너
희들은 스스로 구원을 받을 것이며,
30 기도하는 방법, 이웃과 사랑하는 방
법, 부모에게 효도하는 방법, 형제와
우애 있게 사는 방법이 있으며, 그리
고 사악한 너희들의 취미요, 너희들이

도저히 지울 수 없는 그 악한 취미의
행위를 너희 스스로 버릴 수 있으며,
31 술을 좋아하는 사람은 그를 끊을 수
있으며, 금욕을 이루고자 하는 자 이
룰 수 있는 그와 같은 모든 깨달음이
여기에 있으며, 도둑질하는 자 도둑질
을 하지 아니할 수 있는 깨달음이 여
기 있으며, 거짓 하는 자 여기에 또 그
를 고칠 수 있도록 하는 것이 다 들어
있으며, 또한 약속을 지키지 아니하는
자 약속을 지키도록 하는 것이 여기에
있으며, 남을 사랑할 줄 모르는 자 사
랑할 수 있으며 베풀 줄 모르는 자 베
풀 수 있는 모든 깨우침이 여기 있느
니라.
32 그리하여 나의 법전을 읽은 백성들이
서로 힘을 모아 의지하고 살아가는 그
속에서 정녕 너희들은 어려운 자를 도
울 줄 알며 가진 자가 베풀 줄 아는 그
와 같은 깨달음을 얻으니, 이게 곧 소
왕국의 천국이 이루어지기 시작함이
니라.
33 너희들이 지금까지 관리하고 이용하
기 위하여 지었던 그 성전에 이제 역
으로 너희들이 노예가 되는 그와 같은
형국이 되었으니,
34 그것을 유지하기 위해 너희들은 갖은
고통과 시련 속에서 그를 지키기 위한
재물과 은화를 평생 거둬들여야 하는
그와 같은 건물의 노예가 되었음이니
라.
35 그와 같은 방법으로써 나의 피조물 만
백성을 구원하는 것이 아님이니라.
36 내가 다시 너희들에게 말하느니라.
37 나에게 오는 자는 가장 기쁜 마음이
요, 즐거운 마음으로 나에게 올 수 있
다 하였음이니, 너희들은 그저 나의
법전을 읽고 깨우치는 것으로써 간단
히 구원의 길을 받을 수 있는 답이 여
기 있음을 알라.
38 이것이 창조주인 나의 뜻이며, 내가
이루고자 하는 새로운 시대를 열고자
함이 여기 있음이니라.

## 3,273 번째 하나님 말씀

*2002년 9월 5일 09시 15분*

1 사랑하는 나의 아들아!
2 "네, 아버님! 말씀하옵소서."
3 내가 너에게 말하니, 구약과 신약과
지금 이 시대의 임무가 다름을 내가
나의 법전에 상세히 기록하여 너희들
에게 전하였음이니라.
4 이제 너희들이 구원을 받고 구원을 받
지 못하는 것은 나의 법전을 접하고
접하지 아니함에 의하여 거기에 절대
적인 뜻이 있음을 알라 내가 전하였음
이니라.
5 나의 법전을 정독하지 아니하는 자,
나의 성전을 통하지 아니하는 자, 그
리고 나의 법전으로써 깨닫지 아니한
자는 정녕 구원의 빛을 볼 수 없으며
구원을 받을 수 없는 것이 나의 뜻이
라 말하였음이니라.
6 나의 법전을 읽고 깨우치며 그리 행하
는 자, 그리고 나의 성전에서 내가 법
전에 기록한 대로 기도하는 자, 그와
같은 자 외에는 누구도 구원을 받을
수 없다 내가 말하였음이니라.
7 그리고 내가 이 법전을 세상에 내려보

냄은 너희들에게 누구나 다 동등한 입
상에서 균등하게 기회를 주고자 함이
며, 모든 백성을 구하고자 함이니,
8 일부의 백성만을 구하고자 하는 뜻이
아니라는 것을 내가 나의 법전에 기록
하여 너희들에게 이미 전하였음이니
라.
9 지금까지 잘못 살아온 자, 지금의 믿
음을 잘못 온 자, 그리고 믿음을 갖지
않은 자, 그 누구라도 나의 법전을 읽
고 깨우치는 자는 구원을 받을 수 있
다 내가 그리하였음이니라.
10 이제 나의 법전이 전 세계로 퍼져 나
감으로 인하여 나의 법전을 그 나라의
언어와 풍습으로 번역하여 전하며, 그
후에 4부부터는 동양의 작은 나라, 지
금의 언어와 지금의 문자로써만 기록
하라 하였음이니,
11 천 년에 걸쳐 이 법전을 가지고 깨우
치는 민족이요, 이를 가지고 공부하는
백성은 구원의 길을 보게 될 것이며,
구원을 받을 것이며,
12 이 법전이 정녕 사탄이요, 이단의 장
난이라 하여 받아들이지 아니하는 나
라나 법전을 받아들이지 아니하는 민
족은 그 대가를 치르게 될 것이니,
13 나의 법전을 거부하는 민족, 나의 법
전을 받으려 하지 아니하는 자들, 그
리고 법적으로 보지 못하게 하는 그와
같은 민족은 그에 대한 대가를 저희들
이 죽어 나에게 오기 전에 저희들이
살아서 받게 됨이니라.
14 이는 곧 나의 법전을 읽고 깨우쳐 하
나로 이루고자 하는 것이 나의 뜻이
니, 나의 법전을 읽고 깨우친 자가 하
나가 되는 것은 나의 성령이요, 나의
뜻과 같이 되는 것이니,
15 이를 거부하고 거역하는 자, 그 씨가
씨를 낳아 그들이 선한 자들을 잠식하
게 됨이니, 그리하여 그들을 어떠한
방법으로든 세상에 존재치 못하도록
하고자 함이 나의 뜻이니라.
16 이를 너의 제자들에게 알려 주어야 될
것이며, 법전에 기록하여, 만백성이
나의 법전을 받아들이지 않는 민족,
그리고 찢어 버리는 자, 법적으로 받
을 수 없도록 하는 자, 그들은 그 대가
를 반드시 저희들이 살아 있는 상태에
서, 육의 삶에서 치르게 될 것임을 알
아야 될 것이며, 그들이 천 년에 걸쳐
서 또한 지상에 존재치 못하는 민족으
로 서서히 시들어 가게 되는 것을 잊
어서는 안 될 것이니라.

## 3,274 번째 하나님 말씀

*2002년 9월 5일 11시 45분*

1 사랑하는 나의 아들아!
2 "네, 아버님! 말씀하옵소서."
3 지금 많은 종파들과 지금의 믿음에 온
백성들이 다 내가 만든 이 지상을 덮
고 있으며 그들이 모두를 다 지배하고
있음을 알아야 될 것이니라.
4 인간의 국가적인 조직이요, 그 단체에
서 움직인다 하나 그 내면과 이면에는
종교 집단이 너희들의 그 모두를 다
조종하며 움직이는 그와 같은 형국이
되어 있음이니라.
5 하나는 인간들 자체에서 움직이는 나
라의 집단이 있으며 조직이 있으나,

그것보다 더 위대한 곳에 숨어 있는
것은 종교 집단이요, 그들의 힘이 그
들을 또 지배하고 조종하고 있다는 사
실을 너희들은 알아야 될 것이니라.
6 그와 같이 지금의 믿음의 종교 집단의
뿌리가 깊으며 그리 힘이 있고 물질이
있으며 재정이 그를 받쳐 주고 있음이
니, 그 누구도 이를 이길 수 없음을 알
아야 될 것이니라.
7 하나의 국가의 집단이 존속하되 그 뒤
에서 그를 조종하며 움직이는 것은 종
교 집단들의 힘이라 하면, 그들이 인
간 집단보다 더 위에 있음이니,
8 그와 같은 권력을 가진 자들을 네가
들어엎는다는 것은 감히 있을 수도 없
는 것이니라.
9 그들을 정녕 믿음으로써 나에게 오르
는 길만을 가르치며 나의 피조물 만백
성에게 참진리를 깨우쳐 주고 참진리
를 가르쳐 주는 것이 그들의 가장 위
대한 소망이요, 가장 행복한 것이며,
종교 지도자가 나 여호와의 뜻을 받아
참진리를 깨우쳐 하늘에 오르는 길로
인도하는 그 역사보다 더 위대한 것이
없음이니라.
10 그러나 너희들은 진정한 하늘에 오르
는 길이요, 나의 뜻이요, 만백성을 나
의 품으로 옮기는 그 위대한 역사보다
더 중요한 것이 없건만,
11 너희들의 육의 삶이요, 육의 행복을
위하여 권력을 지향하며 그 힘을 과시
하며, 너희들의 조직의 그 힘을 위하
여 지금 모든 국가요, 집단을 뒤에서
조정하고 그들을 이용함이니, 너희들
은 그와 같이 사악한 곳으로 흘러가
있음이니라.
12 너희들이 가야 할 길을 놔두고 다른
길로 가서 그 일을 행한다는 것은 너
희들이 향락과 즐거움과 인간 최대의
누릴 수 있는 것을 얻고자 하는 것이
아니던가?
13 너희들의 집단이 형성되며 나의 백성
들이 너희들을 따르는 것은 그들이 하
늘에 오르는 길을 위하여 나의 품에
오르고자 하는 것이거늘,
14 그들의 힘과 그들의 머릿수를 이용하
고 그들이 바치는 재물을 이용하여 너
희들이 모든 백성들을 인간 세속의 뒤
에서 지배하며 인간의 역사를 좌우하
는 그와 같은 형국에서 너희들이 숨어
자리를 지키고 있다 하면, 그래도 너
희들이 당당한 종교 지도자요, 믿음의
가는 길이라 말할 수 있는가?
15 내가 너희들에게 말함이니, 모든 종교
집단은 너희들이 말하는 인간의 나라
를 다스리며 국가를 다스리는 그 조직
에 관여할 수도 없으며, 거기에 너희
들이 종교의 언어를 가지고 왈가왈부
할 수도 없으며 그들과 대화할 수도
없는 것이니라.
16 그와 같은 인력과 조직과 재물이나 능
력을 가지고 인간사에 정치적으로 한
마디씩 참여하고 던지는 그 자체가 너
희들의 근본을 버린 자들이니라.
17 근본을 버리고 근본을 모르는 자들이
기 때문에 그와 같은 행위를 하는 것
이니, 어찌하여 너희들이 인간 세속에
서 왈가왈부할 수 있는가?
18 오로지 너희 백성들을 바로 가르치고
바로 인도하는 것만이 너희들의 소중

한 책무이니라.
19 그 외에 다른 것을 보는 것은 너희들
이 권력을 지향하며 금화와 은화를 지
향하는 그와 같은 인간 세속의 자세에
서 벗어나지 못하였음을 너희들이 입
증하는 행위이니라.
20 그와 같이 방대한 힘과 능력을 가진
너희들에게 지금 나의 아들이 그를 지
적하며 그를 잘못되었다 하여 책으로
써 증거하여 그를 덮고자 함이니,
21 이는 내가 말하였듯이 도저히 이룰 수
없는 역사요, 혁명과 개혁을 하기 위
하여 지금 이가 달려들고 있음이니라.
22 인간으로서는 도저히 그를 넘을 수 없
으며 행할 수 없음이니라.
23 너희들이나 종교 집단이 나의 아들을
바라볼 때, 그를 미친 자요, 정신 나간
자라 말할 것이며, 그는 일고의 가치
도 없는 자라 그리 말할 것이며,
24 또한 너의 제자들 중에서도 감히 이
무서운 종교 집단을 이 작은 나의 성
전에 있는 너희들의 힘과 나의 아들이
기록하는 법전으로써 정화시키며 엎
을 수 있다고 생각하는 자 별로 없을
것이니라.
25 그러나 창조주인 내가 여기에 역사함
을 너희들은 알아야 될 것이니라.
26 정녕 나의 아들이 정신이상자요, 정신
박약아요, 바보요, 천치가 아니며 계
산할 줄 모르고 생각이 없는 무능한
자가 아니라면 감히 이와 같은 무모한
싸움을 하겠는가?
27 인간 너희들도 말하느니라.
28 초등학교 다니는 어린아이가 성인과
씨름하여 이기겠다고 대드는 일은 없
을 것이니라.
29 그러나 그것보다 더한 것을 이기겠다
고 대드는 것이 지금 나의 아들이 달
려가는 길이니, 거기에는 나 여호와가
존재하며 창조주가 있고 나의 뜻이기
때문에 나의 아들이 그와 같이 나아갈
수 있음이니라.
30 이것 하나를 보아도 너희들이 나의 진
리요, 나의 성령이요, 진정 선택된 그
길을 가는 것이 아니던가?
31 인간 세속에서 인간들이 살아가는 잘
못된 습관이나 잘못된 버릇을 누가 가
르치고 바로잡아야 되는가?
32 가정에서는 부모가 잡으며 사회에서
는 스승이 잡으며 사회 지도층들이 그
리 잡아 나가도록 그를 깨우쳐야 되는
것이니라.
33 누군가는 인간들이 그 잘못 가는 것을
다스리고 깨우쳐 주어야 될 것이니,
그건 인간으로서만이 할 수 있는 것이
니라.
34 그리하여 인간으로서 모든 백성을 바
로잡으며 깨우치며, 정녕 나의 아들딸
들이 나의 품으로 올 수 있는 그 길과
참진리의 빛을 전하고 일깨워 주는 것
이 바로 너희들의 대명임을 알아야 될
것이니라.
35 너희들은 여기서 기억하여야 될 것이
니라.
36 도저히 이길 수 없는 자가 이긴다고
대들며 그것의 역사를 이룬다 함이니,
그리고 그것을 이루겠다고 지금 가고
있는 나의 아들이니, 내가 존재하지
않으면 과연 그가 그를 이룰 수 있다
생각하는가?

37 그리고 내가 존재하지 아니한다면 그
가 160권이라는 법전을 짧은 기간에,
그것도 6일에 한 권씩 그 책을 써내면
서 이 역사의 길을 갈 수 있다고 너희
들은 생각하는가?
38 너희들은 하나하나 너희 자신이 짚어
봐야 할 것이니라.
39 짚어 보고 따져 보고 너희 제자들 자
신이 너희들의 가야 할 길을 선택해야
될 것이니라.
40 너희들의 모두를 다 버리며 너희 자신
하나를 희생하여 만백성을 구할 수 있
는 길이라면 너희들이 스스로 갈 수
있는 자가 되어야 될 것이니라.
41 그와 같이 가기 위해 너희는 자식이
요, 가정이요, 모두를 다 대중적으로
볼 수 있어야 하며, 너희 마음속에 그
자식들의 이름 하나라도 기억하는 그
와 같은 마음 자세를 가지고 있다면
너희들은 너희 자신을 희생하여 만백
성을 구할 수 있는 자격이 없음이니라.
42 내가 오늘 너희들에게 두 번, 세 번 강
조하여 말하였음이니라.
43 새끼의 번식을 위하여 뱀을 약 오르게
하여 뱀에게 먹혀 죽어 가며 새끼를
살리는 두꺼비를 생각하라.
44 너희들은 그만큼 희생정신을 가지고
나에게 봉사하며 나의 길을 오고자 하
는 것이며 만백성을 구하는 지도자로
설 수 있는 마음 자세를 가지고 있는
가?
45 지도자는 그보다 더해야 하는 것이며,
그것이 너희들이 가는 길이니라.
46 그를 항상 잊지 말고, 너희 마음 자세
를 두꺼비를 지표로 삼아 생활해 감을
잊지 말라.

## 3,275 번째 하나님 말씀

*2002년 9월 6일 07시 28분*

1 사랑하는 나의 아들아!
2 **"네, 아버님! 말씀하옵소서."**
3 생명체를 가지고 제자리를 지키는 식
물이나 또한 움직이는 동물들까지도
그들이 모두 스스로 저희들을 사랑하
고 아끼며 저희들을 소중히 여기는지
소중히 여기지 아니하는지를 느끼고
알 수 있다 하였음이니라.
4 하물며 인간과 인간의 관계는 어떠하
겠는가?
5 서로가 서로의 마음을 잘 알고 있는
것이 너희 인간들의 능력이니라.
6 그러니 너희들이 얼마만큼 진실되게
대화하며 서로를 위하여 진실된 말을
하는가 하는 것을 스스로 동식물보다
높이 깨우쳐 알고 있는 것이 인간 너
희들이 가진 지혜이니라.
7 그리하여 사람이 경지에 오르며 깨달
음이 높아지며 하늘에 오르는 길을 알
아 천사와 같은 마음으로 변해 간다
해도 너희들이 인간관계에서 진실한
관계가 아니고 속과 겉의 마음이 다른
그와 같은 관계를 갖는다 하면,
8 너희들 스스로 그러한 생각을 가지고
상대방을 대하는 것보다 상대방이 먼
저 너희들의 마음을 알고 있는 것이
인간의 관계이니라.
9 그리고 너희들은 '이것은 모르겠지,
설마 이것은 그가 알지 못하겠지.' 하
는 그와 같은 것으로써 사람을 속이고

자 한다 하면 그 또한 그들은 그것을 알게 됨이니라.
10 그것이 인간이 가진 지혜이며 너희들의 능력이니라.
11 제자리에 서 있는 그 식물들이 서로 대화하며 저희들만이 통하는 그와 같은 교류의 방법이 형성되어 있다 하면 너희는 그것을 믿겠는가?
12 서로 파장으로써 의사 전달을 하며 서로 느낌이 있으며 서로 협조하는 그와 같은 흐름이 있는 속에서 모든 식물이 살아가며 또한 동물도 그러한 속에서 살아가고 있음이니라.
13 저희 종족과 종족끼리 서로 의사소통을 하며 대화를 나누며 그들이 다 살아가고 있다는 것을 너희들은 모르겠는가?
14 하물며 가장 높은 지혜를 가진 너희들이 그를 모를 리가 없음이니라.
15 그리하여 너희들이 진심으로 사랑하며 진심으로 대하며 그와 같이 너희들의 마음의 문을 여는 것이 우선 너희들이 나의 심성을 닮아 오는 기본이요, 기초임을 알아야 될 것이니라.
16 너희들이 진실하게 마음을 열지 아니하며 위선으로 대할 때, 그것은 너희가 너희 자신을 속이고 상대방을 속이는 줄 아나, 이는 너희 자신을 속이는 것도 안 되며 상대방도 속이지 못함을 알라.
17 먼저 상대방이 그것을 알고 있기 때문에 서로 마음의 문을 닫고 대화하며, 서로 마음의 문을 닫고 형제라 말을 한다면 너희들은 하나가 될 수 없음을 알아야 될 것이니라.
18 즉, 서로 거짓 함이 없으며 서로 속이는 것이 없으며 진실하게 마음을 열어 놓고 살 때 너희들은 하나가 될 수 있음을 알아야 할 것이니라.
19 그렇지 아니하면 너희들은 하나가 될 수 없으며, 정녕 한 형제로서 나에게 오는 그와 같은 자격이 없음을 알아야 될 것이니라.
20 내가 신부라 말한 열여섯 가족의 모두는 하나가 되어야 함이니라.
21 너희들부터 하나가 되지 아니한다면 나의 성전에 웃음꽃이 필 날이 없음이니라.
22 이제는 하나가 될 때가 되었음이니라.
23 그리고 진실만을 말할 수 있는, 그리고 마음의 모두를 여는 그와 같은 너희들이 되지 아니하면 아니 되느니라.
24 나로부터 성령의 가르침을 받으며 법전을 공부하며 깨우친 너희들이 하나가 되지 아니하고 일반의 모든 백성들과 똑같은 마음속에서 변하지 못한다 하면, 너희들은 나로부터 선택된 의의가 하나도 없으며, 너희들은 만백성을 구하는 진정한 지도자로서, 주춧돌을 놓는 그와 같은 지도자로서 자격이 없음이니라.
25 마음을 비우라.
26 그리고 서로 마음을 열어야 될 것이며, 서로 너희들이 속마음과 겉마음이 일치하지 않는 그와 같은 삶을 살아서는 아니 됨이니라.
27 너희들의 열여섯 가족이 하나가 되어 똑같은 마음이 되었을 때 나머지 백성들도 그와 같은 마음으로 변할 수 있음을 너희들은 알아야 될 것이니라.

28 그렇지 아니하면 너희들은 정녕 나의
아들과 딸로서, 상대방이 마음을 열지
아니하였다 하여 상대방이 버려지는
것이 아니라 너희 자신이 스스로 먼저
버려짐을 알라.
29 너희들 마음부터 먼저 열어야 되며 너
희들 자신부터 변하여야 되느니라.
30 너희들의 말에 그러한 말이 있느니라.
31 사람을 물에 빠트리려면 제가 먼저 물
에 빠져야 된다는 그 간단한 이치와
진리를 너희들은 되씹어 보며 또 생각
을 해 봐야 될 것이니라.
32 너희들 스스로 마음을 열어야 상대방
이 마음을 엶이니, 너희들 스스로 마
음을 열지 아니하고 상대방에게만 열
지 않는다고 말함은 절대적 있을 수
없음이니라.
33 '모두는 나의 탓이요, 내 잘못이라' 그
리 말하라 하지 않았던가?
34 상대방이 마음을 열지 아니하는 것은,
상대방의 열지 않은 마음만을 너희들
이 알면서 너희 스스로 마음을 열지
않은 것은 모름이니,
35 저 자신을 기만하며 저 자신을 속이며
상대방에게 그 마음을 열기를 원한다
하면 이는 절대로 열 수 없음이라 말
하였느니라.
36 너희들이 말하기를 그리하느니라.
37 '내가 모두를 다 바쳐 그를 모셨고 그
에게 모든 청춘을 다 바쳤거늘, 그는
나를 배신했다.' 그리 말한다 하지 않
았느냐?
38 그게 무엇이냐?
39 가장 소중한 제 것 하나를 버리지 아
니하고 아흔아홉 개를 버렸다면, 백
가지 중에 하나 남은 것이 아흔아홉
개보다 더 소중함이니,
40 그리하여 제가 먼저 버리지 아니하고
제가 충성스런 마음으로 살아가지 아
니하며 죄인임을 먼저 생각하지 아니
하고, 저 자신을 먼저 생각하며 하나
의 제가 얻고 구하고자 하는 것을 제
마음속에 깔아 놓고 모두를 충성을 다
한다 하였으니, 하나의 그 빼놓은 마
음을 상사는 알고 있으며 알게 됨이니
라.
41 마찬가지이니라.
42 지금 너희들이 남에게 마음을 비우지
아니하였다고 하는 것은 너희 스스로
비우지 아니하였기 때문에 그가 너희
를 위해 마음을 비우지 아니함이니,
그는 다 네 탓이며 네 잘못임을 알아
야 할 것이니라.
43 내가 너희들에게 인간을 탓하지 말며
사람을 흉보지 말며 남을 심판하지 말
라 함이 거기에 있음이니라.
44 제가 심판을 받을 위치에 있는 자가
어찌 남을 심판할 수 있는가?
45 저 자신이 심판을 받아야 되며 제가
심판대에 서야 되며 제가 그와 같은
과정을 거쳐야 할 자가 남을 심판할
수 있는 것이 없음이니라.
46 그리하여 남을 심판할 자격이 없다 하
였음이니라.
47 그리고 남을 흉보지 말라 하였음이니
라.
48 제가 남으로부터 흉을 받는 자며, 저
자신에게 어떤 허물이 있는지를 모름
이니, 남의 흉을 보는 자는 저 자신에
게 그와 같은 마음이 있기에 그렇다

하였으니, 이제 너의 제자들에게 일깨워 주라.
49 모든 마음을 비우라.
50 자기 자신이 마음을 비우면 상대방의 단점이 보이지 아니함이니라.
51 그리고 제 마음을 열고 나면 상대방의 마음이 열려 있는 것을 알게 될 것이니라.
52 너희 자신이 마음을 닫아 놓고, 상대방이 마음을 다스리지 않았다, 닫고 있다, 열지 않았다 하는 말을 열여섯 가정 너희들은 해서는 아니 됨이니라.
53 만일 너희들 열여섯 가정의 모든 신부 중에 지치고 힘들어하며 너희들 중에 낙오자가 생기면 열다섯 가정이 잘못함을 알아야 될 것이니라.
54 너희들 열여섯 가정에서 한 가정이 낙오되며 그들이 떨어진다 하면 그것은 열다섯 가정이 그를 보살피지 아니했으며 그를 핍박하였으며 그를 모른 척 하였으며 그의 어렵고 힘듦을 같이 의논하지 않았으며 한 형제와 같은 마음으로 너희들이 마음을 열지 아니하였음이니라.
55 서로 만남이 기쁘며 서로 속에 있는 말을 하며 서로 의논하며 서로 도와주며 살 수 있는 그와 같은 마음이 열리지 않았음이니, 나의 성전에서 그러한 역사가 있어서야 되겠는가?
56 한 가정이 떨어짐으로 인하여 열다섯 가정 너희 모두가 다 버림을 받는다는 이치를 잊지 말라.
57 이것이 곧 나의 뜻이니라.

## 3,276 번째 하나님 말씀

*2002년 9월 6일 07시 40분*

1 사랑하는 나의 아들아!
2 "네, 아버님! 말씀하옵소서."
3 너희들이 진정 믿음의 길을 보고 구원을 받으며 하늘에 오를 수 있는 길은 너희들 스스로 노력함에 달렸다 하였음이니라.
4 너희 스스로 자신의 자만심을 버리며 자기만이 가진 고집과 아집을 버리는 자, 자신을 가장 낮추는 삶을 사는 자, 그리고 자기를 가장 낮춘 자세로써 낮은 자로 살아가는 깨달음을 깨우치고 있는 자, 그런 자만이 하늘에 오르는 빛을 볼 수 있음이니라.
5 그러나 너희 인간사에 살아가는 것이 어떠한 형태던가?
6 너희들은 자신의 감정을 감추지 못하며, 그 감정을 제어하지 못해 살인하며 악한 짓을 하며, 또한 나쁜 짓을 함이니,
7 그와 같은 너희들의 감정을 다 비울 수 있는 마음이 되지 아니하면 너희들은 진정한 하늘에 오르는 길에 들어설 수가 없으며 그 길을 알 수가 없음이니, 그것이 너희들이 지금 살아가는 형태임을 알아야 될 것이니라.
8 너희들이 감정을 다 비우고 진정한 믿음의 길에 들어서지 않으며, 너희 자신을 낮추지 아니하고 자만과 오만의 그런 것을 버리지 아니한다면,
9 너희들은 정녕 다른 사람들과 차별화된 삶 속에서 하늘에 오르는 영광의 길을 그 누구도 볼 수 없으며 오를 수

도 없음이니라.
10 이와 같이 모든 마음을 비우고, 자기
자신을 먼저 생각하지 아니하는 그와
같은 삶의 길을 너희들이 가야만 하는
것이니라.
11 너희들이 정녕 깨닫고 깨우쳐 가는 단
계에 있어서, 너희들은 자신이 싫으며
자신이 부끄러우며 자신이 존재하는
가치가 없으며 자신이 세상에 왜 있는
가도 모르며, 너희들 자신이 살아가는
인생이라는 그 삶을 가지고 생명을 유
지하며 이 세상에서 살아가는 그것이
부끄러우며, 자신이 살아갈 용기가 없
으며 자신이 살아갈 힘이 없으며 나
여호와의 하늘을 향하여 살아갈 자격
이 없다는 것을 간절히 느낄 때,
12 그와 같은 깨달음의 소용돌이를 거쳐
서 마음을 비우는 그와 같은 역사가
이루어지지 아니하는 한 너희들은 정
녕 하늘에 오르는 길을 볼 수 없음이
니라.
13 너희들이 자책하는 마음, 너희들이 숨
을 쉬고 나로부터 내린 공기와 산소와
물과 모든 동식물을 취하며 살아가는
그 자체가 얼마나 너희 자신이 잘못되
며 부끄러우며 감사한지를 모르며,
14 그 감사함에서 선하고 아름다움을 행
하지 아니하고 스스로 시기하고 질투
하는 그 마음을 버리지 못하며 그저
재물에 의하여 모두를 다 바치는 그와
같은 삶을 살아온 너희들의 그 마음을
버리지 아니한다면,
15 너희들은 정녕 하늘에 오르는 길을 볼
수가 없음이니라.
16 여기서 내가 너희들에게 물어보고자
하노라.
17 30년이고 40년이요, 평생 믿음이라는
곳에 몸바쳐 살아온 너희들이 지금 과
연 거기에 무엇이 있는가?
18 너희들이 평생 수백수천 많은 금화와
은화를 바친 성전에서 지금 너희들에
게 무엇을 돌려주며 무엇을 너희들에
게 얻게 하는가?
19 이것 하나만 보더라도 믿음의 길이 무
엇인지 알고 너희들이 가진 모든 마음
자리를 비워야 함을 알아야 할 것이니
라.
20 지금 너희들이 얼마나 어리석은 삶을
살아가고 있는가?
21 너희들은 들어야 할 것이니라.
22 지금 나의 아들은 작은 성전이라 하는
곳이요, 교육장이라는 곳에서 나의 성
령을 갖고 만백성을 가르치느니라.
23 그리하나 그들은 종파도 없음이니라.
24 그리고 너희들이 말하는 성전을 지으
려 하지 아니하며, 성전을 아름답게
가꾸려 하지 아니함이니라.
25 너희들은 몇십 명이요, 몇백 명을 관
리하고 교육을 시키며 하늘에 인도한
다는 그곳을 크나큰 성전으로 짓고자
하며 아름답게 꾸미고자 함이니라.
26 그리고 너희들은 다 종파에 소속되어
있음이니라.
27 그리고 종파의 이름을 가지고 있음이
니라.
28 그러나 나의 아들의 가는 길은 어떠하
더냐?
29 종파가 없음이니라.
30 이는 만백성을 구하고자 만백성을 상
대로 가기 때문에 종파를 두지 않은

뜻이 여기에 있음이니라.
31 그리고 그들은 너희들처럼 성전이라
는 것을, 그들이 공부하는 곳을 아름
답게 꾸미려 하지 아니하며, 거기에
궁궐보다 더 아름다운 것을 형성하고
자 하지 아니하며, 그리고 권위의식을
갖고자 만백성을 인도함이 아니니라.
32 그들은 금화와 은화를 백성들로부터
평생 거둬들이는 그러한 행위를 하지
아니하느니라.
33 너희들이 평생 금화와 은화를 바치며
무엇인가를 얻고자 했던 너희들이 만
든 성전이라는 곳이 얼마나 허황된 것
이며, 허무하며 너희들을 좌절시키는
것인가를 너희들은 알게 될 것이니라.
34 그들은 평생 너희들에게 거둬들이기
만 하느니라.
35 그러나 성전 하나도 없는 나의 아들은
어찌하느냐?
36 저의 제자들이 살아갈 수 있도록 길
을 열어 주며 인간의 행복을 느끼도록
그 모두를 위해서 살아가느니라.
37 이것을 하나 보아도 모르겠는가?
38 그것이 바로 마음을 비운 것이니라.
39 제 앞에 재물을 쌓아 놓으며 제 성전
을 더 아름답게 짓고자 하는 것이 아
니요, 그저 와서 공부하는 백성들에게
그들의 의식주를 해결해 주는 데 그
모두를 바치니,
40 너희들이 성전이라는 곳에, 너희들의
교회요, 또 법당이요, 각자가 믿는 성
전에 그 모두를 바치나 너희들이 바친
그 재물은 메아리가 없음이니라. 그리
고 돌아옴이 없느니라.
41 그것은 너희들이 천당을 가는 티켓을
사기 위하여 장삿속으로 갖다 바친 돈
이요, 너희들이 직접 불쌍하고 어려운
사람을 도와준 역사가 없느니라.
42 그러나 나의 아들이 있는 이곳에서는
어찌하는가?
43 살아 있음을 아느니라.
44 너희들이 도와준 만큼 그는 성장하여
편안하게 육의 삶을 살며 나 여호와를
믿으며 나 여호와의 길을 달려오며 그
는 그를 또 되돌려 줄 줄 아느니라.
45 도와준 너희에게 되돌려줌을 알며 또
저보다 못한 사람에게 돌려주는 그와
같은 아름다운 마음의 움직임이 여기
에 있으며, 삶의 약동함이 여기에 있
으며, 도와준 만큼 돌아오는 메아리를
느끼며, 또 받은 자는 받은 만큼 축복
을 느끼는 그와 같은 아름다운 역사가
여기에 있음이니,
46 나 여호와가 살아 있음을 너희들이
알아야 될 것이며, 내가 존재함을 너
희들이 알아야 될 것이니라.
47 그러한 마음 자세요, 그러한 흐름으로
써 여기는 이루어짐이니, 너희들이 한
번 계산을 해 보라.
48 너희들이 성전이라는 곳에는 평생 갖
다 바쳐도 돌아오는 메아리가 없으며,
너희들이 사업에 실패하고 쓰러졌을
때 과연 너희들의 성전이나 그 종교
지도자들이 너희들을 도와주는가?
49 너희들은 거기에서 당장 도움을 받을
수 있다 생각하는가?
50 쓰러지면 쓰러지는 것으로써 버림을
받으니, 평생 몇억 원이라는 재물을
바치며 몇천만 원이라는 재물이요, 몇
백만 원의 재물을 바쳐도 너희들이 잘

못되어 쓰러지면 그들은 돌아보지 아
니함이니라.
51 그러나 살아 있는 나 여호와의 방법은
무엇이더냐?
52 너희들이 어려운 자를 도와주었으며,
그 성전에 바칠 몇억 원을 갖다가 너
희 이웃의 가난하고 힘든 자에게 도와
주어 의식주를 해결하게 한다 하면,
그와 같이 너희들이 사랑을 베풀고 살
았다 하면, 너희들이 실패하고 잘못됐
을 때 그는 너희들을 받쳐 줄 것이며
너희들을 지켜 줄 것이며 너희들을 보
호할 것이니라.
53 이것이 다름이니라.
54 이게 서로 준 것만큼 받는 것이며 받
은 만큼 주는 것이며, 나 공의의 하나
님이라는 것이며, 나는 진리요, 내가
말하는 것은 고칠 것이 없으며 수정할
것이 없으며, 거기에는 '예'나 '아니
요.'라는 답밖에 없음을 너희들은 알
지 않는가?
55 그것이 살아 있는 나 여호와의 존재함
이니라.
56 너희들이 성전에 갖다 바치는 만큼 이
웃에게 도와주었다면 그들은 나 여호
와를 진심으로 찾을 것이니라.
57 비록 너희들이 잘못된다 해도 나를 믿
는 자에게 그와 같이 육의 은혜를 베
풀어 주었다 하면 그는 너희를 천사로
생각할 것이며, 나 여호와가 존재함을
아니 그는 나를 믿기를 충성을 다하며
목숨을 다하여 믿으며 나의 뜻에 의하
여 살아갈 것이니,
58 너는 비록 죽어 가나 많은 백성을 살
리는 역사가 여기 있지 않더냐?
59 그리고 네가 어렵고 힘들어 지칠 때
그는 받은 것 이상으로 너에게 돌려줄
것이니라.
60 이것이 정당한 거래요, 나 여호와가
추구하는 세상의 삶임을 잊지 말라.
61 나의 성전에서 그리 이루어지고 있음
이니라.
62 사랑하는 백성 너희들은 들으라.
63 너희들이 이웃을 돕고자 하며 너희들
이 구원을 받고자 티켓을 사는 데 연
연하여 바치지 말라.
64 너희들이 나의 성전에 와 공부하고 깨
우치는 나의 어려운 백성들을 도와준
다 하면, 그들은 반드시 받은 만큼 내
가 그를 통하여 너희들에게 다시 돌려
줌이니, 그 사랑과 정이 하늘에 그득
히 쌓임이니 그것을 알아야 될 것이니
라.
65 나에게 바침이 아니라 하였음이니라.
66 종교 지도자에게 바침이 아니니라.
67 나의 아들에게 바치라는 것이 아니니
라.
68 나의 아들에게 주라는 것이 아니며,
나 여호와에게 주라는 것이 아니니라.
69 너희들이 살아 있는 이웃의 형제를 구
원하라.
70 그 이웃의 형제를 어떤 방법으로든지
구원하라.
71 그것이 하늘에 보물을 쌓는 역사임을
잊지 말라.
72 이것이 차별화되어 있음이니라.

# 3,277 번째 하나님 말씀

*2002년 9월 6일 07시 49분*

1 사랑하는 나의 아들아!
2 "네, 아버님! 말씀하옵소서."
3 너희들이 하늘에 오르는 길이며 구원
을 받는다는 지금의 믿음의 형태로써
는 너희들은 한 사람도 구원받을 자가
없으며, 그것이 구원의 길이 아님을
내가 너희들에게 수차 말하였으니, 오
늘 다시 나의 명령으로써 이를 전함이
니라.
4 지금의 모든 집단의 믿음이요, 종교의
형태로써는 어떠한 종교든 어떠한 종
파든 하나도 구원을 받을 자가 없으
며, 너희들이 구원을 받을 수 없음을
알아야 될 것이니라.
5 이제 너희들이 정녕 구원을 받고 하늘
에 오르고자 하는 뜻이 있다 하면, 너
희들은 나의 법전을 읽고 나의 법전대
로 생활하며, 법전의 내용대로 깨우쳐
가 너희들이 변화하고 실행하는 삶의
길을 선택하는 그것밖에 구원받을 길
이 없다는 것을 알라.
6 너희들은 여기서 깨우쳐야 될 것이니
라.
7 너희들은 평생 하늘에 오르는 티켓을
사기 위하여 바치기만 했으며, 그 티
켓을 주지도 못하면서 '판다, 판다' 하
여 우리 부자의 이름을 팔아 평생을
팔아먹는 사기꾼에게 재물을 바침이
니라.
8 너희들에게 거짓 하고 사기 치고자
하는 자에게 바치니, 거기에서 돌아오
는 메아리가 없으며, 너희들에게 얻어
짐이 없으며 공허함밖에 없음이니라.
9 결국, 사기 치는 자에게 당한 다음에
돌아오는 것이 무엇이 있는가? 아무
것도 없지 않은가?
10 그러나 나의 법전을 읽고 깨우쳐 그대
로 행하는 나의 성전이요, 나의 아들
을 통하여 너희들이 무엇인가를 전했
을 때, 그는 반드시 돌아가는 메아리
가 있으며, 한 가정이요, 한 생명을 살
리는 역사를 이루는 것이니,
11 이것을 보고 너희들은 과연 어떠한 것
이 진정한 구원의 길이며 하늘에 오르
는 길이며 진리인가를 알아야 될 것이
니라.
12 너희들에게 내가 말하였느니라.
13 믿음을 향하여 가는 길은 마음에 부담
이 없으며 가장 행복하고 즐거운 마음
으로써 믿음을 향하여야 된다고 하였
음이라.
14 그러나 지금 너희들이 진리의 길이요,
너희 스스로 변화하는 길이요, 선과
악이 싸워 선을 선택하는 길을 가기는
힘들고 어려움이니라.
15 너희들이 나의 법전대로 변화하고 나
의 법전대로 행하고 사는 그 삶은 정
말 어렵고 힘든 길이니, 그리하여 너
희들이 그를 선택하지 못한다 하였음
이니라.
16 나의 법전대로 살아가고 변하는 것이
너무나 고통스럽고 힘든 길임을 나 여
호와는 잘 알고 있음이니라.
17 그러나 이 길만이 구원을 받는 길이
요, 하늘에 오르는 역사의 길이기에
너희들은 이 길을 돌아서서 갈 수도
없으며 피할 수도 없음이니라.

18 오로지 나의 법전을 읽고 깨우치는 것
만이 구원을 받는 길이요, 구원의 길
에 들어서는 것이니, 너희들은 이를
잊지 말라.
19 나의 아들은 세상에 종파도 없으며,
어떤 의식이나 절차도 없으며, 오로지
나의 법전만을 가지고 가르치고 살아
감이니, 나의 아들의 성전에 와서 그
가 행하고 그가 가르치는 내용을 들어
보라.
20 그는 손에 아무것도 쥐고자 하는 것이
없으며, 제가 갖고자 하는 것이 없으
니 그 마음이 비워져 있음이니라.
21 이것이 바로 종교 지도자가 가야 하는
길이며, 너희들이 역사해야 하는 길이
라는 것을 잊지 말라.
22 나의 법전을 읽고 깨우쳐 그 길을 가
고자 하는 것이 내가 너희들에게 말했
듯이, 오죽이나 고통스럽고 힘든 길이
며 자기 자신과 싸워서 이기는 것이
얼마나 힘들면 나의 아들을 따르는 제
자들이 차라리 죽음의 길을 선택하고
자 하며, 그 무엇보다 더 고통스러운
것이라 생각하겠는가?
23 얼마나 어렵고 힘들면 이것이 참진리
요, 하늘에 오르는 길이라는 것을 알
면서 스스로 지키지 못하기에 이 길이
두려워 떠나는 자가 있겠는가?
24 그와 같은 이치를 너희들이 보아야 될
것이니라.
25 나의 법전을 읽고 깨우친 자, 너희들
이 20년, 30년 성전에 다닌 것이 지금
은 다 허무함을 느끼며 잘못 살았음을
깨달아 너희 자신이 스스로 목숨을 끊
고 싶어 할 만큼 그와 같은 후회와 반
성을 뼈저리게 할 것이니라.
26 지금까지 살아왔던 인생이 잘못 살았
으며, 잘못되었으며, 그 잘못함에 부
끄러움을 느끼며 가슴 아파하는 것을
30년, 40년 동안 믿음 속에 간 자는
모르느니라.
27 그러나 나의 법전을 읽고 깨우친 자는
그를 알 수 있음이니라.
28 저희가 너무나 잘못 살았기에 차라리
죽음으로써 그 면죄부를 받고자 하는
그 고통스러움의 회개의 마음, 이와
같은 마음속에서 나의 백성들로서 변
하여지며 성장하며, 그리 변하는 것이
나의 법전의 위대함이며, 나의 성령의
뜻이 여기에 있는 것이니라.
29 회개하고 반성하지 못하며, 편안한 믿
음의 길을 가는 그와 같은 믿음에서는
너희들이 구원을 받을 수 없음을 알라.
30 그저 성전에 나가 눈물로써 찬송을 부
르며, 재물을 바치며 그저 '주여! 구원
하여 주옵소서.', '하나님! 저를 구원
하여 주옵소서.' 이렇게 매달리며 부
르짖는 것이 구원을 받는 길이라 착각
하지 말라.
31 믿음의 길을 가는 것은 기쁜 마음으로
가되, 저 자신이 변하여 나의 법전대
로 지키며 나의 십계명대로 지키고 살
아간다는 것이 너무 힘들어 차라리 죽
음의 길로 가는 것이 낫다 그리 이야
기할 정도지만, 그 깨우치는 고통을
딛고 일어서며 앞으로 전진하는 자만
이 구원을 받을 수 있음을 너희들은
알아야 될 것이니라.
32 그리하여 감히 나의 성전에 와 이 법
전을 읽고 강론을 들으며 오래 남아

있는 자가 적음이니라.
33 저희들이 양심이 있기 때문이니, 자신
은 감히 그대로 지킬 수 없다 하여 스
스로 판단하고 떠남이니라.
34 이제 나의 법전을 읽고 깨우치는 백성
너희들이 너희 스스로 이 법전을 지키
고 사는 그 삶의 길보다 차라리 죽음
의 길을 선택하여 나 여호와에게 너희
들의 모든 면죄부를 받을 수 있다면,
그 길을 선택하는 것이 편할 것이라
생각하는 마음의 동요가 일 때, 그곳
에서 너희들이 성숙함을 알게 되며,
너희들이 천사요, 나 창조주의 심성과
같은 마음으로 변하게 되는 것이니라.
35 사랑하는 나의 백성들아!
36 너희들이 진정한 이 길을 가기 위하여
너희들 모두를 스스로 다 버리는 것이
차라리 낫다는 그와 같은 마음을 갖
는 자, 그와 같은 길을 가는 자가 진정
한 깨우침에 들어선 삶을 사는 것임을
알라.
37 자신의 지금까지 살아왔던 과거를 돌
이켜 볼 수 있으며, 지금의 삶을 돌아
다볼 수 있으며, 자기가 서 있는 자리
를 알았을 때, 한 줌의 흙만도 못하며,
백사장에 굴러다니는 조약돌만도 못
한 것이 자기 자신이요, 너희들이라는
것을 깨달을 때, 그 고통과 번뇌에서
벗어나기 시작하며 너희들은 성장하
여 나에게 오르는 길을 알게 됨이니라.

## 3,278 번째 하나님 말씀

*2002년 9월 6일 08시 04분*

1 사랑하는 나의 아들아!
2 "네, 아버님! 말씀하옵소서."
3 인간 세속에서 남보다 선하게 살지 못
하였으며, 남들과 같이 그저 부귀영화
요, 육신의 행복을 위한 그 길만을 달
려왔으며 베푸는 사랑이 무엇이며 나
누는 사랑이 무엇이며 진정한 삶의 진
리가 무엇인지 모르고, 나 여호와가
세상을 창조하였으며 창조주가 세상
에 존재한다는 것도 모르던 네가, 그
저 앞만 보고 부귀와 영화와 행복을
보고 달려왔던 네가 지금의 마음이 어
떠하던가?
4 나의 백성이라 하여 나의 성전에 와
네가 지금 강론하는 법전의 내용을 들
으며 내가 너에게 직접 내리는 성령의
뜻을 받아 공부하는 그 제자들에게 쏟
는 네 마음이 어떠하던가?
5 너의 진실된 마음을 나의 법전에 기록
해 전하도록 그리하라.
6 네 마음이 어떠한가?
7 "네, 아버님! 그렇사옵나이다.
8 저는 비록 죽는다 해도 그들이 바른길
을 갈 수 있다면 더 바랄 나위도 없으
며, 저 자신이 모두를 다 포기하고 버
림으로 인해서
9 저의 성전에 와 저의 강론을 들으며
아버님의 내리신 법전의 한 구절 한
구절을 정성스럽게 가슴에 새기며 살
아가는 그들이 남들에게 부끄럽지 아
니하고 남들에게 손가락질 받지 아니
하며 남들에게 삶을 위하여 구걸하지
않는 그와 같은 삶을 사는 길이라면,
저 자신을 태워 가루가 되어 그들에게
나누어 주고 싶은 마음이며, 그것이
제가 지금 가지고 가고 있는 마음 자

세이옵나이다, 아버님!"
10 그러니라. 그러하니 너는 나의 아들이
요, 만백성을 이끄는 목자요, 나의 선
지자로 선택되어 세상에 나온 자이니
라.
11 네가 깨우쳤으면 얼마나 깨우쳤으며
깨달음을 얻고자 공부했으면 얼마나
긴 세월을 공부했더냐?
12 60평생에 거칠고 험악한 인생살이를
살아와 남들과 다른 점이 없던 네가
짧은 기간에 너 자신이 살아 너를 태
워 버린 그 재를 뿌림으로 인하여 만
백성이 구원을 받으며, 그들이 서로
시기와 질투를 하지 아니하며,
13 저희들의 육의 삶에 의식주가 불안하
여 믿음의 길을 착실히 가지 못하는
자, 그리고 진정한 믿음의 길이 무엇
인가 의심하며 가는 자, 불안한 자, 그
들에게 네가 의식주를 해결해 주며 그
들을 편안하게 해 줌으로 인해서 그들
이 진정 나 여호와가 존재함을 알도록
하며, 창조주 내가 있음을 알려 주며,
그리고 그들이 죽어 반드시 심판을 받
는다는 것을 깨우쳐 주고 싶은 것이
네 마음이며,
14 너의 제자들이 바르게 살아가며 남으
로부터 구걸하지 않는 육의 삶이요,
그리고 영혼이 구원을 받는 그와 같은
천사와 같은 마음으로 변해 가도록 하
는 것이라면 그리 너 자신을 태워서
바치고 싶은 마음, 그것이 바로 지도
자가 가야 하는 길이니라.
15 그리하여 네가 나의 아들이요, 네가
나로부터 만백성을 구원하며 나를 대
신하여 세상에 나가 역사를 이루는 나
의 아들임을 알라.
16 너 자신보다 너의 제자들이 바르고 행
복하기를 바라며, 나의 법전을 읽은
백성들 모두가 다 육의 행복과 영화를
누리며, 그리고 구원의 길을 보며, 구
원을 받을 수 있는 길을 가도록 너를
태워 버리고 싶은 것이 네 마음임을
내가 알고 있음이니, 그게 바로 나의
아들이 가야 하는 길이니라.
17 네가 그러한 마음을 갖고 바로 섰을
때 너의 제자들 또한 그 뜻을 알 것이
며, 그 가고 있는 길을 알게 될 것이니
라.
18 이것이 바로 만백성을 구원의 길로 인
도하는 것이며 깨우치는 근본임을 너
는 알아야 될 것이니라.
19 너는 네가 하나의 너의 제자들의 의식
주를 해결해 주며 그들이 바르고 곱게
살아가며 남에게 구걸하지 아니하며
남에게 비굴하지 아니하며, 나 여호와
로부터 육의 축복을 받으며 저희들의
의식주를 해결하여 그와 같이 행복하
게 살아가는 그들을 보며 네가 깊은
밤 혼자서 기쁨의 눈물을 흘리는 것을
나 여호와는 아나 그들은 모르느니라.
20 네가 고달프고 힘든 그 자체를 네 가
슴에 다 안고 '이것은 내가 지은 죄이
니 내가 스스로 해결할 것이며, 내가
당당히 그 대가를 받아야 된다.'는 그
런 마음을 네가 갖고 있으니,
21 네가 의식주를 해결해 준 그 제자들보
다도 몇십 배의 고통과 시련을 겪고
있으면서도 그를 덮어두고 너의 제자
들의 의식주를 해결해 줄 수 있는 하
나의 장이 이루어졌을 때, 네가 깊은

밤 그 즐거움과 행복의 눈물을 흘리는
것은 진정한 눈물이요, 진실한 눈물이
니라.
22 내가 너에게 무어라 했더냐, 아들아!
네가 지금에 가고 있는 이 고통의 시
련과 그 어려운 길을 가면서 흘리는
눈물이 나의 피조물 만백성을 구원하
며 천국의 문으로 들여보내는 길이라
하지 아니하였던가?
23 네가 바로 육의 세상에서 너의 모두를
버려서, 네가 취하지 아니하며 너의
제자들이요, 너의 성전에 와 공부하는
어려운 백성들을 위하여 네 모두를 다
바치며 거기서 행복의 눈물을 흘림이
니, 바로 무엇이더냐?
24 네가 육의 세상에서 흘리는 그 눈물은
나의 피조물 만백성을 의식주에서 구
하며, 그들에게 정녕 나 여호와가 존
재함을 깨닫게 하며, 그들이 하늘에
오르는 빛을 향하여 한 발짝 한 발짝
다가올 수 있는 그와 같은 역사를 이
루는 것이 아니더냐?
25 그러니라, 사랑하는 나의 아들아! 네
가 고통의 세월의 눈물을 흘려 이 법
전을 세상에 전하여 그를 보고 깨우치
는 자들을 구원하는 것이 그 고통의
눈물이라기보다 그것은 사후의 세계
에서 이루어지는 역사의 눈물이니라.
26 그러나 네가 지금 지상에서 흘리는 그
눈물은 너의 제자들을 직접 구원하는
역사를 이루었음이니,
27 너희들이 대화할 수 있고 만질 수 있
고 볼 수 있는 살아 있는 그 육의 세상
에서 네가 그 밤에 흘리는 눈물은 너
의 제자들의 의식주를 해결해 주며,
그들이 진정 나 여호와가 존재함을 알
며, 믿음의 행복을 알며, 나의 법전을
대하는 것을 영광으로 알며 가장 큰
행복으로 알고 깨달아 그들이 나의 법
전을 읽고 깨우치는 그 역사를 이루려
하는 것이 아니던가?
28 그리하여 너로부터 그 은혜를 받은 자
의 삶의 자세를 보고 그의 행함을 보
며, 주변에 그를 아는 자들이 나의 법
전을 읽어 시간 나는 대로 나무 밑 그
늘에 앉아, 또는 공부하다 쉬는 틈에,
잠자기 전에, 공간과 시간이 있을 때
나의 법전의 뚜껑을 열어 그들이 깨우
쳐 나를 찾게 함이니,
29 바로 너의 지상의 눈물이요, 즐거움의
눈물이요, 고통의 눈물은 그들을 구원
하는 영광의 빛이며 영광의 눈물임을
너는 알아야 할 것이니라.
30 네가 너의 제자들에게 하나의 기틀을
만들어 주고 깊은 밤 즐거워 혼자 눈
물을 흘리는 것은 너의 고통을 다 접
어둠이며, 그리고 고통스럽고 힘들게
살아가는 너의 제자들의 길을 열어 주
지 못하여 네가 피눈물을 흘리는 그
아픔을 아무도 모를 것이니라.
31 그 눈물의 대가는 너의 제자들에게 돌
아갈 것이며, 너의 제자들은 그리하여
영광과 축복을 얻을 것이며, 그들의
의식주를 해결하는 축복을 내가 직접
내려 줄 것이니, 그들에게 네가 바라
는 그와 같은 나를 향하는 마음의 기
쁨을, 육의 영광과 나로부터 축복을
받는 그 짜릿함과 행복을 느끼도록 해
주고자 하는 것이 너의 뜻이니, 그들
에게 내가 그리 행하여 줄 것이니라,

사랑하는 나의 아들아!
32 네가 그들보다 열배 백배 더 고통스럽
고 힘든 길에서도 그들을 위하여 네가
다 던짐이니, 네가 마음이 변할 때 얼
마나 많은 백성들의 영혼을 구하겠는
가?
33 사랑하는 아들아! 네가 깊은 밤 흘리
는 그 아픈 눈물은 지금의 육의 삶에
서 나의 피조물 만백성이 내가 이루어
놓은 이 자연의 낙원의 아름다움을 느
끼며 그들이 행복함을 가지고 살아감
이니, 그를 보고 네 아픔의 눈물을 달
래는 것을 나는 아나, 그들이 지금은
모를지라도
34 사랑하는 아들아! 또한, 세월이 지나
면서 그들이 알 것이며, 그들이 그 감
사함을 알 것이며, 그리하여 너를 진
정한 나의 선지자요, 나의 아들이라
그들이 생각할 때 나를 향하는 마음은
더 위대해지며 굳어지며 영광된 마음
으로 갈 수 있음을 알라, 나의 사랑하
는 아들아!
35 깊은 밤 흘리는 너의 그 기쁨이요, 고
통의 눈물을 앞으로는 거두도록 하라,
사랑하는 나의 아들아!

## 3,279 번째 하나님 말씀

*2002년 9월 6일 08시 16분*

1 사랑하는 나의 아들아!
2 "네, 아버님! 말씀하옵소서."
3 지금 세상에 너희 만백성이 향락주의
요, 즐거움과 쾌락을 위하여 살아가는
데 극치에 달하여 있음이니, 그리하여
그것이 바로 무엇이라 말하느냐?
4 말세요, 종말이라 너희들이 말하는 것
이니라.
5 모두 향락주의에 다 빠져 있으며, 너
희들이 그 향락을 위하여 살아가기에
여념이 없으며, 그리하여 너희들이 지
금의 마지막 그 광란의 종말의 형태를
이루며 살아가는 그 세속 속에 사랑이
없고 나눔이 없고 생명의 존중함이 없
으며,
6 너희들이 살아가는 그 자체가 얼마나
소중한지를 모르며, 나로부터 생명을
받아 나가는 것이 얼마나 큰 은혜요,
축복인지 그 자체도 모르며, 나 여호
와에게 감사의 마음도 갖지 아니하는
그와 같은 너희들이 살아가는 이 형태
에서 너희들 스스로 영혼을 구원받는
그 믿음의 길을 간다는 것이 얼마나
힘든 길인지를 알아야 될 것이니라.
7 향락주의가 만연된 이 세상 속에서,
또한 물질 만능의 시대에서 순수한 영
혼을 발견하여 구원의 길을 간다는 것
은 결코 쉬운 일이 아님을 알아야 될
것이니라.
8 너희들이 순수한 영혼의 길을 발견하
며 그 길을 간다는 것은 보통의 마음
자세로써는 갈 수 없는 그 길임을 알
아야 될 것이니라.
9 그러기에 많은 나의 백성들이 구원의
길이 무엇이며 나 여호와가 존재하며
하늘에 오르는 길이 무엇인가를 알면
서도 그 길을 포기하며 중도에 등을
돌리고 돌아서는 그와 같은 일이 이루
어짐이니라.
10 너희들은 영원히 산다는 나의 나라의
그 축복을 생각하기 전에 오늘의 너희

들의 생활의 그 삶에서 물질 만능 시대에 그 물질을 위하여 모두를 다 바치고자 하며, 너희들의 향락과 즐거움을 위해서 그 모두를 바치고자 살아가는 이 세상 자체에서 너희들이 진정한 빛을 보며 구원의 길을 향하여 미래에 보이지 않는 영혼을 구원하겠다는 그와 같은 삶의 자세로 살아간다는 것은 너무나도 어려운 일임을 알아야 될 것이니라.

11 그리하여 그 길을 넘지 않는 자, 그 길을 버리지 못하는 자는 나에게 와 영원히 사는 구원의 삶을 살 수 없음을 알아야 될 것이니라.

12 지금 너희들이 세상 속에 살아가는 그 모든 생활 형태에서 지금까지 살던 습관과 관행이 전혀 통하지 아니하는, 그리고 전혀 너희들과는 삶의 방식이 다른 세상에 돌입한다는 것은 그 누구도 이룰 수 없는 것이니라.

13 보통의 마음 자세와 보통의 각오로써는 너희들이 그 길을 올 수가 없음이니라.

14 너희들이 지금 육의 세상에서 살아왔던 습관과 너희들이 보통 세속에서 통하며 이루었던 그 관행, 그리고 부귀와 영화를 위해 금화와 은화를 거둬들이는 일에만 전념을 다했던 너희들이

15 그와 같은 것과는 아무런 관계도 없고 지금까지 살아왔던 방식과 살아왔던 방향과 너희들이 추구했던 것과는 전혀 다른, 순수한 깨달음을 위하는, 변화를 위하는, 그리고 구원을 받는 그와 같은 삶의 생활로 너희들이 변화한다는 것은 정말 어렵고도 힘든 길이니라.

16 그리하여 너희들은 지금까지 살아왔던 그 생활 상태에서 모두를 다 지워버리며 영혼의 길을 선택하여 가야 함이니,

17 지금까지 살아왔던 생활의 습관과 그 모두를 다 저버리고 새로운 영혼의 세상을 위하여, 영혼을 위하고 구원하는 길을 위하여 너희들이 변화된다는 것은 정녕 너희들이 선택하기가 그리도 어렵고 힘들며, 또한 적응하는 것 그 자체도 고통스러운 길이니라.

18 그러나 너희들은 그와 같은 생활의 습성을 다 버리고, 새로운 변화로써 새로이 영혼을 구하는 그와 같은 길에 돌입하지 아니한다면,

19 너희들이 죽어 왔을 때 얼마나 통곡하고 후회하는 삶이 있으며, 너희들이 얼마나 잘못 살아왔는지를 후회할 것이니, 얼마 남지 않은 너희들의 삶이 끝나는 그 시기에 그것을 알게 될 것이니라.

20 정녕 너희들이 이제는 육의 삶의 향락에 빠져 물질적인 면을 추구하며 살아왔던 너희들의 관행과 습성의 그 생활을 다 저버리고, 영혼을 구하는 세상으로 돌입하는 그와 같은 삶의 변화를 갖지 아니하면 구원을 받을 수 없음이니,

21 그 기초의 작업으로써 너희들이 그 기초에 적응할 수 있고 지금의 너희들로서 최상으로 선택할 수 있는 그 방법은 사랑을 헌신적으로 하며 나누어 주며 베풀고 사는 것이니,

22 그것만이 너희들이 지금 기초에 들어

서는 길임을 잊어서는 아니 될 것이니
라.
23 너희들이 변화되는 생활과 변화하여
야 하는 생활 속에서 지금까지 살아왔
던 그 모두를 덮어두고 새로운 세상의
삶을 위하여, 새로운 세상이 이루어지
는 그 역사를 너희들이 보기 위해서
그 기초요, 근본을 이루기 위한 방법
은
24 모두를 다 사랑하기 시작하는 마음의
변화를 이루는 것으로써 그 최상의 결
과를 얻을 수 있는 것이니,
25 너희들이 사랑을 하며 나누며 베풀며
사는 그와 같은 마음의 기초를 지금서
부터 다져 갈 때, 새로운 세상에, 그
영혼을 구하는 삶의 세상에 적응할 수
있는 길임을 잊지 말라.

## 3,280 번째 하나님 말씀

*2002년 9월 6일 08시 32분*

1 사랑하는 나의 아들아!
2 "네, 아버님! 말씀하옵소서."
3 나의 피조물 만백성 너희들은 살아가
면서 세상의 이치 모두를 다 아는 것
같이, 그리고 하늘의 뜻을 다 알며 하
늘의 역사하고자 하는 것을 다 아는
것같이 그리 수없이 말함이니라.
4 인간 세상에 살아가면서 너희들은 모
두를 다 알며 말로써만 다 이루어진다
함이니,
5 구원을 받는 것이나 천국이 존재하며
천국에 들어서는 것도 너희들은 말로
써 모두를 다 이루며 그것이 말로써
행해지는 일같이 말로써는 다 알고 있
음이니라.
6 구원의 길이요, 천국에 오르는 길이
요, 모든 역사가 이루어지는 것이 말
로써 이루어지며 말로써 행해진다면
너희들은 얼마나 편안한 삶을 살아가
겠는가?
7 그러나 그것은 말로써 이루어지는 것
이 아님을 알라.
8 지금 나의 법전을 읽은 많은 종교 지
도자들이 나의 법전이 옳은 것이며,
나 여호와의 진정한 말씀이요, 진리
요, 너희들의 깨달음이요, 구원의 길
이라는 걸 아는 자들이 많이 있음이니
라.
9 그러나 그들은 생활에 의하여 그들 자
신이 그 길을 가지 못하며, 지금의 가
고 있는 그 길에서 돌아서지 못하는
것이 그들의 마음이니라.
10 너희들은 어디 가서 기도해 주고 나서
어떠한 수고비도 받지 말라 하며, 너
희들이 어떠한 선한 일을 베풀었어도
나 여호와를 팔아먹는 그와 같은 행위
를 하지 말라고 나의 법전에서는 강조
하며 그리 깨우쳐 주나, 그들은 그것
이 없으면 지탱할 수 없으며 그것이
없으면 살아갈 수 없느니라.
11 그들은 저희들이 죄를 짓고 있으며 잘
못 가고 있는 것을 알며, 저희들이 나
에게 기도를 드리나 응답을 받는 것도
없으며 저희들의 기분에 의하여 저희
스스로 지껄이는 것을 잘 아느니라.
12 그러나 그들은 생활에 문제가 있기에,
삶에 대하여 그들의 의식주에 보탬이
되며 의식주를 해결하는 방법으로써
그것을 거둬들이지 아니할 수 없으며

받지 않을 수 없는 것이 지금의 그들의 형편이니라.
13 그리하여 그들은 알면서 그 길을 버려두고 가는 것이며, 저희들이 갈 길이 아닌 것을 알면서도 저희들은 육의 삶에 의해서 그 길을 가고 있음이니, 그것이 바로 무엇이더냐?
14 그들의 믿음이 약함이니라. 그리고 믿음이 없기 때문이니라.
15 그리고 그들은 믿음의 생활을 위하여 상대방의 영혼을 구한다는 것이 아니라, 스스로 제가 무엇인가를 취하는 것을 먼저 생각하다 보니, 그들은 기도 한 토막을 들려주었다 하여 재물을 받으며 그 대가를 거둬들이느니라.
16 그 대가를 반드시 받는 것이 지금 잘못된 관행의 지도자들이 서 있는 위치이니, 이러고도 과연 그들이 구원을 받을 수 있으며 구원해 줄 수 있으며, 하늘에 오르는 길을 간다 할 수 있겠는가?
17 그러나 그들은 말로써만 모두를 다 이루느니라. 그리고 말로써 모든 것이 다 이루어지는 것처럼 그들의 생활 방식과 생활의 형태가 그리 흘러가고 있으며 그리 관행처럼 가고 있음이니라.
18 이걸 깨지 못하는 자, 이걸 바로잡지 못하는 자는 영원히 구원받을 수 없으며 구원해 줄 수도 없음을 알아야 될 것이니라.
19 그리하여 잘못된 종교 지도자들은 육을 지탱하며 육의 삶을 위하여 모든 것을 말로써만 행하며, 모두를 다 저버리고 나의 뜻에 행함을 못함이니라.
20 또한, 인간 세속의 보통 나의 백성들은 육의 삶의 향락과 세상 속에 살아가는 즐거움과 그 즐거움의 맛을 알기 때문에 그 즐거움을 얻기 위하여 저희들의 모두를 다 거기에 바치며 살아감이니라.
21 너희들은 육의 즐거움이요, 그 향락 때문에 영원히 사는 영혼을 저버리고 있는 것이며, 그것이 다 너희들이 지금 살아가는 형태이니,
22 너희들이 육의 향락 때문에 영원히 사는 영혼의 삶을 스스로 죽여 가며, 죽어 가는 그와 같은 생활을 하며, 알면서도 그러한 길을 선택하고 있는 것이 지금의 나의 피조물 만백성 너희들이 살아가는 형태이니라.
23 차라리 모르는 자가 나의 법전을 접하며, 아무것도 모르는 자가 나의 법전을 읽었을 때, 이는 하늘의 진리가 있으며, 창조주가 있으며, 너희들이 지키고 살아가야 할 세상사의 법도보다도 더 무서운 규칙이 있다는 것을 깨달아 바른 자세로써 세상을 살아갈 수도 있음이니라.
24 그러나 너희들은 말로만 세상을 다 구원하며 말로만 천국의 문을 인도하며 천국의 문을 들어간다 하느니라.
25 너희들은 그와 같이 모두를 다 알고 있고 모두를 다 깨닫고 있으며 잘못됨을 알고 있으며 잘못 가는 것을 알고 있음이니라.
26 제 스스로 잘못된 것을 알고 있으면서도 그리 행하는 자에게 아무리 그를 깨우쳐 준다 해도 그는 들을 것같이 말하나, 제 속의 계산은 다른 곳에 있음이니, 그러한 백성을 구원하기가 너

무나도 힘들고 어려운 것이니라.
27 너의 제자들을 바로 세울 때, 바로 선 너의 제자들이 나의 피조물 만백성을 구원하고자 할 때, 스스로 알면서 그 사악한 것을 행하는 자와 정녕 모르면서 행하는 자를 구분하지 못한다면, 너희들의 노고는 백배 천배로 늘어날 것이며, 나의 피조물 만백성을 구하는 길은 묘연하게 되느니라.
28 그러니 너희들은 그것을 구분하는 안목부터 가져야 될 것이니, 너희들이 사람의 말을 듣지도 아니하고 보지도 아니하고 그를 알 수 있는 것은 너희들의 마음이 비워져 있어야 함이니라.
29 나의 아들이 너희들에게 들려주었음이니라.
30 한 장의 종이에 글을 써서 나의 아들에게 보냈을 때, 그 글의 내용을 읽지 아니하고도 그 글 쓴 종이를 펴 보는 순간에 그 사람이 어떤 마음으로 글을 썼으며 어떠한 형태로 글을 써서 보냈는가를 나의 아들이 안다고 말하지 아니하였느냐?
31 그것이 바로 무엇이더냐?
32 나의 아들이 경지에 올라 있음이니라.
33 그리하여 좀 더 나의 아들이 경지가 높아질 때 너희들의 몸에 흐르고 있는 피와 신체조건에 따라 너희들의 마음의 형태와 마음의 흐름을 다 알게 된다 하였음이니,
34 그리하여 너희들의 육의 병과 정신적인 병 그 모두를 치료할 수 있는 역사가 이루어질 때가 머지않았다 내가 그리 말하였음이니라.
35 너희들이 가지고 있는 마음 상태의 흐름과 너희들의 육의 행함, 그 모두를 다 같이 볼 수 있을 때 기적의 역사가 이루어지는 것이니, 나의 아들이 그와 같은 역사를 이룰 날이 머지않았음이니,
36 너희들이 경지에 오른다면 상대방의 마음을 알 수 있으며 사람의 속을 볼 수 있으며 그가 생각하는 것을 볼 수 있음이니라.
37 그리하여 너희들이 사람을 구분하는 그와 같은 경지에 오르고자 한다면 너희들의 마음을 비워야 되며, 마음을 비우지 아니하면 너희들은 구할 자와 구하지 않을 자를 분별 못 하고 너희들의 노고만 몇 배 더 가중된다는 것을 잊지 말라.

## 3,281 번째 하나님 말씀

*2002년 9월 6일 08시 46분*

1 사랑하는 나의 아들아!
2 "네, 아버님! 말씀하옵소서."
3 내가 너희들 열여섯 가정의 그 제자들을 선택하였으며 그 모든 가족이 다 신부가 되었다 말하였음이니라.
4 그러니 이제는 너희들 자신이 돌이켜보며 점검을 할 때가 되었음을 알아야 될 것이니라.
5 나로부터 선택되어 신부라 명받은 제자 너희들은 과연 지금 정녕 솔직한 삶을 살아가고 있으며, 남들로부터 지탄받을 만한 부끄러운 삶을 살지는 아니하는가, 과거의 너희들의 삶에서 지금의 너희들의 살아가는 모습이 얼마나 솔직한 삶으로 변화되었는가, 그리

고 너희들 자신이 남을 속이며 위장된
삶을 살지는 아니하는가 점검해 봐야
될 것이며,
6 그리고 너희들 자신이 남에게 거짓을
하지 아니하는가, 너희들은 정녕 재물
만을 위하여 살아가지 아니하는가, 너
희들이 과연 얼마나 변화되었으며 너
희들의 생각이 얼마나 바뀌었는가, 너
희들이 살아가는 생활의 삶에서 스스
로 변해져 있는 그 모습을 너희들이
점검해 봐야 될 것이니라.
7 그리하여 너희들이 변화되지 아니한
모습이거나 변화되지 아니하였다 생
각할 때, 너희들은 스스로 법전을 정
독하고 깨우쳐 너희 스스로 변하는 그
역사를 이루지 아니한다면 하늘에 오
를 기회를 얻을 수 없음을 알아야 될
것이니라.
8 이제 내가 열여섯 가정 너희들이 다
신부가 되었다 하였으며, 선택된 열여
섯 가정 너희들은 구원을 받고 안 받
는 것이 문제가 아님이니라.
9 너희들이 바로 서느냐 서지 못하느냐
에 따라서 만백성이 다 그를 보고 구
원을 받고 못 받는 그와 같은 역사가
이루어짐이니, 너희는 너희 자신이 아
님을 알아야 할 것이니라.
10 내가 열여섯 가정을 선택하여 이미 너
희들에게 그와 같은 기회를 주었으며,
너희들이 구원받을 수 있는 길에 오르
도록 노력을 하라 그와 같이 깨우쳐
주었으면, 너희들 각자 개성이 다르며
각자가 생각하고 있는 마음 자세가 다
름이니라.
11 그 마음의 변화에 따라서 나의 피조물
만백성이 너희들을 보고 깨우쳐 구원
의 길을 오르게 되어 있음이니라.
12 그리하여 내가 나의 법전에 너희들의
복음서라 하여 너희들이 변하는 그와
같은 것을 단계적으로 기록하여 만백
성이 읽고 깨우치도록 그리하라 하였
음이니, 이것이 바로 나의 뜻이니라.
13 너희들 열여섯 가정은 떠날 수도 없으
며, 돌아설 수도 없는 것이며, 너희들
이 변화되지 아니하면 견딜 수가 없음
을 알아야 될 것이니라.
14 너희들은 일찍이 너희 자신을 생각하
지 말며, 너희 자신을 생각하는 그 마
음을 버리고 너희 스스로 나의 법전에
의하여, 그 내용과 나의 아들이 가르
치는 그 기준을 하나하나 마음속에 새
겨 너희들이 바로 변하는 그 길밖에
없음을 알라.
15 너희들은 도망갈 수도 없으며 피해 갈
수도 없으며, 등을 돌리고 갈 수도 없
음을 알라.
16 너희들이 천사와 같은 마음으로 변하
는 마음 자세를 다스리는 그 길밖에
없음을 내가 너희들에게 다시 한 번
간곡히 명함이니, 이는 내가 너희들에
게 간곡히 명하여 너희들이 지키고 가
야 할 길임을 알라.
17 너희들은 어떠한 틀을 벗어날 수도 없
음이니라.
18 그리고 너희들은 만백성을 구하는 그
기본의 자세로써, 너희들을 기초로 하
여 14만 명의 전사들이 생기며, 그들
로 하여금 만백성을 구원하는 그 대변
화의 역사가 이루어질 것이니, 너희들
이 얼마나 소중한가를 알라.

19 지금에 힘들고 어렵고 고통스럽다 하
여 그를 등 돌리고자 하며 그를 버리
고자 하지 말라.
20 너희들이 나의 성전에 와서 법전을 공
부하지 아니하며 나의 아들로부터 성
령의 가르침을 듣지 아니하고 다른 세
상에서 향락을 즐기며 산다 해도, 오
로지 고통과 시련만이 너희들 앞에 있
음을 알아야 될 것이니라.
21 너희들이 다른 곳에 가서 육의 영화와
영광과 향락과 그 즐거움을 즐기며 살
려 해도 너희들은 그리 이루어질 수가
없음이니라.
22 너희들 자신의 마음이 흔들리고 너희
들이 고달플 때 나의 아들을 생각해
보라.
23 나 여호와가 너희들에게 사랑을 내려
너희들을 구원하고자 내가 내린 그 은
혜는 다음으로 생각한다 하더라도, 나
의 아들이 자기 삶의 향락과 즐거움과
모두를 다 버리고 만백성을 위하여 기
도하고 경배하는 그 삶을 너희들이 바
라볼 때, 제자 너희들이 어찌 살아가
야 되는지를 알게 될 것이니라.
24 나의 아들이 너희들을 속여 인간 세속
에 즐기는 그 삶을 살던가?
25 희비애락을 즐기면서 알코올을 한 잔
씩 마시며 그 알코올 속에 서로 인생
을 논하며 향락을 즐기며 살던가?
26 그가 어떠한 인간 세속의 즐거움이나
그 모두를 보며 살던가?
27 그는 그곳에서 등 돌리며 고개를 돌릴
때 마음속으로 울고 저 자신을 다스려
감이니라.
28 저 자신도 모든 보통 사람들이 살아가
는 그 모습에 어울려 거기에 젖어 보
고 싶은 마음이 하루에도 수천 번씩
드나, 그는 수천 번의 그 마음을 접어
둠이니라.
29 그리고 그는 성전에 고요히 들어와 문
을 닫고 나를 향하여 경배하며 기도를
하여 나의 음성을 듣는 삶을 반복하는
것이요, 그게 하루 이틀도 아님이니라.
30 한 달이나 일 년의 정해진 그 훈련의
기간이 있다 하면 그에게도 즐거움이
있고 희망이 있고 향락을 즐길 수 있
는 미래가 있을 것이니라.
31 그러나 육의 삶의 모두를 다 접어 버
린 자이니라.
32 그리하여 너희들이 알코올을 마시며
서로 웃고 희비애락 속에 그와 같은
즐거운 삶을 살아갈 때, 그는 바로 무
엇이더냐?
33 나의 성전에 와 저 자신의 마음을 달
래며 나에게 무릎 꿇고 기도와 경배를
올려 성령을 받아 법전을 만들고자 하
는 것이 그의 삶이니,
34 그 마음의 섭섭함과 그 마음의 싸늘함
과 그 마음의 고통을 너희들은 과연
한 번이라도 돌아다보았는가?
35 너희들보다도 즐길 수 없는 삶이요,
너희들처럼 향락을 생각할 수 있는 삶
도 아니요, 그저 그가 그와 같은 세속
의 삶에 빠지고 싶을 때, 그는 고개를
돌리며, 인생의 삶을 그리 가서는 안
된다는 자기 운명을 스스로 알아 눈물
을 흘리며 나의 성전에 와 기도하고
경배하며, 밤과 낮을 가리지 아니하고
나의 법전의 내용을 받아 이렇게 기록
하며 살아가는 그를 너희들은 잠시라

도 좀 돌아다볼 수 있는 마음의 여유
가 없는가?
36 그것이 하루 이틀도 아니요, 죽을 때
까지 평생 이와 같은 길을 가야 하는
나의 아들의 삶을 너희들도 돌아다봐
야 될 것이니라.
37 그도 뛰쳐나가고 싶으며, 그도 살아가
며 너희들이 즐기는 그 향락 속에 젖
어 보고 싶을 것이니라.
38 너희들은 그래도 열배 백배 여유가 있
으며, 열배 백배 생각할 기회가 있으
며, 너희들은 그래도 인간 세속에 살
아가는 가족이요, 형제요, 그곳에서
웃고 즐기는 삶이라도 있을 것이니라.
39 나의 아들은 그것마저도 버렸음이니
라.
40 오로지 나의 성령을 받아 법전을 만들
어 세상에 전하는 것을 위하여 그 모
두를 다 눈을 감고 버렸음이니,
41 너희들과 똑같은 인간으로서 너희들
보다도 몇 배 더 고통스럽고 힘들고
어려운 길을 가는 나의 아들이 살아가
는 모습과 삶을 너희들은 정녕 바라볼
수 있는 마음 자세와 여유가 그리도
없느냐?
42 그 삶을 돌아다보라, 그 모두를 다 접
어 두고 살아가는 나의 아들의 삶을.
43 그렇다면 너희들은 과연 어찌 살아가
야 되겠는가?
44 오늘의 힘들고 어려운 일이 괴롭고 힘
들다 하여 너희들이 불평불만을 할 수
있으며, 나의 법전을 읽고 깨우쳐 경
지에 오른 너희들이 그 모두를 버리고
추락하는 삶을 살아갈 수 있겠는가?
45 너희들 자신이 힘들고 어려울 때 나의
아들의 살아가는 그 삶을 보라.
46 그다음에 그를 바라본다면 너희들은
나 여호와가 존재하며 창조주가 어떠
한 뜻과 어떠한 마음으로써 새로운 역
사를 이루고자 하는 것인가를 알게 될
것이니라.
47 그리 깨달았을 때 너희들의 점수가
70점이 넘는 역사가 이루어질 것이니
그리 알라.

## 3,282 번째 하나님 말씀

*2002년 9월 6일 08시 57분*

1 사랑하는 나의 아들아!
2 "네, 아버님! 말씀하옵소서."
3 너는 이 뜻을 기록하여 너의 제자들과
만백성에게 깨우쳐 주어야 될 것이니
라.
4 부자가 천국의 문을 들어가기는 너무
힘들고 어렵다 말하였음이니라.
5 그러나 너희들 세상 속에 그 빈부의
차이가 얼마나 크던가?
6 너희들이 나로부터 받은 재물을 관리
하는 책임을 맡은 자로서, 너희들이
그와 같이 살아가는 차이가 극심함이
니라.
7 그는 다 너희들이 받아야 할 대목과
받지 못할 만한 그 뜻에 의하여 그와
같은 길을 감이니, 첫째는 너희들이
노력하지 아니함이니라.
8 그리하여 너희들이 노력하지 아니하
였기 때문에 내가 너희에게 모두 내려
준 그 환경에서 벗어나지 못함이니,
스스로 너희들이 정해진 그 운명이라
는 것에서 탈피하지 못함이니라.

9 내가 무어라 말하였더냐?
10 너희들의 운명의 그 삶이라는 것은 너
희들의 노력 여하에 따라 변화시킬 수
있는 것이라 말하였느니라.
11 나의 법전을 만 권을 전할 자가 열 권
을 전하며 또 열 권을 전할 자가 만 권
을 전했을 때, 그는 뒤바뀌는 삶을 산
다 하였음이니라.
12 너희들 인간의 삶도 마찬가지이니라.
13 정해진 어떠한 틀에서 너희들이 노력
하고 또 노력하면 얻게 되며 그 변화
의 삶을 살 수 있는 것이 인간 너희들
에게 똑같이 내려진 축복이니라.
14 너희들은 여기서 알아야 될 것이니라.
15 가진 자가 천국에 갈 수 없다 함은 무
엇을 의미하는가?
16 그들이 베풀지 아니하기 때문이니라.
그리고 나누지 아니하기 때문이니라.
17 가진 자는 저희들의 육의 향락을 위하
여 온갖 짓을 다 하고 살아감이니, 그
들이 죄의 온상을 이루고 있음이니라.
18 군림하고자 하며, 제왕적인 행위나 세
상에 재물로써 얻지 못할 것이 없다
생각하며, 내가 관리하라 하여 저희들
에게 맡겼던 그 재물을 함부로 씀이니,
19 저희들이 그것을 가지고 세상에 안 되
는 것이 없으며 저희들이 주무르지 못
할 것이 없다 하여 온갖 죄의 온상에
서 그들이 허덕이고 있음이니,=
20 바로 지금의 종교 지도자들이 우리 부
자의 이름을 팔아 향락을 즐기며, 죄
의 온상인 성전이라는 것을 지어 놓고
그리 운영하는 것과 무엇이 다르던가?
21 가진 자가 제왕적인 자세를 하며 제가
소속된 집단에서 제왕의 위치를 지키
고자 함이니, 그들이 얼마나 만행을
저지르며, 그들이 얼마나 잘못 가고
있으며, 오만한 행위를 하고 있는가?
22 다만, 그들이 남에게 베풀고 나누어
주며 사랑하는 그와 같은 삶을 살았을
때, 너희들이 살아가는 세상은 평온한
세상이요, 천국과 같은 세상이 이루어
질 것이니라.
23 그리하여 가진 자에게 내가 명하느니
라.
24 너희들이 인간의 취미요, 향락에 젖어
나의 재산을 탕진하고 소비했을 때,
너희들의 그 죄가 얼마나 무서운 것인
가를 너희들은 알게 될 것이니,
25 너희들이 그렇게 무섭고 험난한 죄를
지어 놓고 나에게 와 천국에서 누린다
는 그와 같은 생각을 하지 말라.
26 이제는 너희들이 뒤바뀌는 시간이 머
지않았음이니라.
27 너희들이 지금 내가 관리하도록 준 그
재물을 가지고 너희들의 향락을 누리
며 그 재물을 가지고 이루어지지 않는
것이 없으며 너희들이 취하고 얻어지
지 않을 것이 없음이니,
28 인간 세상의 자존심과 인간의 인격 그
모두까지 짓밟아 가면서 너희들이 향
락이요, 즐거움을 누리는 그와 같은
삶을 살아왔으니, 부를 누린 자는 천
국에 올 수 없다 하였느니라.
29 너희들의 육의 삶이 명을 다하여 너희
들의 육은 한 줌의 흙으로 돌아가고
영혼이 심판을 받을 때, 너희들이 그
와 같은 지은 죄의 대가를 치러야 될
것이니라.
30 가난하게 산 자, 그리고 가난해도 나

누고 살며 사랑을 베풀며 산 자는 천
국에 와서 영원히 행복을 누릴 것이
며, 세상에서 온갖 것을 다 누리고 산
너희들은 상상할 수 없는 지옥 불에
가서 너희들의 육이 느낀 것보다 몇천
배 더 고통을 당할 것이니, 그 운명이
뒤바뀌는 시간이 머지않았음을 알라.
31 그리하여 내가 너희들에게 구원의 빛
을 알려 주기 위하여 나의 아들을 통
하여 전함이니, 너희들이 가진 모든
여유 있는 재산과 남을 위해 쓸 수 있
는 재산을 남들을 위해서 써야 될 것
이니라.
32 너희들이 향락을 위해 그 재산을 쓰는
것을 중단해야 될 것이며, 너희들이
그저 옷 한 벌 걸치는 것으로 만족하
고 행복한 삶으로 너희들의 생활을 바
꾸어, 만백성을 도우며 그들을 구원하
는 길에 그 재물을 쓰지 아니한다 하
면 너희들은 지옥 불로 감을 면치 못
할 것이니라.
33 가진 자가 이 세상에서 가장 미련한
자며 가장 불쌍한 자임을 너희들은 알
아야 될 것이니라.
34 너희들이 죽어 왔을 때, 그 모았던 재
산이요, 그 많은 금화나 은화나 너희
들의 권력이나 제왕적인 행위를 가지
고 나에게 올 수 있어 그것이 심판을
받는 데 도움이 된다 하면 두말할 것
도 없이 너희들은 현명한 자들이니라.
35 그러나 그것들은 도움이 되지 아니함
이니라.
36 그로 인하여 너희들이 저지른 그 죄
요, 역사한 그 죄의 대가를 너희들이
치르고 갚아야 되는 것이 남아 있음이
니,
37 반대로 너희들이 그것을 베풀며 어려
운 자를 도와주며 사랑을 실천하며 산
다 하면, 너희들은 천국에 갈 수 있고
구원의 길을 얻을 수 있음이니라.
38 그러나 너희들은 육의 향락에는 투자
하며 아끼지 아니하나, 그를 나누어
줄 줄 모르고 가난한 자를 위해서 쓸
줄 모르며, 그 천국에 올 기회가 있는
것을 모르고 있음이니라.
39 너희들이 모아 놓은 재물을 가지고 나
에게 올 수 있고 다음 세상에 너희들
이 그를 가지고 살아갈 수 있는 기회
가 연장된다 하면, 그와 같이 재물을
관리하는 데 연연하며 나누어 주지 아
니하고 인색하게 사는 너희들을 현명
한 자라 말할 수 있을 것이니라.
40 그러나 너희들은 그 재산을 가지고 올
수 없으며 그 재물을 가지고 올 수 없
으며, 그것은 너희들과 아무런 인연
관계가 없는 것으로서 떨어져 나감이
니,
41 그것을 위하고 그것을 가지고 몸부림
치다 죽어 올 때 한 닢도 가지고 오지
못하는 것이 부자의 운명이거늘, 어찌
하여 너희들은 가지고 오지도 못하며
관리도 못 하는 그 재산을 남에게 베
풀어 주고 나누어 주어 너희들이 천국
에 올 수 있는 그 길을 얻지 못하는가?
42 부자라 하면 천국에 올 수 있는 기회
를 가진 자이니라.
43 너희들이 말하기를 부자는 천국에 올
수 없다 하나, 내가 여기서 너희들에
게 깨우쳐 줌이니, 우선 천국으로 올
라올 수 있는 50퍼센트의 자격을 가

진 자들이 부자임을 알라.
44 그리하여 가난한 자보다 더 쉽게 천국
에 올 수 있는 것이 부자이니라.
45 가진 재물을 풀어 나누어 주면 되기
때문이니라.
46 가진 재물을 너희들이 쓰고 먹고살 만
큼은 놔두고, 많은 백성들에게 풀어
쓴다면 나머지 50퍼센트의 구원의 길
을 받아 천국에 올 수 있는 것이 부자
의 영광이요, 혜택이니라.
47 너희들이 부자는 무조건 천당을 못 가
며 지옥으로 간다 그리 말하나, 부자
는 부자가 될 만한 자격이 있으며 제
가 스스로 그만큼 노력하여 얻은 것이
니,
48 나로부터 그만큼 50퍼센트 이상의 천
국에 올 수 있는 점수를 받아 놓은 자
이니 얼마나 축복된 자들이냐?
49 그러한 자들이 50퍼센트를 더 얻어
영광의 천국에 올 수 있는 것은 너희
들이 가진 재산을 풀어 줌이요,
50 그 많은 재산을 풀어 주지 아니하고
너희들의 욕심을 채워 놓고 죽어 왔을
때, 너희들은 50퍼센트가 아니라 역
으로 지옥으로 가는 그와 같은 자가
되느니라.
51 하늘의 법도를 가르쳐 줌이니라.
52 부귀와 영화를 누리고 사는 너희들은
50퍼센트의 하늘에 오를 수 있는 점
수를 딴 자들이요, 어렵고 힘든 자들
은 저희들이 노력하지 아니하여 얻어
지지 아니하였기에 열배 백배 더 고생
을 해야만 천국에 올 수 있는 기회를
얻는, 그와 같이 불리한 상태에서 지
금 경쟁을 하고 있거늘,
53 그 부자가 천국에 올 수 없다는 말은
아무것도 모르는 종교 지도자가 하는
말이니라.
54 그와 같이 말하는 자들은 저희 종교
집단과 저희들이 소속된 곳에 재물을
바치라는 욕심에서 말하는 것이니, 그
말에 귀를 기울이지 말라.
55 하늘의 뜻인 나 여호와가 너희들에게
반드시 기록하여 명함이니, 부자는 50
퍼센트의 하늘에 오를 수 있는 축복과
영광을 가진 자들이니라.
56 바로 그는 베풀 수 있는 축복이 있기
때문이고 기회가 있기 때문이니, 그를
활용하도록 하라.
57 사랑하는 아들아! 너의 제자들에게
깨우쳐 주며, 만백성에게 이와 같은
축복받은 자들이 계속 축복받을 수 있
는 기회를 놓치지 말고 버리지 말라
이르라.
58 그들은 그와 같이 선택된 백성들이니
라.

## 3,283 번째 하나님 말씀

*2002년 9월 6일 09시 07분*

1 사랑하는 나의 아들아!
2 "네, 아버님! 말씀하옵소서."
3 부자가 천국을 갈 수 없다 하는 그런
말을 하지 말라 이르라.
4 부자야말로 천국에 갈 수 있는 기회를
빨리 잡을 수 있는 자들이라 그리 깨
우쳐 주며, 그들의 생각을 돌리도록
그리하라.
5 다만, 부자가 천국에 갈 수 있는 그 길
은 무엇이던가?

6 저희 손으로 지은 성전이요, 그러한
잘못된 지도자들 앞에 가서 하늘에 오
르는 그 티켓을 사려 하지 말라 그리
전하라.
7 너희들이 말할 수 있는 것은, 어렵고
힘든 자에게 하나하나 의식주를 해결
할 수 있도록 도와주는 그 역사, 곧 나
여호와가 살아 있음을 증명해 주는 그
와 같은 길을 가는 것이 그들이 천국
에 오를 수 있는 길이라는 것을 확실
히 선을 그어 전하라.
8 이제는 너희들이 어떠한 종파 속에 가
서 재물을 바치는 것은 너희들이 지옥
으로 가고자 하는 티켓을 사는 것이라
는 것을 내가 여기 나의 법전에 기록
하여 전함이니,
9 너희들 스스로 이웃의 어려움이나 너
희들의 가족이라는 너희들의 직원들
과 너희들 밑에 있는 모든 사람들, 어
렵고 힘든 자를 자립할 수 있도록 도
와주는 그것이 하늘에 오를 수 있는
길이지, 너희들 스스로 그와 같은 재
물을 바치는 것이 구원을 받는 길이
아님을 알라.
10 너희들이 얼마나 사악하고 잘못된 자
들인가를 깨우쳐야 할 것이니라.
11 재물을 가진 자들이 저희 직원이요,
저희들의 식구라 말하면서, 어려운 자
를 돕는 데는 한없이 인색하며,
12 저희들이 구원을 받기 위하여 어떠한
성전을 짓는 데에는 제가 책임을 지
며, 또한 어떤 법당을 짓는 데 제가 맡
아서 지으며, 또한 어떤 각종 종파에
서 짓는 역사에 저희들의 모두를 투자
하여 지음이니,
13 그는 제 주변의 배고픈 사람들의 어려
움을 모르며 제가 다스리고 있는 직원
들의 고통과 저희 가족이요, 한 식구
라 말하는 저희들의 종업원의 어렵고
힘든 고통은 외면하면서, 밖에 나가
저희들이 그와 같은 역사를 이루는 데
모든 재산을 투자함이니, 얼마나 사악
하고 간악한 것인가?
14 이와 같은 행위를 하는 자는 저희들이
투자하는 만큼 그 죄를 지고 갈 것임
을 알라.
15 너희들이 정녕 나로부터 구원을 받고
사랑을 받고자 한다면 너희를 위하여
종사하는 너희들의 종업원이나 너희
를 위하여 더불어 살아가고 너희 주변
에서 볼 수 있는 가난하고 어려운 자
들에게 너희들의 그 재물을 나누어 줄
것이며, 그러한 자는 반드시 천국의
문에 올 수 있음이니, 그와 같이 쓰라
말하라.
16 내가 너희들에게 명하나니 너희들의
죄는 이러하니라.
17 이후부터 잘못된 지도자의 종파에서
구원을 받고자 재물을 바치며 저희들
의 이름을 기억시켜 놓는 자나 저희들
이 생색을 내며 저 자신의 기쁨을 위
하여 행하는 자들은 그 죄만큼 무거운
돌로써 저희들의 가슴이 짓눌리는 그
죄 속에서 벗어나지 못할 것이니라.
18 그 산보다 더 큰 돌덩어리가 너희들의
가슴을 영원히 누르는 그 죄를 벗어나
지 못할 것이니라.
19 너희들이 지금 나의 백성들을 위하여
쓰는 것이 아니며, 너희들을 위하여
봉사해 주고 일해 준 모든 가족들의

어렵고 힘든 고통을 도와주며 그들을
위하여 사용하지 아니하고,
20 오로지 너희들 자신의 이름을 위하거
나 너희들의 구원을 받는 축복을 위하
며 너희 자신만을 위해서 그와 같이
성전이나 모든 종교 집단의 종파에 재
물을 바쳐 역사를 이루며 그곳에 너희
들의 이름을 기억시켜 놓는 자는 그만
큼의 무게를 가슴에 안고 영원히 살아
가는 그 죄를 면치 못할 것이니라.
21 재물을 가진 자나 여유 있는 자, 그 모
두는 무엇이더냐?
22 내가 너희들에게 관리할 수 있는 축복
과 영광을 준 것이니, 그 축복과 영광
을 나의 백성들과 너희들의 형제라는
자들에게 돌리라.
23 그리하지 아니하는 자는 영원히 구원
을 받을 수 없음을 알라.
24 이것이 나 여호와의 뜻이며 하늘의 뜻
임을 잊어서는 아니 될 것이니라.
25 이제 너희들이 깨우쳤으면 그와 같이
행하는 길만이 남아 있음이니라.
26 이제는 너희들 주변에서부터 어렵고
힘든 자를 보살피는 그와 같은 곳으로
눈을 돌릴 것이며,
27 너희들이 마음을 바로잡지 아니하면
너희들은 구원을 받을 수 없으며, 지
금 지상에서 누린 것만큼 그 반대로
몇천 배의 고통을 받게 될 것이니라.
28 이것이 바로 사랑이며 하늘에 오를 수
있는 길이니, 너희들이 얼마나 사악한
자며 얼마나 욕심이 있는가?
29 육의 삶에서 남을 지배하며 남보다 위
에서 군림하고 소왕국을 이루어 살아
왔던 너희들이 영혼의 삶에서도 그와
같은 영광을 누리기 위하여 재물을 가
지고 그것을 사고자 너희들이 만든 성
전에 갖다 바치며 너희들이 만든 종교
집단에 갖다 바침이니, 그것은 너희들
의 죄만 가중된다는 것을 잊지 말라.
30 너희들과 더불어 살아왔던 너희들의
종업원이요, 너희들의 부하 직원이요,
너희들의 식구라 하는 그 사람들의 고
통과 어려움을 보살펴 주어, 그들이
'우리 주인은 하늘에서 내려온 천사
요, 우리를 지도하는 자는 천사다.' 하
는 그와 같은 말을 너희들이 들었을
때, 너희들에게 천사의 날개를 달아
하늘에 오를 수 있도록 내가 영광과
기회를 줄 것이니, 이 무서움을 너희
들이 알라.
31 가진 자가 욕심을 부리고 딴 곳에 사
용하며, 제 주변의 어렵고 배고픈 자
를 돌아다보지 못하며 저희 직원들을
보살피지 못하는 자, 그는 몇 배의 가
중한 죄가 있기에 '부자는 천국에 갈
수 없다.' 그리 말하나, 내가 그 이치
를 뒤집어 오늘 너희들에게 일깨워 줌
이니, 부자는 천국에 가기가 더 쉬움
이니라.
32 곧, 주변에 있는 어려운 자들의 의식
주를 해결해 줄 수 있고 보살피고 도
와줄 수 있는 그 능력을 가진 너희들
이 베풀어 주면 천국에 올 수 있기 때
문이니라.

## 3,284 번째 하나님 말씀

*2002년 9월 6일 09시 14분*

1 사랑하는 나의 아들아!

2 "네, 아버님! 말씀하옵소서."
3 이제 너의 제자들 모두가 다 나의 법
전을 읽을 만큼 읽었으며, 또한 너희
들이 나의 성령의 가르침을 들을 만큼
들었음이니라.
4 그리고 너희들이 법전의 1부를 공부
하고 또 공부하여 깨우쳐 감이니, 너
희들의 깨달음의 높이가 모든 백성들
이 따라올 수 없는 경지에 올라와 있
음이니라.
5 이제 내가 너희들에게 명함이니, 오늘
부터 이를 너희들은 엄히 행하여야 할
것이니라.
6 나의 아들과 가까이 있는 자들, 너희
들부터 마음을 바꿔야 될 것이며 마음
이 변화되어야 될 것이니라.
7 나의 아들을 따라 천국에 오르고자 하
며, 창조주인 나 여호와가 존재하며
나로부터 모든 성령을 받으며, 나로부
터 축복을 입은 자들이요, 나의 아들
이 신랑이요, 너희들 모두가 신부가
되었다고 나로부터 명을 받은 너희들,
나의 아들의 주변에 있는 너희들부터
천사의 마음이 되는 그 기도를 드려야
될 것이니라.
8 오늘 이 순간 이후부터 너희들은 마음
의 회개와 눈물의 기도로써 너희들 자
신을 다 날려 보내야 될 것이니라.
9 그와 같은 역사를 이루지 아니한다면
내가 이루고자 하는 이 성전에 웃음꽃
이요, 만백성을 구하는 그 역사가 이
루어질 수 없음이니,
10 바로 둑이 터져 모든 물이 밀고 내려
가듯이 그보다 더 무서운 힘으로써 나
의 법전이 이제 세상에 덮어 나가야
될 것이나, 너희들이 그 물꼬를 트지
못하기 때문이니라.
11 너희들로 하여금 그 물꼬를 트기 위하
여 내가 너희들을 선택하였으며, 나의
아들 옆에 너희들이 존재하도록 하였
음이니,
12 나의 아들 옆에서 같이 법전을 공부하
며 나의 성령을 들으며 지켜 서 있는
너희들이 얼마나 소중한가를 알아야
될 것이니라.
13 큰 제방의 둑이 무너져 그 물이 흘러
내릴 수 있는 것도 작은 개미구멍만
한 그 구멍부터 시작하며 금이 가기
시작함이니,
14 바로 그 구멍을 뚫는 것이 나의 아들
의 주변에 있는 너희들이며, 임무를
받은 자들이며, 선택된 자들이며, 나
의 아들을 사랑하는 자들이 가야 할
길이니라.
15 그를 뚫지 아니하므로 그 제방이 무너
지지 못함이니, 너희들이 그를 뚫지
못하는 것은 너희들의 마음이 비어 있
지 아니하기 때문이며 너희들이 변화
되어 있지 아니하기 때문이니라.
16 오늘 이 날짜, 이 시간 이후부터 너희
들이 변하지 아니한다면 내가 정녕 너
희들을 다 버리는 수밖에 없음이니라.
17 이를 잊지 말라.
18 너희들이 반성하지 못하며, 깨우치지
못하며, 그 제방을 뚫는 역사를 이루
지 아니하고, 너희 마음에 욕심과 시
기하고 질투하는 마음과 너희들 생각
대로 사람을 평가하는 자세, 그러한
마음을 가져 그를 뚫지 못하는 자라면
내가 그를 뚫을 수 있는 자로 다시 사

람을 선택하는 길밖에 없음이니라.
19 2002년 9월 6일을 기하여, 너희들이
그와 같이 제방을 뚫는 역사를 지금서
부터 시작하라.
20 그것이 너희들이 완벽히 변하는 것이
니라.
21 너희들이 위로는 푸른 하늘이 있으며
창조주인 나 여호와가 있으며, 너희들
이 160권이라는 법전을 만들어 세상
에 역사하고자 하는데, 그를 바라다보
며 동참하는 자들로서, 그리고 나의
아들 옆에 가장 가까이 있으며 나의
아들을 아끼고 사랑하는 자들로서, 모
두를 바쳐 이 160권의 역사를 이루고
자 하는 너희들이 그 마음의 변화나
마음의 변동이 없이는 아무것도 이루
어질 수 없음이니,
22 너희들은 나로부터 선택되어 나의 아
들 옆에서 160권을 만들어 내는 역사
에 참여하며 동참하니 얼마나 위대하
고 고귀한 자들인가를 알아야 될 것이
니라.
23 그를 행하고 실천하지 못할 때, 너희
들이 제방에 작은 구멍을 내어 그 제
방이 무너질 수 있도록 하지 못하고
그 제방을 뚫지 못하였을 때, 내가 너
희들을 버림을 알라.
24 그리하여 그 제방을 뚫을 자를 다시
내가 선별하여 그에게 임무를 줄 것이
니, 나로부터 버림을 받아 너희들이
자리를 물러나며 너희들이 떠나는 그
와 같은 마음을 갖지 말라.
25 그와 같은 형국을 당하는 너희들이 되
어서는 아니 될 것이니라.

## 3,285 번째 하나님 말씀

*2002년 9월 6일 09시 47분*

1 사랑하는 나의 아들아!
2 "네, 아버님! 말씀하옵소서."
3 너희들 말에 부자가 천국에 가기는 어
렵다 하였으나, 내가 너희들에게 하늘
의 뜻을 깨우쳐 주었음이니, 부자는
천국에 오를 수 있는 점수를 50점을
따 가지고 있다 하였음이니라.
4 그 뜻을 나의 피조물 만백성이 이해했
을 것이니라.
5 그러니 부자가 그 50퍼센트 다음의
점수를 얻는 것은, 제가 가진 것을 너
희들이 만든 종교 집단이나 성전에 가
서 구원받고자 그 티켓을 사는 데 바
치는 것이 아니니라.
6 너희들 주변에, 또한 너희들에게 부귀
와 영화를 누릴 수 있도록 도와준 모
든 직원들이나 주변 사람들에게 사랑
을 베풀고 나누면 그가 바로 천국에
오를 수 있는 그와 같은 은혜를 받는
자라 내가 말하였음이니라.
7 여기서 내가 무엇을 너희들에게 깨우
쳐 주고자 하는가?
8 있는 자의 베풂을 말하는 것이니라.
9 가진 자가 베풀었을 때 모든 사랑이
내리사랑이며 사랑이 이루어지는 것
이며, 가진 자가 베풀지 아니하였을
때 또는 갖지 않은 자는 베풀고자 하
여도 베풀 수가 없기 때문에 그와 같
은 아름다운 사회의 풍토가 형성될 수
없음이니라.
10 너희들 세상사에 지금 살아가는 것이
얼마나 잘못되었는가?

11 모든 것을 가진 자가 베푸는 것이 아
니요, 갖지 않은 자가 베풀며 쓰는 그
와 같은 거꾸로 가는 세상이 되었으며
그 모든 형태가 지금 거꾸로 가고 있
음이니,
12 너희들이 하늘에 오르는 길을 옴이 아
니요, 지옥으로 가는 길을 위하여 용
감하고 자신 있게 살아가는 그와 같은
삶을 사느니라.
13 가진 자가 베푸는 것이 아니라, 없는
자가 가진 자에게 득을 보고 무엇인가
를 구하기 위하여 그저 쓰고 바치는
그와 같은 형국이 되어 있는 것이 지
금의 세상이니라.
14 그러면 내가 너희들에게 무어라 말하
였느냐?
15 모든 선물을 받았으며 모든 베풂을 받
았을 때 배로 갚으라 하였음이니라.
16 그와 같은 마음으로 갚는다면 이와 같
은 형국은 이루어지지 아니하였을 것
이니라.
17 지금 세상 너희들이 살아가는 것이 있
는 자나 가진 자가 베푸는 것이 아니
라, 없는 자가 가진 자에게 베풂을 받
고자 모두를 다 바치는 그와 같은 웃
지 못할 형국이 되어 있음이니,
18 정녕 너희들이 나의 뜻에 의해 행한다
면 가진 자가 어려운 자로부터 받았을
때 두 배를 줄 수 있는 그와 같은 마음
이 사랑이라 하였음이니,
19 너희들의 조직의 집단에서도 어려운
직원이 상사에게 무엇인가를 바쳤을
때 상사는 상사로서 직원보다 너그러
움이니 배로 주는 것이 사랑이요, 실
천이라 내가 말하였음이니라.
20 그러니 지금의 세상이 얼마나 거꾸로
가는가?
21 없는 자가 바치고 써야 되며, 가진 자
는 그 대우를 받으며, 그와 같이 잘못
되어 있는 것이 바로 지금의 형국이니
라.
22 이것을 어찌 바로잡겠는가?
23 이것은 나의 진리와 나의 뜻과 내가
원하는 나 여호와의 심성을 알지 못하
는 자는 영원히 행할 수 없음이니라.
24 그리하여 내가 나의 법전에 모두를 다
기록하여 이렇게 너희들을 깨우치고
자 손에 쥐여 줌이니, 너희들은 이를
읽고 정독하여 바로 살아야 될 것이
아니던가?
25 너희들이 한번 생각해 보라.
26 가지고 있고 능력 있는 자가 밑의 사
람에게 베풀어야 되지 아니하는가?
27 그런데 이 세상은 없는 자가 있는 자
를 위하여 바치고 쓰는 그와 같은 세
상이 되어 있음이니 이를 어찌하여야
되는가?
28 가진 자는 없는 자에게 베풀어 주고
그 몇 배를 거둬들이고자 하며 그와
같이 이용을 하며, 또한 가진 자를 이
용하고 활용하여 저희들이 부를 더 축
적하는 데 적은 것을 베풀어 큰 것을
얻을 수 있도록 그리 이용하고 악용하
는 것이 지금의 세상이니,
29 그러나 갖지 아니한 자와 약한 자는
그래도 그 어려운 고통 속에서 그를
받아들여야만 저희들의 생명줄을 유
지하며 존속할 수 있기에 그 악행에
따라 너희들이 그저 따라가고 순응하
는 그와 같은 방법으로 살아가지 아니

하는가?
30 너희들 세상에 가진 자가 소위 고금리
라 하여 그 대가를 거둬들이며, 조금
베풀어 주고 몇 배를 거둬들이는 그와
같은 방법으로써 지금의 세상이 흘러
가니, 그리하여 가진 자가 천국에 갈
수 없다는 것이니라.
31 그러나 고금리와 같은 비싼 대가를 치
르도록 하지 아니한다 하면 이 세상은
천국이요, 아름다운 세상이 될 것이
며, 없는 자도 즐거운 삶을 사는 세상
을 이룰 수 있을 것이며, 그들이 기회
를 얻어 자립함으로 또 다른 사람들을
깨우쳐 주어 재기할 수 있는 능력을
베풀어 줄 것이니, 이것이 아름다운
세상이니라.
32 가진 자가 베풀어 줄 때 없는 자가 재
기할 수 있으며, 또 재기한 자가 어려
운 자에게 베풀어 줄 수 있도록 그리
가야 되나,
33 지금은 없는 자가 윗사람에게 바치며
없는 자가 긁어모아 가진 자에게 갖다
바치는 이와 같은 형국으로 세상이 거
꾸로 되어 있음이니라.
34 이것이 바로 너희들의 오늘의 현주소
이기에 오늘의 이와 같은 형태로써는
너희들이 구원을 받을 수 없으며, 천
국의 문을 올 수 없으며, 천국의 문의
빛을 볼 수 없다 함이니라.
35 이제 내가 너희들에게 깨우쳐 말하니,
그와 같은 형국으로 살아가는 자는 나
의 앞에 와 심판을 받을 것이며, 너희
들이 반드시 거기에 대한 재판을 받을
것이니라.
36 그리고 거기에 대한 너희들의 죗값을
치를 것이니 이를 명심하여 행하도록
하라.
37 가진 자는 무조건 베풀라.
38 베풀지 아니하면 아니 됨이니라.
39 너희들이 50퍼센트의 구원의 길에 들
어서 있으며 나머지 50퍼센트는 너희
들이 재물을 베풀어 구원의 길을 얻으
라 함이 여기 있으니, 그를 베풀지 아
니하고 너희들이 구원의 길을 받지 못
하고 지옥으로 가는 그와 같은 형국에
돌입하지 말라.

## 3,286 번째 하나님 말씀

*2002년 9월 6일 11시 32분*

1 사랑하는 나의 아들아!
2 "네, 아버님! 말씀하옵소서."
3 오늘의 너의 제자들에게 나 여호와의
뜻을 이리 전하라.
4 너희들이 인간 세속의 집단에서 살아
갈 때 너희들에게 직급이라는 것이 있
느니라.
5 너희들의 직급이 밑에서부터 성장하
여 하나하나 쌓아 올라감이니, 너희들
의 경영주가 어느 날 부장이라 하는
말단직에 있는 자를 사장이라 하는 가
장 높은 자리에 앉혀 놓았다 하면, 아
직 성숙되지 않은 자를 미래를 보고
임명한 것이 그 운영하는 자요, 경영
주의 자세가 아니던가?
6 그렇다면 아직 부족한 자를 경영자의
자리에 앉혔다고 하면 그는 어찌 노력
하여야 되는가?
7 그 자리에 버금가도록, 그를 앉혀 주
고 명한 자를 실망시키지 아니하고 욕

되지 아니하게 많은 저희들의 임직원
에게 능력이 있음을 보여 주는 것이
도리가 아니더냐?
8 나는 너희들에게 묻겠노라.
9 너희들이 과연 나의 아들의 신부가 되
어 나의 가슴에 올 자격이 있는가?
10 너희들은 없다 하였음이니라.
11 그러한 너희들을 내가 신부라 명하며,
너희들 가족까지도 모두를 다 신부라
명하였음이니, 그리고 구원을 받는 그
영광의 길을 너희들에게 열어 주었음
이니, 너희들이 어떠한 자세를 가지고
어떤 형태로써 임하여야 되며 살아가
야 되는가?
12 이 이치를 너희들은 정녕 깨우쳐 보고
생각해 보았는가?
13 너희들이 이 대목을 너희 스스로 짚고
넘어가야 될 것이니 이를 잊지 말라.
14 내가 너희들을 영원히 구원해 주는 창
조주로서 그 누구도 그 길을 올 수 없
으며, 수천 년 흘러오는 그 세월 속에
세상에 왔다가 죽어 간 수억의 그 백
성들이 바라는 것이 그 길이며,
15 모든 종교 지도자들이 또 그 길을 인
도한다 하며, 그곳에 이르기 위하여
너희들이 많은 금화와 은화와 재물을
바치며 지금 티켓을 사고자 몸부림치
는 것이 아니던가?
16 그러나 누구도 올 수 없는 그 자리에
열여섯 가족 그 모두를 다 내가 신부
라 명하여 그 자리에 갖다 놓았음이
니, 너희들이 그를 받은 자라 하여 태
만하고 오만하면 되겠는가?
17 너희들이 어찌 살아가며 행해야 되겠
는가?
18 나 여호와가 수십억 인구 중에서 너희
들을 선택하였음이니, 너희들은 내가
너희들에게 그 직함을 주고 명한 것에
버금가는 그 이상의 노력을 경주하여
야 되지 아니하는가?
19 그리 노력하는 것만이 너희들이 나에
게 보답하는 길이요, 구원을 받는 길
이 아니던가?
20 어찌하여 너희들은 그 이치를 깨닫지
못하며 그 은혜의 감사함을 모르고 살
아가는가?
21 너희들이 얼마나 소중한 백성들이면
내가 그 누구도 받을 수 없는 그 영광
의 자리에 너희들을 명했던가?
22 내가 나의 아들을 통하여 나의 법전을
가르치며 나의 뜻을 강론하는 이 순간
에 나 여호와가 지금 여기 앉아서 그
문을 열고 들어오는 너희들을 기다린
다고 생각해 보라.
23 내가 자격이 없는 너희들을 경영주로
만들었다 하면, 그 경영주가 잘 가고
못 가는 것을 그 윗사람은 볼 것이니
라.
24 내가 부족한 너희들을 신부라 명하여
너희들을 가르치고 깨우치는 것은 나
의 법전을 공부하며 나의 성전에 와
내가 나의 아들을 통하여 내리는 그
성령의 뜻을 너희들이 들어야 함이니,
25 너희들이 와서 공부하는 그 시간이,
내가 선택한 소중한 나의 백성들이 오
는 것이 나에게 가장 큰 기쁨이고 즐
거움이니, 나 여호와가 나의 아들이
앉아 있는 이 자리에 앉아서 너희들이
문을 열고 들어오는 것을 기다리고 바
라보고 있다 하면 너희들은 과연 어찌

하겠는가?
26 그는 엄연한 사실이니라.
27 너희들이 소중하기에, 너희들이 강론
을 들으며 공부하는 그 시간에 너희들
이 성전의 문을 열고 들어오는 것을
내가 보고 있으며 내가 너희들을 기다
리고 있다 생각하면, 너희들은 어찌해
야 하겠는가?
28 나 여호와의 마음을 너희들이 어찌해
야 되겠는가?
29 너희들이 이 성전의 문을 열고 들어와
야 하는 그 시간에 너희들이 길거리를
방황하며 너희 마음을 잡지 못하여 딴
일로써 이 성전에 들어오는 것을 거부
한다면, 나 여호와의 마음이 얼마나
아프고 저려오는가를 너희들은 알겠
는가?
30 정녕 내가 너희들에게 매질을 하여 이
성전을 찾도록 그리해야 될 것인가?
31 그리한다면 너희들에게 고통과 시련
만이 더 가중될 것이니라.
32 너희들이 아직 깨닫지 못하기 때문이
니라.
33 너희들은 오늘부터 가슴에 깊이 새겨
야 될 것이니라.
34 내가 나의 강론을 전하며 나의 아들이
나의 법전을 전함이니, 그 아들이 제
대로 가르치며 그 아들이 바로 섰는
가, 또는 내가 지금 나의 아들이 앉아
있는 이 자리에 대신 앉아 너희들이
문을 열고 오는 모습을 기다리고 있다
하면,
35 너희들이 웃으며 들어오는 그 모습을
볼 때 나 여호와의 기쁨은 어떨 것이
며, 너희들이 그 문을 하루 종일 열고
들어오지 아니할 때 나 여호와의 기다
리는 마음은 어떠할 것인가?
36 이는 나의 아들이 너희들을 기다림이
아니요, 창조주인 나 여호와가 너희들
을 기다림이니, 내가 왜 기다리겠는가?
37 창업주가 그 사람의 인격을 보고, 그
사람의 미래의 능력을 보고, 모든 임
직원의 반대와 그들의 반발을 무릅쓰
고 밑에 있는 자를 높은 자리에 앉혀
경영하도록 했다 함이니,
38 그가 바로 갈 수 있는가 없는가, 그를
시험하고 훈련시킨 것이 과연 잘한 것
인가 잘못한 것인가?' 하여 그가 능력
을 발휘할 때까지 그 창업주는 단잠을
이루지 못할 것이며, 그의 고민은 말
할 수 없을 것이니라.
39 바로 나 여호와의 심정이 그러하니라.
40 너희들이 바로 설 수 있고, 내가 신부
라 선택한 그 대가를 너희들이 이룰
수 있으며, 그 임무를 다할 수 있는 것
은 너희들의 20퍼센트의 마음 자세이
며, 나는 너희들을 80퍼센트 믿고 있
느니라.
41 80퍼센트를 믿고 있는 나 여호와가
너희들의 육의 삶이요, 육의 생활 속
에서 너희들이 20퍼센트를 어찌 쓰느
냐 그것을 시험함이니, 이것은 내가
너희들에게 능력을 주지 못함이 아니
니라.
42 너희들이 스스로 계속 그 길을 갈 수
있을 것인가, 그렇지 않으면 내가 너
희들의 손을 놓아야 될 것인가 하는
것은 너희들의 20퍼센트에 달렸음이
니,
43 내가 신부라 명했거늘, 어찌하여 나의

성전에 와 그 정해진 시간에 강론을
들으며 나의 성령의 음성을 직접 들으
며 나의 법전을 같이 공부하며 깨달아
야 할 너희들이 감히 그 시간에 들어
오지 아니할 수 있는가?
44 그리고 너희들이 그 시간에 찾지 아니
할 때 나 여호와 창조주의 마음이 과
연 어떻겠는가?
45 너희들이 공부하는 시간에 내가 같이
하며, 너희들이 이곳에 와 있는 동안
에 내가 같이한다는 것을 잊지 말라.
46 이는 세상에 하나밖에 없는 나의 성전
이요, 여기 오는 나의 백성 너희들로
하여금 이 세상을 정화하는 천 년의
역사를 이루는 길이 여기서부터 열리
기 때문이니라.
47 그리고 내가 너희들에게 말하지 아니
하였느냐?
48 너희들은 내가 여기 와서 너희들을 기
다린다는 그 말의 뜻을 전하여야만 깨
닫겠는가?
49 너희들이 얼마나 어리석은 자들이냐?
50 너희들이 법전의 뚜껑을 열 때 내가
너희들과 같이한다 하였음이니, 나의
아들이 너희들에게 나의 법전을 가르
치며 나의 성령을 가르칠 때 너희들은
나의 법전의 뚜껑을 깊숙이 엶이니라.
51 배운 만큼 열며 배운 만큼 너희들이
그 페이지를 엶이니, 내가 어찌 여기
에 와 상주하지 않겠는가?
52 그 이치를 깨닫는다면 내가 여기 와서
너희들이 들어오고 안 들어오고, 오고
안 오는 것을 보며, 안 오는 자를 애절
하게 기다리고 있다는 그 뜻을 너희들
은 알 것이니라.
53 그렇지 아니하면 내가 공의의 하나님
이 아닌 것을 너희들은 알라.
54 너희들이 이 시간에 나의 성전을 찾아
오는 그 웃는 모습을 보기 위하여 나
여호와가 여기 앉아서 너희들을 기다
림이니, 이를 잊지 말라.
55 이는 엄연한 사실이며, 창조주 내가
오늘 너희들의 가슴에 전하는 뜻이니
이를 깊이 명심하여 생각하고 행하도
록 그리하라.

## 3,287 번째 하나님 말씀

*2002년 9월 6일 11시 39분*

1 사랑하는 나의 아들아!
2 "네, 아버님! 말씀하옵소서."
3 내가 신부라 명한 열여섯 가정 너희들
은 성전에 들어와 나의 법전을 공부하
며 나의 뜻에 따라 강론을 듣는 그 순
간만이 내가 너희들과 같이한다는 그
러한 생각을 거두라 말하라.
4 너희들이 잠자고 먹고 쉬는 그 모든
24시간 속에 나 여호와가 너희들을
바라보며 너희들을 지켜봄이니, 너희
들이 그와 같은 마음 자세로써 살아야
됨을 잊지 말라.
5 너희들은 내가 너희들의 살아가는 모
습이요, 너희들의 행함을 바라본다는
그 한 가지로 생각을 하지 말라.
6 모든 면에서 내가 너희들을 다 바라보
고 있음이니, 너희들이 모든 인간사에
살아가는 그 형태에서 바르고 곱게 살
아가는 그 모습이 아니면 너희들은 정
녕 견딜 수 없으며, 나로부터 버림을
받는다는 것을 알라.

7 내가 너희들과 같이하며 너희들의 일
거수일투족을 다 바라다보며 너희들
을 내가 지켜보고 있음이니,
8 너희들이 만백성을 상대하고 거래함
에 있어서 내가 너희들을 직접 바라보
고 행한다는 그와 같은 생각을 잊어서
는 절대로 안 되는 것이니라.
9 내가 너희들의 모인 장소나 너희들의
행함이요, 너희들이 개인이나 집단에
서 단체로 행할 때 나의 성령이 너희
들의 움직임을 하나하나 다 바라보고
있으며 지켜보고 있다는 것을 잊지 말
라.
10 그러기에 너희들이 나에게 소중함이
니라.
11 너희들의 육의 세상에서도 너희들이
자식을 어찌 관리하는가?
12 너희들의 아들이나 딸들을 관리하는
것은 넘어질라 쓰러질라 다칠라 그와
같이 보호하며 살아가지 않는가?
13 지금 나의 피조물 만백성 중에서 나의
아들 예수를 2천 년 전에 숨을 거두게
했으며 그리하여 그 성령의 뜻이 세상
에 내려오지 아니하여 암흑의 세상이
2천 년 동안 흘러내려 오니, 지금의
모든 종교 집단들이 우후죽순처럼 뻗
어나가 이 지구를 덮고 있으며 이 세
상을 덮고 있다 하였음이니라.
14 그 모두를 거둬들이며 깨끗한 천국과
같은 나라요, 하늘의 낙원처럼 지상의
낙원을 이루고자 새 역사를 이루어 나
가는 너희들에게 내가 혈통이요, 나의
성령으로 충만된 자식이라 하였음이
니라.
15 그 열여섯 신부들이 다 그와 같은 자
식들이니, 너희들이 육에서도 너희 자
식을 보살피는 것이 어떠하던가?
16 이웃의 자식보다 너희 자식을 더 사랑
하며 만백성보다 너희 자식들을 더 사
랑하고 살아가는 것이 너희들이 아니
던가?
17 썩어 가는 이 지상을 바로잡기 위하여
내가 지금 신부라 명한 너희들은 바로
새 역사를 이루는 나의 혈통의 자식들
이기에, 너희들이 얼마나 소중하며 귀
한 것인가를 너희들은 알아야 될 것이
니라.
18 너희들이 귀한 자식이요, 소중하다는
것을 안다 하면, 나 여호와가 너희들
로부터 잠시도 눈을 돌리지 아니하며
내가 바라보지 아니함이 없음이니,
19 내가 너희들을 항상 바라보고 너희들
을 보호하며 너희들과 같이 살아가고
있는 이 현실을 너희들은 알아야 할
것이니,
20 만백성과 대화하고 살아갈 때 내가 너
희들과 같이하고 있다는 것을 잊어서
는 안 되며, 항상 그러한 상태에서 너
희들이 살아가는 삶을 바로잡아야 될
것이니라.

## 3,288 번째 하나님 말씀

*2002년 9월 6일 11시 45분*

1 사랑하는 나의 아들아!
2 "네, 아버님! 말씀하옵소서."
3 나의 법전을 깨우치고자 하는 모든 백
성들에게 일깨워 주라, 너희들이 마음
의 동요나 마음의 파장이 있는 그와
같은 믿음으로 가서는 절대적 구원을

받을 수 없다는 것을.
4 너희들이 천 길 낭떠러지에서 하나의
나뭇가지를 붙잡고 매달려 있으며, 너
희들이 놓으면 죽는 하나의 밧줄에 매
달려 지금 그 밧줄에 목숨을 걸고 있
는 그와 같은 형국이라 하자.
5 그와 같이 매달려 있는 형국에서 힘이
들고 어렵다 하여 더 지탱할 수 없어
천 길 낭떠러지에 나뭇가지를 붙잡고
있는 자가 그 손을 놓으면 그는 떨어
져 죽음이니, 두 번 다시 잡을 수가 없
지 않은가?
6 밧줄에 매달려 있는 자도 또한 마찬가
지이니라.
7 그게 힘들고 어려워 그 줄을 놓았을
때 너희는 영원히 살 수 없으며 죽음
의 길을 가게 됨이니, 너희들이 그를
다시 잡을 수 없음이니라.
8 바로 믿음이 그러하니라.
9 너희들이 나를 향하여 꾸준한 그 믿음
을 오다가 마음이 잠깐 변하여 너희들
이 나를 버리고 떠났을 때 그것은 무
엇이더냐?
10 바로 천 길 낭떠러지에서 매달린 그
밧줄을 힘들고 어렵다 하여 놓음이니,
그것은 너희들이 돌이킬 수 없는 죄이
니라.
11 나를 잠깐 잊으며 나를 버리고 너희들
이 떠났을 때, 너희들은 영원히 돌아
올 수도 없는 것이며 그 죄가 얼마나
무서운 것인가를 알아야 될 것이니라.
12 천 길 낭떠러지에서 떨어지는 것과 마
찬가지로, 너희들이 살아가면서 나를
향하는 그 믿음의 마음을 잠시 지우며
너희들의 마음이 사탄이나 사악한 쪽
으로 흘러갈 때 그 한 번의 순간에 너
희들은 모두를 다 잃고 죽음이니 다시
잡을 기회가 없음이니라.
13 나의 성전에 와서 공부를 하다 떠난
자는 두 번 다시 돌아올 수 없음이 여
기 있음이니라.
14 한 번 떠난 자는 영원히 버림을 받아
천 길 낭떠러지에서 손을 놓는 자와
마찬가지니, 너희들이 다시 성전에 와
서 공부할 수 있는 것은 그 밧줄을 잡
을 수 있는 그 나뭇가지를 붙잡고 너
희들이 살아서 구원을 받을 수 있는
그와 같은 노력과 그와 같이 모두를
다 바치지 아니한다면 너희들에게 기
회가 없는 것이니, 이것의 무서움을
알라.
15 너에게 공부하며 열여섯 가정의 신부
라 명한 너의 제자들 중에 마음이 흔
들리며 왔다 갔다 하는 자는 한 번의
마음이 흔들림으로써 나를 영원히 놓
음과 마찬가지이니라.
16 오늘 이후부터 그들에게 이를 깨우쳐,
그들이 깨달았다 하면 그와 같은 마음
을 갖는 자, 정녕 아무리 나의 성전에
와서 공부를 하며 나의 뜻에 귀를 기
울인다 해도 이미 그는 내가 손을 놓
은 자이니 그는 역사할 수 없는 것이
니라.
17 오늘 이후부터 그와 같은 마음을 다
정리하며, 두 번 다시 떠나는 마음, 흔
들리는 마음의 자세로써 믿음에 행하
지 말라 이르라.
18 믿음은 장난이 아니며, 하늘에 오르는
길이 그와 같이 오고 싶으면 오고 가
고 싶으면 가는 길이 아니니라.

19 마음을 한결같이 한 길을 향하여 달려
오며 그와 같이 변함없는 그 믿음의
길을 갈 때 구원을 받는 것이요, 순간
에 마음을 끊으며 나의 성전에 발을
끊을 때 그는 벌써 그 밧줄을 놓아 떨
어졌으며 천 길 낭떠러지에 나뭇가지
를 놓고 떨어졌음이니, 그게 바로 두
번 다시 잡을 수 없는 것이 아니더냐?
20 그와 같은 이치를 깨우쳤다면 너희들
은 오늘 이후부터 흔들리고 동요가 있
는 마음을 갖지 말라.
21 차라리 흔들리고 동요가 있는 자는 그
손을 영원히 놓으라.
22 놓았다 잡았다 놓았다 잡았다 하는 그
어리석은 행위를 하지 말라.
23 한 번 놓은 것은 다시 잡을 수 없는 것
임을 알라.
24 이후부터 너희 열여섯 가정의 신부는
그를 용서치 아니할 것이니라.
25 그리고 만백성은 이와 같은 깨우침의
진리를 깨달아, 너희들이 행하여 구원
을 받고 못 받는 것은 너희들 자신에
게 달렸음을 알라.

## 3,289 번째 하나님 말씀

*2002년 9월 6일 18시 33분*

1 사랑하는 나의 아들아!
2 "네, 아버님! 말씀하옵소서."
3 네가 이 세상에 존재함으로 인하여 무
엇이 두려우며 무슨 근심 걱정이 있던
가?
4 나의 성령과 나의 법전으로써 네가 모
두를 지탱하도록 내가 너에게 모두를
내려 주었으며, 또한 네가 모든 사람
들을 치료할 수 있는 그와 같은 권능
을 내가 너에게 주었거늘, 너는 어찌
하여 그를 활용하지 아니하고 그리 가
는가?
5 너는 어찌하여 그와 같은 능력과 기적
을 발휘하지 아니하고, 네가 스스로
깨우침의 한계를 넘고 또 더 넘은 다
음에 그를 행하려 하며 그와 같이 겸
손한 마음으로 가는가?
6 내가 우선 비만이라 하여 뚱뚱해서 고
생하는 사람들, 그리고 또 외부의 어
떠한 고통에 있는 사람들, 그러한 사
람들을 치료할 수 있는 그와 같은 권
능을 너에게 주었거늘, 어찌하여 너는
그를 행하지 아니하고 그리 피하는가?
7 내가 모두를 지탱할 수 있는 능력을
너에게 주었음이니 네가 활용하고 움
직이면 될 것이거늘, 어찌하여 너는
그 길을 선택하지 아니하고, 더 높은
경지와 더 높은 깨달음이 있고 너 자
신이 완벽해질 때까지 그리 견디고 가
려 하는가?
8 "전지전능하신 아버님!
9 저 스스로 아직은 할 수 없사옵나이다.
10 모든 게 두렵고 겁이 나옵나이다.
11 제가 아직 완벽하게 보지 못하며 완벽
하게 진단을 할 수 없사옵나이다."
12 그러기에 내가 서서히 치료하는 길과
그들을 다스리는 길을 알려 주지 아니
하였는가?
13 다만 네가 주저하는 것은 나의 법전을
읽고 나의 성전에 와 너의 강론을 들
으며 한 식구가 되지 아니하면 네가
기적을 이루지 아니하려 함을 내가 아
느니라.

14 그는 의당 지켜야 할 것이니라.
15 이제는 나의 성전에 와 너희들과 같이
공부하는 자, 그리고 법전을 읽고 깨
우친 자, 그와 같은 자가 아닐 때 네가
행하지 않으려 함을 내가 아느니라.
16 그는 네 뜻이 옳음이니라.
17 그리하여 새로운 시대에 새로운 왕국
을 이루어 가며 새 시대의 역사를 이
루어 가는 데 동참할 수 있는 사람들,
네가 같이 갈 수 있는 백성들과 더불
어 서서히 같이 가고자 하는 것을 내
가 아느니라.
18 그러나 너는 여기서 생각을 해야 될
것이니라.
19 먼저 네가 그들에게 기적의 역사를 보
여 줘서 그가 너를 따르도록 하는 길
이 있으며, 그들이 깨우쳐서 믿을 때
네가 그들에게 역사할 수 있는 방법,
중 둘 중의 하나를 선택하는 것은 네
자유이나, 네가 그 둘 중에 어떤 것을
선택해도 그는 무방하다 생각하느니
라.
20 너는 이제 네가 존재함을 만백성에게
서서히 보여 줄 때가 되었음이니라.
21 네가 그들에게 기적을 이루고자 할 때
내가 너에게 역사할 것이거늘, 어찌하
여 네가 그와 같은 것을 문을 닫고 열
지 아니하려 하는가?
22 "전지전능하신 아버님, 그리고 창조주
이신 아버님께 제가 감히 말씀을 올리
옵나이다.
23 인간의 마음의 깊은 그 심성이 어디까
지인지, 그 변화가 어디까지인지, 그
리고 제가 어디까지 주어야 정녕 그들
도 다 저에게 주는 것인지 그 한계를
모르겠사옵나이다.
24 아버님께서 말씀하시기를, '네가 다
주었을 때 그도 마찬가지로 다 준다.'
하셨으나 아무리 제가 그와 같은 마음
을 갖고 산다 해도 제 마음을 이해 못
하며 제 입장을 이해 못 하는 그와 같
은 사람들 속에서 그들이 등을 돌리고
돌아설 수 있으며 떠날 수 있는 여건
은 항상 잠재해 있는 것 같은 그러한
불안한 마음을 지울 수가 없사오니,
25 아무에게나 기적을 이룰 수 없으며,
아무에게나 역사를 이룰 수 없으며,
아무에게나 의식주를 해결할 수 있는
그와 같은 길을 열 수가 없어 불안하
옵나이다.
26 그리하여 성전에 와서 공부하며 법전
을 읽고 깨우쳐 그가 완벽히 저희 식
구가 되었다 생각할 때 그들을 위하여
서서히 뿌리를 내려가는 것이 제가 할
수 있는 길이라 생각하오며 실수가 없
을 것이라 생각하옵나이다."
27 사랑하는 나의 아들아!
28 "네, 아버님! 말씀하옵소서."
29 네가 미래의 일을 지금 당겨서 하는
것이기에, 그 모두는 너의 주관이요,
너의 뜻에 의하여 행하도록 그리하라.
30 네가 지금 많은 법전을 세상에 내며 6
일이라는 그 기간에 한 권의 법전을
내니, 10년의 역사에 걸쳐 낼 160권을
네가 2년이라는 그 짧은 기간에 그 역
사를 이루니,
31 네가 변하는 것도 거기에 맞추어 변하
게 됨이니 네가 불안하고 초조하며 겁
먹는 마음으로써 가고 있는 것을 나
여호와는 아느니라.

32 서서히 다스려 가고자 한다면 네가 그
리 다스려 가도록 하라.
33 아직까지 시간이 있으며 네가 아직 생
각할 시간이 있으며 네가 앞으로 역사
할 시간이 많이 남아 있음이니, 그는
너의 선택이니 네 선택대로 그리하도
록 하라, 나의 아들아!

## 3,290 번째 하나님 말씀

*2002년 9월 6일 18시 45분*

1 사랑하는 나의 아들아!
2 "네, 아버님! 말씀하옵소서."
3 오늘 나의 법전을 공부하는 지도자 반
에 있는 너의 제자들에게, 너희들이
공부하러 오는 그 시간에 내가 미리
와 기다린다 하였으며, 너희들이 들어
오는 그 모습을 보는 것이 나의 즐거
움이라 말하였느니라.
4 너는 주일에 공부하며 나의 성령을 듣
고자 모이는 너의 제자들에게, '너희
들이 매일 와서 공부하는 그 시간에
나 여호와가 너희들과 항상 같이하며
내가 너희들을 기다리고 있노라.' 그
리 말하라.
5 너희들이 웃는 모습으로 나의 성령을
들을 때 나 여호와의 기쁨이 이루 말
할 수 없음이니, 이 점을 그들에게 깨
우쳐 주라.
6 그리고 그들의 모든 행함에 있어서 내
가 그들과 같이 존재한다는 것을 그들
에게 깊이 깨우쳐 그 머릿속에 깊이
심어 주어야 될 것이니라.
7 이는 엄연한 사실이니라.
8 내가 새로운 역사를 이루며 하늘에서
이루어진 것같이 이 지상에서 낙원을
이루는 그 대업을 맡은 나의 아들이
요, 너를 따라가는 너의 제자들이 너
와 같은 나에게 소중한 아들딸들이니,
9 그들이 와서 나의 성령을 들으며, 네
가 전하는 그 뜻을 들으며, 내가 원하
는 것을 그들이 한 자 한 자 깨우쳐 갈
때, 하나의 뜻을 깨우치며 둘의 뜻을
깨우쳐 갈 때 나 여호와의 기쁨이 한
량없음이니, 그와 같은 나의 뜻을 그
들에게 꼭 전하여, 그들에게 내가 저
희와 같이 행함을 알라 그리 전하라.
10 너는 너의 제자들에게 전하라.
11 너희들은 게을러서도 아니 되며, 중단
해서도 아니 되며, 어렵고 힘들다 하
여 포기하는 나의 아들과 딸들이 되지
말라.
12 이 세상의 모든 승자는 너희들이며,
모든 영화 또한 너희들이 누릴 것이니
라.
13 너희들 이름이 지상에서 길이 빛날 것
이며, 그 이름이 그대로 나의 나라 천
국에 올라오며 너희들이 내 앞에 오게
되어 있음이니, 그 영광됨을 버리지
말라.
14 너희들이 지금까지 살아온 인생사에
서 무엇을 그리 아름답게 살았으며 무
엇을 너희들 이름 석 자를 세상에 내
놓을 수 있으며, 너희들이 이 세상에
와서 살다 죽었을 때 너희들이 남길
것이 과연 무엇이 있는가?
15 미미한 존재요, 미미한 삶을 살아가는
것이 너희들이니라.
16 그러니 너희들이 그리 살다 죽어 간
들, 너희들에게 무엇이 남으며 누가

너희들을 기억해 줄 수 있는가?
17 그러나 너희들은 나로부터 선택된 백
성이니라.
18 그리하여 나의 법전에 너희들의 이름
이 기록되어 영원히 존재하며, 나의
법전에 기록되어 구원을 받은 자, 너
희들은 천국의 문에 들어설 수 있음이
니, 그보다 더 큰 은혜와 영광이 있으
면 너희들이 선택해 보라.
19 너희들이 나의 법전에 기록되는 내용
을 정독하고 정독했을 때 너희들은 진
정한 나 여호와의 뜻이요, 진리라는
것을 알게 될 것이며, 그것을 알고 법
전을 읽고 나의 성전에 와서 공부하는
자, 너희들이 앞으로 받을 그 영광을
스스로 버리는 일이 없도록 하라.
20 내가 너희들에게 5달란트의 역사를
이루어, 너희들에게 재능 있는 자 의
식주를 해결하도록 하나하나 너희들
의 인간사에 살아가는 육의 삶의 기틀
을 잡아 줌이니, 살아 있는 나 여호와
의 은혜와 영광을 받는 것이 너희들이
니라.
21 그러한 너희들이 잘못 생각하고 일순
간의 사욕을 버리지 못하여 지옥 불에
가는 그와 같은 죄를 범하지 않도록
그리 깨우쳐야 될 것이니라.
22 그리하여 너희들이 바로 설 수 있도
록, 내가 너희들과 같이하고 있으며
항상 너희와 같이 있음을 깊이 심도록
하라.
23 그리고 너희들이 주일이라 하여 공부
하는 그 시간에 나 여호와가 이곳에
와 나의 아들이 강론하는 것을 들으며
나의 아들이 가르치고 지적하는 것을
들음이니,
24 그리하여 강론을 듣고 공부할 때 내가
너희들에게 하나씩 직접 깨우쳐 주는
것은 그때마다 나의 아들을 통하여 너
희들에게 말을 전하게 함이니라.
25 그 역사를 너희들은 모르는가?
26 나의 아들이 너희들에게 나의 법전을
가르치며 나의 성령을 받아 가르칠
때, 내가 너희들의 이름을 부르느니라.
27 '너는 무엇을 고치며, 너는 어찌 될 것
이라' 내가 그리 이야기하니, 그것은
내가 나의 아들 옆에 앉아 있음이니라.
28 그리하여 나의 아들에게 그때그때 명
하여 너희들의 이름을 호출하게 하며,
너희들이 고치고 시정할 것, 너희들에
게 닥칠 불행, 그리고 너희들이 어렵
고 시련을 겪게 될 것을 미리 깨우쳐
주어 그를 예방하도록 하며 그를 다스
리게 하고자 함이 여기에 있음이니라.
29 내가 '준이네'라 하는 그 식당을 만들
어 준 것도 바로 너희들은 알고 있지
않은가?
30 '김철종'과 '조현숙' 부부의 아들인 '준
환'이가 교통사고로써 위험을 느끼며
그가 생명을 잃게 되는 그와 같은 고
난을 추운 겨울에 겪게 되니라.
31 미끄러진 차로 하여금 그 아이가 부딪
쳐 생명이 위험하게 되니, 그를 예방
하고자 그가 많은 사람들에게 덕을 베
풀게 하기 위하여 남들이 행할 수 없
는 저렴한 가격과 봉사하는 마음으로
써 가장 친절하게 그 식당을 만들어
많은 사람들에게 베풀어 덕을 쌓으라
하였음이니,
32 그리하여 내가 너희들에게 모두를 고

쳐 주며 그때그때 시정케 함은 바로
무엇이더냐?
33 내가 너희들과 같이 있기 때문이며,
나의 아들을 통하여 너희들에게 내가
명함이니라.
34 나의 아들이 있는 곳에 내가 같이 있
으며, 너희들이 있는 곳에 또한 내가
같이 있음을 너희들은 알아야 될 것이
니라.
35 내가 그 '준환'이의 외할아버지로 하
여금 금화와 은화를 '김철종'에게 전
하도록 한 것도 또한 나의 뜻이며 나
의 계획임을 너희들은 알아야 될 것이
니라.
36 (위의 말씀에 대해 설명을 드리겠습
니다.
37 '준환'이의 외할아버지가 '김철종'을
도와주었다고 그리 주시는 말씀은 이
러한 내용입니다.
38 하나님께서 말씀하시기를, 5달란트를
주었을 때 10달란트를 만들 수 있는
재능 있는 자에게 운영할 수 있는 사
업장을 만들어 주어 그 사업장에서 그
가 열심히 일하여 거기에서 얻은 이익
으로 도와준 사람에게 갚고, 또 다른
사람에게 또 하나의 사업장을 차려 주
는 그와 같은 것이 5달란트의 역사의
뜻이라 하셨습니다.
39 그 명에 따라서 제가 김철종 씨에게
'준이네'라는 식당을 마포구 공덕동에
하나 차려 주었습니다.
40 그리하여 '준이네'라는 이름으로 식당
을 계약하고 그를 운영하고자 준비하
는 단계에서, 그를 맡아 움직이는 김
철종 씨는 현금이 천여만 원이 있어야
만 식당의 시설을 꾸려 개업할 수 있
는 그와 같은 어려운 점이 있었습니다.
41 그러던 어느 날 저희가 공부를 할 때
갑자기 하나님께서 조현숙 씨에게 말
씀하셨습니다.
42 조현숙 씨는 김철종 씨의 부인이요,
김준환의 어머니 되시는 분이지요.
43 그에게 말씀을 전하라 하시면서, 그의
친정아버지인 보성군 벌교읍에 사는
조칠봉 씨가 앞으로 위험이 있고 신상
에 어려움이 있을 것이며 고통을 겪을
것이라 말씀하시며, 하나님의 성전에
와서 일주일 동안 공부를 하라 그리
말씀하셨습니다.
44 그리하여 조현숙 씨가 아버지에게 그
말씀을 전했고, 조칠봉 씨는 이곳 만
리동의 성전에 와서 일주일 동안 공부
를 열심히 하셨습니다.
45 그때 마침 저희가 5달란트의 역사를
이루기 위하여 김철종 씨에게 식당을
할 수 있는 65평 되는 건물 하나를 그
의 이름으로 만들어 주어 식당을 운영
하도록 하였을 때, 그가 그 준비 자금
으로써 천만 원이라는 금액이 필요했
습니다.
46 그것을 만들지 못해서 고심하고 있는
것을 그 아버님께서 우리 성전에 와
일주일 동안 공부하시는 동안 깨달으
셨지요.
47 '아! 내가 하나님에게 불려온 것은 우
리 딸과 사위가 만들려는 그 식당에
자금을 지원해 주어야 된다는 그 부름
이로구나.' 그는 그를 깨닫고 내려가
서 천만 원을 보냈으며, 그 돈을 가지
고 식당의 시설을 준비하기 시작하여

사업을 이루고 있는 그 '준이네'라는 식당을 만드는 과정에서 이루어졌던 것을 여기에 기록하는 것입니다.
48 그와 같이 하나님께서는 수시로 말씀을 주십니다.
49 사람들은 하늘에서 명령을 내리는 것으로만 알고 있습니다만, 하나님께서는 항상 저희들과 같이하시며 저희가 또 공부하고 성령의 말씀을 들어 강론할 때 항상 같이 계심을 바로 그렇게 입증하시는 것이라 말씀하셨습니다.
50 그뿐이 아닙니다.
51 사람들의 이름을 순간순간에 부르시며, 그에게 명을 주실 때가 많습니다.
52 '너는 무엇을 고쳐야 될 것이며, 네가 닥치는 불행은 무엇이니 무엇을 고쳐야 될 것이며, 너는 이와 같은 역사를 이루라.' 하여 그리 말씀을 주시니, 항상 옆에서 그리 가르쳐 주시며 저희들에게 은혜를 주시는 하나님이십니다.
53 하나님은 저희들과 항상 같이 계시며, 저희들과 같이 계시기 때문에 그리 저희들에게 은혜를 내려 주신다는 것을 피부로 느낄 수 있습니다.
54 참고하시기 바랍니다.)

## 3,291 번째 하나님 말씀

*2002년 9월 6일 20시 14분*

1 사랑하는 나의 아들아!
2 "네, 아버님! 말씀하옵소서."
3 산천초목이 다 변하며 지구가 변한다 해도 진리요, 참뜻은 변하지 아니함이니라.
4 아들아, 나 여호와가 누구더냐?
5 나는 창조주이니라.
6 이 세상 모두를 다 내가 주관하여 만들었으며, 이 세상의 산천초목 그 모두를 다 내가 주관하여 만들었으며, 모두가 내 뜻에 의하여 한 치의 오차도 없이 그리 움직이고 돌아가는 것이 창조주요, 너희들이 말하는 전지전능한 어버이의 뜻이 아니던가?
7 그 아들인 너는 누구더냐?
8 산천이요, 모두가 다 변해도 나의 진리요, 나의 뜻은 변하지 아니함이니라.
9 그리고 이 세상의 모든 진리요, 순리는 나로 인하여 모두가 존속되며 이어져 감이니라.
10 이 세상이 톱니바퀴보다도 더 정확하게 천년만년의 역사가 흘러도 하나의 오차가 없이 돌아감이니라.
11 너희들이 만든 기계라는 것은 톱니바퀴도 세월이 지나면 낡아서 틀어지며 그 모두가 이격이 생겨 변화되는 것이니라.
12 그렇다면 나의 진리요, 나의 참뜻만이 이 세상에서 변하지 아니하는 것이며, 이 변하지 않는 모든 지상의 움직임이요, 하늘과 땅의 모두를 다 통제하며 그를 관장하는 것이 나 여호와 창조주이니라.
13 그것이 바로 나의 뜻이며, 나에게 관계된 것 이외에는 모두가 다 변하고 변질되는 것이 세상의 이치이니라.
14 그러한 창조주의 아들인 너는 과연 누구던가?
15 네가 나의 아들로서 세상에 나가 나의 삶을 대신 삶이니, 네가 변화되며 네가 흔들림이 있으며 네가 부끄러움이

있는 삶을 살아서야 되겠는가?
16 내가 이 세상에 한 거점을 만들어 나
의 아들을 세상에 내보냈으니, 네가
누구더냐?
17 네가 어찌 살아야 되는가?
18 작은 것에 연연하며 작은 것에 네 얼
굴이 붉어지며 네 마음이 변함이니,
네가 어찌 나의 아들이라 할 수 있겠
는가?
19 이 세상의 모두가 다 변해도, 변하지
않는 것이 나의 진리이니라.
20 그 진리요, 나의 성령으로써 네가 나
의 뜻을 받아 세상에 나감이니, 네 몸
에 나의 성령이 다 임하여 있음이니라.
21 그러한 네가 육의 생각에 의하여 흐트
러지고 무너지는 삶이 있다 하면, 과
연 나의 아들이요, 진리를 만들어 낸,
진리만을 관장하는 창조주인 나의 뜻
이라 하여 나를 대신하여 인간 세상에
사는 너에게 있을 수 있는 일이며 이
루어질 수 있는 일이라 생각하는가?
22 사랑하는 아들아!
23 나 여호와가 모두의 창조주요, 그 진
리요, 나의 뜻에 의하여 움직이니, 이
세상의 모두는 내가 미리 다 만들어
놓은 것이며, 내가 계획한 것이며, 내
가 주관한 것이 하나의 오차가 없이
흘러감이니라.
24 너는 나의 아들이니라.
25 그와 같이 산천 모두가 다 변해도 변
하지 않는 진리만을 세상에 내보내 만
백성을 구하는 창조주 나 여호와의 아
들인 네가 너를 관장하지 못하며 너를
다스리지 못한다면, 과연 너는 어찌하
겠는가?
26 네가 지금도 육의 삶에 연연하여, 나
의 진리만을 추구해야 하는 나의 아들
네가 너를 다스리지 못하며, 네가 참
진리요, 진실된 속에서 성령의 마음으
로 살아가지 못한다 하면, 이는 세상
의 사탄이요, 악마요, 모두가 다 비웃
을 일일 것이며, 그들이 우리 부자를
어찌 보겠는가?
27 내가 너를 아들이라 부름을 어찌 보겠
는가?
28 이래도 네가 자세를 바르게 하지 못하
며 네가 행동을 바르게 하지 못하며
네가 삶을 바로 세우지 못하겠는가?
29 네가 인간 세속의 삶의 모든 인연을
다 저버려야 되는 것이 여기에 있느니
라.
30 너는 성령이요, 진리만을 세상에 전해
야 하며, 진리만을 추구하며, 나에게
있어 나가는 그 모두는 진실된 진리이
니, 그를 추구하는 나의 아들의 자세
가 어떠해야 되겠는가?
31 모든 인연을 다 접어 두라.
32 인간관계의 모든 인연을 접어 두고,
하늘을 보고 나의 아들로서 네가 갈
길을 바로 가야 될 것이니,
33 이제는 네가 얼마나 소중한 자며, 네
가 얼마나 나로부터 귀한 자식이며,
네가 어찌 지켜야 되며 네가 어찌 가
야 되는지를, 이 밤에 너는 그를 깨우
쳐야 될 것이니라.
34 이게 나의 법전이요, 나의 성령이니,
이가 곧 3부가 세상에 나감이니, 그
나의 얼굴들이 그리 나가며 내가 그리
나감이니, 나를 대신하여 전하는 너
자신이 얼마나 소중하고 귀한 자인가

를 네가 알 때가 되었기에 내가 너에
게 일러 주느니라.
35 너는 오늘 이 시간부터 어떠한 오점이
있어서도 아니 되느니라.
36 오로지 나 여호와의 아들이요, 진리만
을 전하는 나의 아들로서, 너는 진리
만을 전하며 하늘에 오르는 그 참빛을
전하며, 그리고 너희들이 살아가는 그
속에서 질서에 위배되는 것이 있어서
는 아니 됨이니, 네 육의 생활의 모두
를 접어야만 됨이니라.
37 모두를 접으라.
38 나의 사랑하는 아들아!
39 너는 나를 대신하여 세상에서 삶이니,
네가 오점을 남기며 실수를 하며 남들
이 보아서는 안 되는 행위를 하며 남
들과 차별화되지 않는 삶을 살아서는
아니 되느니라.
40 네가 몇 가지가 차별화된다고 하여,
일부의 삶이 차별화된다고 하여, 나의
아들이요, 창조주의 아들로서 세상 모
두가 다 변해도 변하지 않는 나의 진
리를 전하는 나 여호와 창조주의 아들
인 네가, 만 가지 중에서 9천 가지가
변했다 하여 네가 변했다 생각하는가?
41 너는 만 가지에서 만 가지 모두가 다
같이 변한 그 삶을 살아야 되는 것이
니, 이를 네가 깊이 깨우쳐 행해야 될
것이니라.
42 이를 보지 못하고 이를 깨우치지 못한
다 하면, 너는 자격이 없으며, 만백성
을 구할 수 없으며, 나 여호와가 내린
이 법전이 다 불태워질 것이며, 이것
이 빛을 발휘하지 못할 것이며, 나 여
호와가 또한 부끄러워 세상의 만백성
을 구한다 하여 그 누구도 다시 내려
보낼 수가 없음이니라.
43 너는 그러한 자이니라.
44 그와 같은 너임을 깨우쳐 행하도록 그
리하라, 나의 아들아!

## 3,292 번째 하나님 말씀

*2002년 9월 6일 20시 25분*

1 사랑하는 나의 아들아!
2 "네, 아버님! 말씀하옵소서."
3 너희들 인간 세속에서 살아가면서 너
희들은 이런 말을 하느니라.
4 '그것참 이빨도 들어가지 아니하며 이
빨 자국 낼 틈도 없다.'는 그런 말들을
너희들은 수없이 하느니라.
5 이는 무엇을 의미하는가?
6 도저히 그 틈에 끼어들 수 없으며, 어
떠한 곳에 저희들이 끼어들 곳이 없으
며 또 끼어들 틈새조차도 보여 주지
아니한다는 즉, 단단한 조직이요, 단
단한 모임이요, 짜여 있는 그 틀을 말
할 때 그와 같은 말을 쓰고 있음이니
라.
7 그러니 지금 그와 같은 말을 쓰는 너
희들은 바로 종교 집단들이 이끌어 가
는 그 조직의 형태가 그보다 더함을
알고 있는가?
8 지금의 종교 집단 너희들이 계속 관
행적으로 내려오며, 그리하고 만백성
을 구원의 길로 인도한다는 그 너희들
의 집단이 이끌어 가고 있는 그 조직
외에는, 너희들이 이끌어 가고 있는
그 방법 외에는, 그리고 너희들이 만
백성을 구한다는 그 종파의 이름 외에

는 아무것도 타협하지 아니하며 돌아
다보려 하지 아니하며 대화하지 아니
하려 하는 것이니라.
9 너희들은 남의 아름답고 좋은 것조차
도 받아들이려 하지 아니하며, 너희들
이 잘못 가고 있으며 죄를 짓고 잘못
사는 것 그 자체도 시인하려 하지 아
니하며, 그를 고치려 하지 아니하며,
그를 바로잡으려 하지 아니하는 것이
너희들의 지금의 집단이니,
10 그 집단이야말로 이빨 하나 들어갈 수
없으며 이빨 자국 하나 낼 수 없는 그
와 같이 무서운 조직의 형태로 지금
이루어졌으며 짜여 가는 것이 너희들
이니, 너희들 것이 아닌 것은 어떠한
종파든 거부하는 그 마음은 상상할 수
가 없음이니라.
11 어느 누구도 너희들의 조직에 대항하
여 감히 거부한다는 자 없을 것이니라.
12 지금의 너희들의 짜여 있는 그 종파에
대하여 어떠한 형태든 너희들에게 거
부하며 대항하는 자 없을 것이라 너희
들은 알고 있을 것이며, 또한 감히 대
항할 자가 없는 것이니라.
13 그러한 너희 조직을 무너트린다 하는
것은 그 무너트릴 힘이 없으며, 그를
무너트려 대적할 만한 조직이 없으며,
그걸 갖다가 바로 세울 수 있는 그와
같은 어떠한 힘과 가르침도 너희들 세
계에는 통하지 아니하며, 그 조직을
돌이켜 볼 수 있는 그와 같은 어떠한
방도도 없는 것이 지금 너희들이 가고
있는 믿음의 조직이니라.
14 그리하여 어떠한 힘도 그곳에 틈을 만
들어 그 틈에 무엇인가를 뿌릴 수 있
는 그와 같은 능력이 없으며 아무도
그 역사를 이룰 수 없는 것이 지금의
너희들의 조직의 형태이니라.
15 그러나 지금 너희들의 그 조직을 이끌
어 가는 형태가 과연 얼마나 잘못되었
는가?
16 너희들 내부에서 스스로 아는 자가 있
으나 그래도 그를 바로잡기는 너무나
도 어렵고 힘든 것이 지금의 형국이니
라.
17 그리하여 힘으로써도 대항할 수 없으
며 이빨 자국 하나 낼 수 없는 엄청나
고도 무서우리만큼 짜여 있는 그 조직
을 어떠한 작은 종파가 무너트리려 하
며 어떠한 믿음을 가진 자가 무너트린
다 하며 나 여호와의 성령이라 하여
나의 성령의 뜻을 받아 기록한 법전이
라는 책으로써 그를 무너트리고자 한
다 하면 너희들은 어찌 생각하는가?
18 너희들은 다들 그저 비웃음으로써 정
신이상자가 세상에 또 나왔으니, 이단
이요, 사탄이요, 그는 꺼져 갈 것이라
그리 말할 것이니라.
19 그러나 지금 나의 아들은 나의 성령을
받아 기록하여 만든 법전의 책을 가지
고 그를 무너트리려 대들 것이니라.
20 그리고 그들은 무너질 것이며 그들을
무너트릴 것이니라.
21 지금 나의 아들이 그들을 무너트리겠
다고 대드는 것은 황폐한 땅에 씨앗을
뿌려 곡식을 가꾼다는 것이 아니요,
22 너희들이 말하는 시멘트라 하는 것으
로써 단단히 바닥을 만들어 놓은 그
땅 위에 씨앗을 뿌리고 가꾸어서 거기
에서 새싹이 나도록 하겠다는 그와 같

은 형국의 도전이니,
23 이를 아는 나의 피조물 민백성이 얼마
나 그를 비웃을 것이며 그를 정신 나
간 자라 그리 말하겠는가?
24 그러나 나의 아들은 그 시멘트 바닥에
서 새싹을 틔울 것이며 반드시 거기에
는 파란 이파리가 나올 수 있는 그와
같은 역사를 이룰 것이니라.
25 너희들이 비록 그를 믿지 아니하고 그
를 따르지 아니하며 그의 하고 있는
형태를 너희들은 잘못된 자며 이상이
있는 자요, 제대로 된 자가 아니라 그
리 말하나, 그는 이루어 낼 것이니라.
26 나의 아들은 이루어 낼 것이며, 그는
그곳에서 씨앗을 심어 새싹이 파랗게
돋아나도록 할 것이며 열매를 맺는 그
역사를 이룰 것이니라.
27 그가 시멘트 바닥에 씨앗을 뿌리는 것
도 나의 뜻이요, 거기서 그를 가꾸고
열매를 거두고자 하는 것도 창조주인
나 여호와의 주관이기 때문이니, 그는
내가 존재함을 믿으며 내가 역사함을
알기에 그 시멘트 바닥에 씨앗을 뿌리
는 것이니라.
28 그러나 너희 인간들은 이와 같은 힘의
역사를 모를 것이니라.
29 창조주의 주관함이 얼마나 위대한 것
이며, 너희들의 조직이 아무리 단단하
고 이빨이 들어가지 않을 정도로 짜진
그 조직이라 해도 나 여호와 창조주가
계획하고 시행하는 그 힘 앞에는 존재
할 수 없으니, 스스로 무너질 것이니
라.
30 너희 인간들은 지금 나의 아들이 잘못
된 자라 말하며 정신 나간 자라 말하
나, 시멘트 바닥에 씨앗을 뿌려 푸른
잎이 나오게 하며 열매를 거두는 그
힘은 나만이 할 수 있으며, 창조주인
내가 할 수 있기에 그는 나를 믿고 그
와 같이 행하고자 함이니라.
31 이제 나의 아들이 시멘트 바닥에 씨앗
을 뿌려 열매를 거두듯이 그와 같은
역사를 이루는 그 순간에 너희들의 그
단단한 조직도 다 사그라질 것이니라.
32 이는 오로지 이 세상을 창조한 창조주
나만이 알고 있는 것이며 나의 아들만
이 알고 있음이니라.
33 너희 인간들은 이를 상상할 수도 없으
며 생각할 수도 없으며 감히 알 수도
없음을 알라.
34 그러나 그 역사는 이루어지느니라.
35 너희들의 이빨이 들어가지 않는 그와
같은 단단한 조직이 서서히 무너지기
시작하게 하여, 머지않아 하루아침에
다 거미줄을 치며 문을 닫는 역사가
이루어지는 것을 너희 스스로 죽기 전
에 볼 것이니 그리 알라.

## 3,293 번째 하나님 말씀

*2002년 9월 6일 21시 59분*

1 사랑하는 나의 아들아!
2 "네, 아버님! 말씀하옵소서."
3 너희들이 하루를 살아가고 1년을 살
아가며 그 살아가는 세월 속에서 하루
를 얼마나 아름답고 값지게 살아가느
냐에 따라서 그 삶의 보람을 느낌이니,
4 너희들이 나로부터 생명을 받아 세상
에 나가 살아간다는 것은 무엇을 의미
하는가?

5 내가 너희들을 생명을 주어 세상에 내보낼 때 너희들에게 정해진 그 생명의 시간을 주었음이니, 너희들이 하루를 살고 1년을 산다는 것은 너희들의 육의 세상에 살아 있는 그 생명의 시간이 줄어드는 그와 같은 역사가 이루어지는 것이 아니던가?

6 그렇다면 너희들의 생명의 시간이 줄어 가는 그 속에 있는 너희들이 그 하루하루의 삶을 어찌 살았느냐에 따라서 너희들이 소중한 삶을 살았는가, 그렇지 않으면 잘못 살았는가를 알 수 있는 것이며, 하루의 삶이 너희들의 생명줄이 줄어드는 삶이니 하루가 얼마나 귀하고 소중한 시간이더냐?

7 그 소중하고 귀한 시간을 너희들이 어찌 살았으며 어찌 썼느냐에 따라서 너희들은 그 사용한 것을 가지고 심판을 또한 받음이니라.

8 그리고 하루의 삶을 어찌 살았느냐에 따라서 너희들은 인간 세속의 인간관계에서 사람의 대우를 받으며 사람으로서 대접을 받으며 인격체로서 대우를 받음이니, 그렇지 못한 자도 있음이니라.

9 남으로부터 저주받는 자, 세상에 태어나서는 안 될 사람이라는 말을 듣는 자가 있는가 하면, 남을 시기하고 질투하며 남에게 거짓 하며 그와 같이 하루를 사는 사람도 있음이니라.

10 우선 육의 세상에서 사는 너희들은 나로부터 받은 생명줄 위에 서서 감아져 가는 그 생명줄에서 너희들이 사는 시간이 하루하루 줄어듦이니,

11 육의 세상에서도 얼마나 너희들이 소중히 살았으며 그 소중한 시간을 어찌 썼느냐에 따라서 인간인 너희들에게 평가를 받는 것이니라.

12 하물며 너희들의 삶이 하루하루 연장되어 너희들에게 내려진 그 생명의 시간을 다 쓰고 나에게 와 심판을 받을 때, 어찌 살았느냐에 따라서 너희들이 나의 천국의 문을 들어올 수도 있고, 상상할 수도 없는 무섭고도 험한 죄의 대가를 지옥에 와 치르는 그와 같은 갈림길을 너희들이 쌓아 가는 것이니라.

13 너희들이 나로부터 생명을 받아 나가 정해진 그 시간을 하루하루 어찌 값지게 살아가느냐에 따라서 너희들은 지옥이냐 천국이냐 하는 그와 같은 갈림길에 임하게 되어 있으니, 너희들이 죽어서 심판을 받을 때는 정녕 돌이킬 수 없는, 하늘과 땅보다도 더 멀고도 험악한 그러한 관계가 형성됨이니라.

14 그러니 너희들은 하루의 삶을 아름답게 살아야 될 것이며, 내가 내려 준 하루의 그 시간을 귀하게 살아야 됨을 잊어서는 안 될 것이니라.

15 너희들이 나로부터 생명을 받아 나간 그 정해진 시간에서 내가 너희들의 그 생명줄을 감아 가며 너희들은 그 선상에 서 있다 하였음이니라.

16 선상에 서 있는 너희들이 죽음을 향하여 줄어드는 그 시간의 아깝고 소중함을 모르니, 너희 인간들은 손으로 만지는 것, 눈으로 보는 것 외에는 믿으려 하지 아니함이니, 엄연히 그 생명줄이 줄어 감을 너희들은 인정하지 않으려 하며 생각하지 않으려 하며 지워

버리고 살고자 하는 것이니, 이는 너
희들이 그 고통을 지워 버리고자 하는
마음의 심리에서 그와 같은 삶을 살아
가느니라.
17 그러나 너희는 여기서 반드시 돌이켜
생각하여야 할 것이니라.
18 너희들에게 보이지 않고 쉬는 것 같으
나 너희들의 생명줄은 서서히 줄어듦
이니, 너희들이 그만큼 나로부터 받은
생명의 시간이 짧아지며 육의 세상에
서 사는 세월이 짧아진다는 것이니라.
19 그 짧은 삶의 시간 속에 너희들이 어
찌 살았느냐가 중요하니, 이제 너희들
이 지금까지 잘못 살아왔으며 하늘에
오르는 그와 같은 사랑을 베풀며 사는
삶을 살지 않았다 하면,
20 생명이 얼마 남아 있는지 그 자체를
모르는 너희들이 나머지 그 시간을 어
찌 살아야 되겠는가 한번 자신을 돌이
켜 생각해 보아야 될 것이니라.
21 그리하여 나의 법전을 나의 아들을 통
하여 세상에 내보내는 것은 너희들이
내가 보낸 그 자리에 다시 돌아올 수
있도록 하기 위함이니,
22 그리하여 너희들이 얼마 남지 않은 그
삶의 시간을 값지고 아름답게 써 영원
히 사는 나의 나라에 올 수 있도록 각
자에게 깨우쳐 줌이니라.
23 그러니 이를 읽고 깨우쳐 너희들이 구
원을 받아야 함을 잊어서는 아니 될
것이니라.
24 너희들이 한 사람의 스승에게 배우고
또 다른 스승에게 배우나 그와 같이
가르치는 것이 다르며 너희들이 받아
들이는 것이 다르며 또 하늘에 오르는
길조차도 그 형식이 다르며 너희들에
게 지도하는 방법이 다름이니,
25 너희들이 어떠한 길이 진정한 길인가
를 찾지 못하여 방황하고 있는 나의
백성들이 수없이 있음을 알고 있음이
니, 그들이 각자 누구에게 들어서 깨
우치는 것이 아니요, 누구의 설교를
들어서 깨우치는 것이 아니요, 누구의
강론을 들어서 깨우치는 것이 아니니
라.
26 이는 너희들이 잠시 귀로 들었을 뿐
너희들 마음과 가슴속에 남음이 없음
이니라.
27 그리하여 너희들이 읽고 또 읽고, 또
읽어 보고 또 읽어서 검증하고 또 점
검하고 정녕 하늘에 오르는 길인가를
상기시켜 깨달음을 너희 스스로 알 수
있도록 하기 위하여 나의 법전을 세상
에 내려보내니,
28 이는 소낙비가 쏟아져 세상을 덮으며
흰 눈이 내려 세상을 덮듯이 너희들의
모두를 다 덮어 너희들이 동서남북 어
디를 가든지 나의 법전을 읽지 아니하
고는 견딜 수 없을 만큼 그만큼 나의
법전이 세상에 전해질 것이니라.
29 그러니 너희들이 그를 읽지 아니하고
는 아니 될 것이며, 그래서 스스로 그
를 읽고 스스로 깨우쳐 너희들이 하늘
에 오르는 길을 인도하며,
30 지금 잘못 가르치는 종교 지도자요,
같은 성서를 가지고 자기 생각대로 가
르치며 자기 생각대로 설교하며 자기
생각대로 교리를 만들어 너희들을 혼
란케 하며 너희들의 중심을 잡지 못하
게 하며

31 어느 것이 진정한 하늘에 오르는 길인
가를 그것도 깨닫지 못하게 하는 이러
한 혼란한 상태를 다 정리하고 뽑아내
어 너희들 각자 스스로 법전을 읽고
깨우쳐 법전이 스승이요, 너희 스스로
깨달아서 하늘에 오르는 영광의 길을
보도록 하고자 하는 것이 나의 뜻이니
그리 알라.

## 3,294 번째 하나님 말씀

*2002년 9월 6일 22시 08분*

1 사랑하는 나의 아들아!
2 "네, 아버님! 말씀하옵소서."
3 수천 년 역사가 흘러오는 동안에 나의
피조물 만백성이 세상에 살다 죽어 갔
음이니, 그리고 그들은 저희 나름대로
믿음의 종파라는 곳에 가 구원을 받고
자 평생 기도하고 헌금과 시간을 바친
자가 있는가 하면,
4 그들을 이용하여 그것을 거둬들여 궁
궐과 같은 성전을 지으며 그곳에 오는
자만이 구원을 받는다 그리 가르치는
자들도 있고,
5 그렇지 않으면 믿음이 없으며 나 여호
와가 존재하는 것도 모르며 그들 나름
대로 가슴에 저희들이 신이라 생각하
여 우상을 숭배하며 살아가는 자들이
수없이 많이 있음이니라.
6 그러나 그와 같이 너희들이 살아가는
속에서, 또 그 생활 속에서 너희들은
너희들 자신도 모르게 젖어 있는 그
나쁜 습성이요, 습관을 고치고자 무던
히 노력을 하며 그를 고쳐 보고자 함
이니라.
7 너희들이 나쁜 습관이요, 나쁜 습성이
요, 남으로부터 지탄받는 행위를 하는
것은 스스로 인간의 도리가 아니며 인
간 자세의 삶이 아니라 하여 그를 고
쳐 보고자 또 바로 서고자 수없이 노
력을 하는 것이니라.
8 그러나 너희들이 아무리 그를 고치고
자 하며 또 변화되고자 하여도 너희들
스스로 그리 이루어지지 아니하는 것
이며 너희 마음대로 되지 아니하는 것
이니, 그 습관이요, 습성을 고치기가
그리도 어렵고 힘든 것이니라.
9 그러니 지금 너희들이 그와 같은 나쁜
습성을 버리지 못하며 살아오면서 스
스로 그 마음 하나를 다스리지 못하여
내가 이루는 천국의 영원히 사는 그
낙원에 올라오지 못하며 지옥 불로 간
백성들이 헤아릴 수 없이 많음이니,
너희들은 과연 어찌하여야 되겠는가?
10 아무리 너희들이 결심하고 마음을 다
스린다고 해도 그를 바로잡지 못함이
니, 그러니 너희들의 그 마음을 잡기
위하여 내가 지금 나의 법전이라 하여
나의 아들을 통하여 너희들이 보고 읽
고 깨우쳐 선함을 행할 수 있는 그 책
을 만들어 세상에 내보냄이니,
11 이를 읽고 공부하고 깨우치는 자만이
악한 마음을 버릴 수 있으며 너희들
가슴속에 쉬지 않고 뭉게뭉게 일어나
는 그 욕심의 마음을 고칠 수 있는 것
이니라.
12 너희들이 나의 법전을 읽고 나의 법전
에 기록된 그 깨달음을 깨닫지 아니하
며, 내가 불로 써 내린 그 십계명의 의
미를 연구하고 십계명대로 살고자 결

심하고 또 결심하여 너희들이 바로 서
고자 노력하지 이니한다면,
13 너희들은 그 잘못된 습성이요, 잘못된
마음 자세를 고칠 수 없는 것이니라.
14 이것이 바로 너희들이 가지고 있는 마
음 자세요, 너희들의 심성이니, 이를
어찌하여야 되겠는가?
15 너희들이 나의 법전이요, 나의 십계명
을 지키고 그대로 순종하려는 마음을
갖지 아니하고
16 너희들 노력으로써 딴 길에서 또는 너
희들을 가르치는 종교 집단의 그 교리
요, 설법에서, 너희들이 말하는 지성
인이요, 사회의 저명인사라는 사람들
이나 어떠한 스승으로부터 그것을 고
치고 깨우치고자 아무리 노력해 보아
도,
17 너희들의 원천의 사악한 습성이요, 나
쁜 마음의 뿌리를 뽑기는 불가능한 것
이니라.
18 이는 사악한 마음이 고개를 들어 생활
속에서 너희들의 아름답고 선한 마음
을 잠식해 가니,
19 수없이 일어나는 이해관계의 부딪침
에서 너희들이 선한 길을 선택하는 것
은 물질적인 손해요, 악한 길을 택했
을 때는 너희들이 물질적인 이익을 취
득하는 그와 같은 너희들의 변화무쌍
한 삶 속에서 너희들 자신이 그와 같
은 마음을 고치고 버리고자 하나 그리
쉽지 아니함이니라.
20 그리하여 너희들이 고치지 못하여 제
자리걸음을 하는 것이며, 너희들은 그
와 같은 변화의 역사를 이루지 못하는
것이니라.
21 그리하여 나의 피조물 만백성 너희들
을 사랑하기에 내가 법전을 세상에 내
려보내니,
22 너희들이 읽고 또 읽어 반복하는 그러
한 훈련 속에서 나의 법전을 너희들
것으로 만들었을 때, 너희들은 천사의
마음이 무엇이며 내가 원하는 마음이
무엇인가를 알 수 있으며 깨우칠 수
있음이니라.
23 그래서 나의 법전을 세상에 내려보내
는 것이니라.
24 이제 나의 법전을 접한 나의 아들의
제자요, 나의 법전을 접한 백성 너희
들은, 너희들의 버릴 수 없는 그 나쁜
습성의 마음을 다스리는 것은 오로지
법전을 읽고 또 읽어 그를 반복하여
읽음으로써 고치게 될 것이며 너희들
이 변할 수가 있음을 알아야 될 것이
니라.
25 그리하여 너희들이 부단히 노력하는
것이며 너희들이 반복 훈련을 하면서
나의 법전을 읽고 반복해서 또 읽고
정독하는 그 길만이 너희들이 선택하
여 가야 할 길이며,
26 너희들이 그를 버리고서는 구원의 길
을 갈 수가 없으며, 너희 마음속에 자
라나는 그 사악한 마음을 버릴 수도
없으며 지울 수도 없음이니라.
27 너희들이 그와 같이 나의 법전을 읽고
깨우치지 아니할 때, 나의 십계명을
지키고 살겠다 그리 결심을 하고 그를
반복 훈련하고 또 반복하여 너희들 자
신의 마음속에 사악한 무리를 다 버리
지 않을 때, 그리고 선한 마음이 너희
들 마음속에 서서히 자리를 잡아 싹이

를 수 있도록 너희들 자신을 그리 다
스리고 변화되지 아니할 때,
28 너희들은 구원의 길을 볼 수 없으며
영원한 지옥행의 열차를 타고 지옥의
삶으로 가게 됨이니 그 이치를 깨우쳐
야 될 것이며,
29 나의 법전을 읽고 또 읽어 그 내용을
정독하여 너희 것으로써 완전히 만들
었을 때 너희들은 천사의 심성으로 스
스로 변해 있을 것이니, 그것밖에는
너희들을 다스릴 수 없음을 그리 알라.
30 그리하여 내가 이 소중한 뜻을 나의
법전에 수십 번 기록하여 너희들에게
전하니, 그 전하는 나의 애절한 마음
을 너희들이 읽을 수 있는 그와 같은
지혜를 가져 깨달음을 얻기를 바라는
것이 나 창조주의 마음이니, 너희들이
나의 마음을 거역하지 말라.

## 3,295 번째 하나님 말씀

*2002년 9월 6일 22시 19분*

1 사랑하는 나의 아들아!
2 "네, 아버님! 말씀하옵소서."
3 너희 인간들이 세속에 살아가면서 이
와 같은 말을 하느니라.
4 '손에 쥐여 주어도 모른다.'는 말이 있
으며 너희들은 그런 말을 많이 사용하
고 있음이니라.
5 그리하여 답답하고 답답한 사람을 보
고 너희들이 그리 말함이니, 오죽하면
손에 쥐여 주어도 모른다는 말을 하
겠는가?
6 너희들은 여기서 알아야 될 것이니라.
7 너희들은 인간 세속에서 살아가면서
손에 쥐여 주어도 깨닫지 못하며 눈으
로 보고 만지면서도 그를 깨닫지 못하
는 것이니, 그게 너희들이 어리석고
미련해서 그리하던가? 아니니라.
8 너희들이 고집이 있고 아집이 있으며,
너희들 개인이 가지고 있는 남들에게
지기 싫어하는 시기심이요, 질투심이
요, 그러한 것들이 뒤범벅된 마음속에
서 너희들은 그를 받아들이려 아니 하
기 때문이며,
9 그러니 너희 것으로 만들려 하지 아니
하며, 남의 것을 볼 줄 모르며, 제 것
만이 우선이요, 제 것만이 최고라 하
는 그와 같은 생각을 버리지 못하기
때문에 너희들은 마음의 문을 열지 못
하여 너희들이 손에 쥐여 주어도 모
른다는 그와 같은 너희들의 자세며 그
와 같은 말이 나오게 되었음을 알아야
될 것이니라.
10 오죽이나 너희들이 고집이 강하고 아
집이 강하며 저 자신의 내면의 강한
성격을 버리지 못하며 남의 것을 받아
들이지 못하면 이와 같은 말이 나오게
되었겠는가 너희들은 알아야 될 것이
니,
11 너희들의 마음이요, 너희들의 자세가
어떤 것인가를 돌이켜 보는 한 구절의
말뜻임을 알아야 할 것이니라.
12 하물며 인간 세속에서 너희들이 만지
고 쥐여 주는 것도 모른다 하니, 너희
들이 믿음의 길이요, 구원의 길을 어
찌 알겠는가?
13 손에 쥐여 주는 것도 모른다 말함이
니, 너희들이 과연 믿음에 대하여 어
디까지 깨닫는 것이며, 너희들이 가는

길이 진정한 믿음의 길이요, 구원의
길로 가는 것이며, 너희들 자신의 깨
우침에 대하여 너희들은 마음에 더 의
혹이 있으며 의문을 가지고 세상에 지
금 살아가는 것이며,
14 믿음 속에 헌금이요, 재물과 시간 모
두를 바치며 광란의 기도를 드리는
자, 너희들의 한쪽의 허전한 마음속에
는 너희들이 가는 그 믿음이 진정한
믿음인가, 그리고 진정한 구원의 길인
가 그 의구심을 갖게 되어 있음이니라.
15 보이지도 아니하고 만질 수도 없으며
듣지도 못하는 나 여호와가 존재한다
는 것에 너희들이 얼마나 많은 의구심
을 갖고 있겠는가?
16 손에 쥐여 주고 만져 본 것도 받아들
이지 아니하려 하며 인정하지 않으려
하는 것이 너희들의 심성이니,
17 보이지도 않고 만지지도 못하고 듣지
도 못하는 나를 과연 너희들이 믿으면
어디까지 믿으며, 너희들의 마음이 굳
어지면 어디까지 굳어졌다 말할 수 있
겠는가?
18 항상 돌아설 수 있으며, 나로부터 멀
어질 수 있으며, 참진리의 길이 아니
요, 사탄의 길을 가는 것도 마다하지
아니하고 그리 변할 수 있는 것이 너
희들의 지금의 마음 자세인 것이니라.
19 너희들은 스스로 깨우치지 못하고 구
원의 길을 알지 못함이니, 손으로 만
지며 눈으로 보는 것도 믿지 못하는
너희들의 그 심성을, 이제는 보지도
못하고 듣지도 못하는 나 여호와가 존
재함을 너희들이 스스로 깨우쳐, 하늘
에 진정한 천국이 있으며 너희들의 구
원의 길이 어떤 것이며 지옥과 천국이
구분되이 있다는 것을 너희 스스로 깨
우쳐 깨닫도록 하기 위하여 내가 나의
법전을 지금 밤과 낮을 가리지 아니하
고 나의 아들을 통하여 세상에 내려보
내는 뜻이 여기 있음이니, 내가 너희
들을 얼마나 소중히 생각하며 아끼는
가?
20 이와 같은 나의 뜻을 너희들이 헤아린
다면 나의 법전을 읽고 또 읽어 깨우
쳐 하늘에 오르는 그 뜻을 알아야 될
것이니라.
21 내가 여기서 너희들에게 전함이니라.
22 내가 세상에 내려보낸 법전은 너희들
을 구하기 위해 가장 쉬운 단어와 너
희들의 가장 기초적인 깨달음으로써
예를 들어 깨우쳐 주며, 실제 있었던
일을 들어 너희들에게 깨우쳐 주며,
23 나의 기적의 역사의 모두를 기록하여
너희에게 전하며, 내가 이루고자 하는
역사가 무엇이며, 천 년 후에 이 세상
에 이루고자 하는 것이 무엇이며, 너
희들이 어찌하여 구원을 받으며 천국
에 오르는 길이 무엇인지 그 모두를
가장 낮은 뜻으로써, 너희들이 가장
읽기 쉬운 바닥의 뜻으로써 나의 법전
에 기록하여 세상에 내려보냄이니라.
24 그러니 너희들이 나의 법전을 처음에
읽을 때는 이것이 무엇이며 어떠한 뜻
인지 그 의미를 모르게 되어 있음이니
라.
25 그러나 너희들이 나의 법전을 읽고 또
읽어 3회 이상 읽고 넘어간다면, 너희
는 법전 속에서 원하는 것을 알게 되
며, 그때가 되면 너희들이 가슴 가득

히 사랑의 실천을 하게 되며, 사랑하
는 것이 무엇이며 인간으로서 이 세상
에 태어나 인간의 삶을 살아가는 것이
얼마나 기쁘고 행복한 것인지 알게 될
것이니라.
26 너희들이 인간 세상에 사람으로서 태
어난 것, 사람으로서 존재해 살아가는
것이 얼마나 큰 행복이요, 기쁨인지,
나의 법전을 읽고 깨우쳐 그 속에서
내가 원하는 뜻을 알며, 천국이요, 하
늘에 오르는 길이 무엇인가를 너희들
이 깨닫게 되었을 때, 그때가 되면 너
희들은 인간으로서 태어난 것이 얼마
나 위대하며 행복한 것인가를 알게 될
것이니라.
27 그리하여 너희들이 나의 법전을 3회
이상 읽었을 때 너희들 자신이 깨닫지
못했던 부분이요, 너희들이 그리 어렵
고 힘들어 이해 못 했던 성서요, 구약
과 신약의 그 성서를 들여다볼 수 있
으며 그 이치를 알 수 있느니라.
28 성서에서는 비유로써 모든 것을 말하
여 비유로써 깨우쳐 주고자 너희들에
게 내려보냈으니, 그 성서의 비유의
뜻을 너희들이 알게 됨이니라.
29 나의 법전을 3회 이상 읽고 너희들이
성서를 읽을 때, 성서의 잘못된 부분
과 인간 세속에 인간들이 첨부하여 기
록한 내용들과 나의 뜻에 의해서 나의
성령을 바로 기록하고 제대로 전달된
것과 그 속에 있는 모든 의미와 뜻을
너희들이 상세하게 알 수 있음을 알아
야 될 것이니라.
30 그리하여 나의 법전을 3회 이상 읽어
성서에 기록된 그 비유의 내용이요,
성서에서 원하는 것을 알게 되며,
31 너희들이 인간으로 태어난 것이 얼마
나 위대하고 영광된 것이며 행복이며
기쁨인가를 알게 되었을 때, 너희들은
이 세상 모두의 이루어지는 이치를 알
게 되며 세상사의 흐름을 알게 됨이니
라.
32 그리고 육의 세상과 천국의 세상이 구
분되어 있으며, 하늘과 땅이 엄연히
다르며, 나의 아들 예수와 나 여호와
가 엄연히 다르며, 삼위일체라 말하는
것도 잘못됨을 너희들이 알게 될 것이
며,
33 나의 아들의 이름을 부르며 너희들이
구원받는다고 매달리며 나의 아들의
보혈로써 구원을 받는다 그리 말하는
그 자체도 무엇이 모순이며 잘못되었
는가를 알 수 있음이니라.
34 나의 아들 예수가 나로부터 대명을 받
아 세상에 나가 내 임무를 대행할 때
는 그 이름으로 기도하며 그를 통해
그 모두의 축복이라 하였으나,
35 그가 임무를 마치고 세상에서 하늘로
왔음이니 그는 세상에 존재하지 아니
하며, 오로지 창조주 나의 성령이요,
나의 뜻만이 세상에 전해짐이니, 오로
지 너희들이 나에게 기도하고 경배하
며 나를 찾음으로써 너희들이 구원에
오를 수 있는 믿음의 근본이요, 기본
이라는 것 그 자체, 모든 숨어 있는 그
뜻을 너희들은 알게 될 것이니라.
36 너희들이 나의 법전을 3회 이상 읽었
을 때, 너희들이 첫 단계로써 느끼는
것은 이 세상사의 이치를 알게 되며,
37 너희가 선과 악을 선택할 수 있는 그

기준에 오르는 것이 2단계에 너희들
이 접어드는 것이니라.
38 그리고 너희들이 3단계에 접어들어
깨달음을 느끼면 세상의 오묘한 이치
와 살아 있음에 감사드릴 줄 알며, 또
한 자신이 살아 있음이 얼마나 위대한
것인지를 너희들이 깊이 깨달으며,
39 하늘의 이치와 지상의 이치가 엄연히
구분되어 있는 것과 하늘에 오르는 길
이 무엇이며, 하늘에 오르고자 하는
행함이 무엇이며, 너희들이 하늘에 올
라 구원을 받는 것은 믿음이 아니요,
육의 행함으로써 그 믿음으로부터 그
와 같이 연결되어 너희들이 구원을 받
고 못 받는다는 그 모든 이치를 알게
됨이니라.
40 그리되었을 때 너희들은 인간으로서
의 소중함을 알게 됨이니라.

## 3,296 번째 하나님 말씀

*2002년 9월 6일 22시 29분*

1 사랑하는 나의 아들아!
2 "네, 아버님! 말씀하옵소서."
3 인간 세속에 너희들이 살아가면서 부
모와 자식의 정이 무엇이던가?
4 부모는 못 먹어도 자식은 먹이고 싶어
하며 부모는 죽어도 자식은 살리고 싶
어 하는 것이 너희들 인간 부모의 마
음이라 하지 아니하였는가?
5 지금 살아가는 나의 백성 너희들의 그
자식과 부모의 관계가 어떻던가?
6 너희들이 살아가면서 그래도 자식을
사랑하는 마음은 이 세상 무엇보다도
소중하며 무엇과도 바꿀 수 없는 그와
같은 사랑이요, 너희들이 소중히 간직
하는 그 마음이, 부모가 자식을 생각
하며 그 자식을 바라보는 마음이 그러
할 것이니라.
7 너희들은 그리하여 인간 세속에서 살
아가면서 열심히 노력하고 피나는 노
력을 하여 모은 금화와 은화의 그 재
산을 너희들 자식이요, 후손에게 남겨
주어, 그들은 너희와 같은 시련의 어
려운 생활을 하지 않도록 하며 너희보
다도 더 편안한 생활이요, 안락한 생
활을 할 수 있도록 그를 넘겨주고자
하는 것이 너희들의 마음이니, 그 마
음을 갖지 않은 자 얼마나 되는가?
8 너희들이 평생 열심히 살아 모은 육의
세상에서 거두어들인 그 재물이요, 모
든 힘과 너희들이 발휘할 수 있는 그
모든 영향력을 자식에게 물려주며, 그
자식 또한 너희보다 더 영광되고 보람
된 인생을 살아갈 수 있도록 하고자
하는 것이 너희들의 애절한 마음일 것
이니라.
9 여기서 내가 너희들에게 전하고자 함
이니라.
10 육의 삶에서 너희들이 백 년도 못 사
는 그 삶을 마감하면서, 또 백 년도 살
지 못하는 그 자식의 육의 삶을 위하
여 너희들이 노력한 그 모든 씨앗의
잔재를 다 그 자식들에게 물려주면서
도 아깝거나 섭섭한 마음이 하나도 없
음이니, 이는 어떠한 마음이더냐?
11 자식이 잘살고 잘되기를 바라는 부모
의 애절한 마음에서 그러한 마음을 갖
지 아니하는가?
12 너희들이 정녕 너희 자식들을 사랑하

며, 너희 후손을 사랑하며, 너희들의
자식이요, 후손들이 너희들과 같이 험
악하고 힘든 삶을 살아가지 아니하도
록 그들을 보호하고 싶어 하는 그 마
음에서 너희들은 한 계단 더 높이 생
각할 것이 있을 것이니라.
13 지금 많은 믿음의 종파들이 나의 피조
물 만백성을 하늘에 오르는 구원의 길
로 인도한다 하나, 그게 다 잘못되어
지옥으로 끌고 가는 그와 같은 형국이
라 하였음이니라.
14 너희들은 백 년도 안 되는 육의 삶을
위해서, 그 삶을 너희들의 자식을 위
해서, 그 자식의 백 년도 안 되는 육의
삶의 행복함을 위하여 너희 모두를 다
넘겨주며 그 준비를 해 주며, 그것으
로써 너희들이 소중한 자식에게 사랑
하는 마음을 표현하고자 함이니라.
15 그러나 여기서 더 소중함이 있으니,
너희 자식들이 지옥으로 가 영원히 사
는 그 세상에서 고통 속에 살아가는
길을 가도록 그냥 둘 것인가, 너희 자
식들의 육의 삶의 행복을 위해서만 너
희들이 노력할 것인가?
16 너희들은 자식의 육의 삶의 행복을 위
해서 무엇인가를 남겨 주고 이루려 하
는 것은 어리석은 삶임을 알아야 될
것이니라.
17 너희들은 자식들에게 육의 삶의 영광
을 물려주는 것이 아니요, 영원히 사
는 하늘에 올라와 구원을 받는 천국의
문을 들어설 수 있도록 구원의 방법을
가르쳐 주며 구원의 길을 열어 주는
것이 너희들이 정녕 자식을 사랑하는
길이라 생각해 볼 수 없는가?
18 이 점을 너희들이 짚고 넘어가며 생각
해 볼 필요가 있느니라.
19 너희들의 지금의 모든 종파들의 믿음
으로써는 나와는 아무런 관계도 없으
며 인연이 없는 속에서 행하는 믿음이
기에 나와 관계가 없다 하여, 그들은
천국의 문에 들어올 수 없다 내가 말
하였음이니라.
20 그리하여 그들이 갈 수 있는 것은, 나
의 재산을 함부로 쓰며 저희들을 기만
하는 자들 밑에 가 축복을 받으며 영
광을 받아 천국에 오르겠다는 그와 같
은 마음으로써 저희들이 재물을 바치
고 천국에 오른다는 그 티켓을 사며
그 길을 알고자 그와 같은 믿음의 길
을 오는 것이 잘못되었으며 지옥행으
로 가는 길이라 내가 말하였음이니라.
21 정녕 너희들이 너희 자식을 사랑하며,
너희 후손을 아끼며, 그들의 육의 삶
보다도 영원히 사는 나라에 와 구원을
받고 천국의 문을 통하여 나의 나라에
와 살 수 있는 그와 같은 길과 깨우침
을 주고자 한다면, 너희들은 지금의
그 믿음에서 너희들 자신이 지옥으로
가는 것으로써 모든 것을 끝내야 될
것이니라.
22 그리하여 너희들이 지옥으로 가 고통
스러우며 너희 자식까지 그리 끌고 가
고자 하지 말고, 내가 지금 제3의 시
대를 열어 나의 아들을 통하여 밤낮을
가리지 아니하고 나의 성령을 태워 내
려 법전이라는 책을 만들어 글로써 증
거하며 글로써 볼 수 있도록 세상에
내보냄이니,
23 너희들 자신이 지금의 믿음으로써 너

희 스스로 천국을 가든 지옥을 가든 그것은 너희들의 생각이니라.
24 너희들 자신이 이를 보고 깨우쳐 너희 스스로 변하며 너희들이 지금 가던 믿음에서 발을 빼 영원히 사는 구원의 길을 갈 수 있는 나의 법전을 공부하든 아니하든 그것은 너희들의 자유이나,
25 너희들은 너희 자식을 위하는 그 애절한 마음으로써 너희 자식의 바른 길잡이를 위해서라도 나의 법전을 한번 읽어 보기 위해 그 뚜껑을 열 용기는 없는가?
26 이 세상에 나의 법전이 수없이 전해질 것이니, 너희들 자신은 그 믿음에서 그대로 지옥으로 가든 천당에 가든 나에게 심판을 받으면 될 것이나,
27 너희들의 사랑하는 자식들만큼은 지옥으로 가는 길을 막을 용기는 없는가, 그를 막아 주고 싶지는 아니한가?
28 너희들의 사랑하고 소중한 아들딸들이 죽어 지옥으로 가는 길을 너희들이 정녕 막고자 한다면, 나의 법전을 너희들이 먼저 읽고 깨우쳐 그 자손에게 이 법전을 전하여 그들이 법전의 내용에 따라 살아갈 수 있도록 그들을 인도하고 지도하는 것만이 너희들은 지옥으로 간다 하더라도 자식은 구원하는 길이니,
29 이를 너희들이 듣고 읽고 깨우쳤으면 이 대목을 읽은 너의 제자들과 이 법전을 읽은 백성들은 이 대목을 너희 이웃과 이 지구상에 사는 만백성에게 읽어 주어야 될 것이니라.
30 '너 자신은 어떠한 심판을 받든, 사랑하는 네 자식만큼은 구원하여야 되지 않겠는가?' 하는 이 대목을 그들에게 깨우쳐, 이 법전을 한 번 읽고 그 자식들을 구원할 수 있는 영광의 길로 저희들이 부모로서 행할 수 있는 기회를 얻도록 그리하라.

## 3,297 번째 하나님 말씀

*2002년 9월 6일 22시 45분*

1 사랑하는 나의 아들아!
2 "네, 아버님! 말씀하옵소서."
3 너희들 인간사 세속에 말을 전하기를 '자식을 사랑한다면 그 자식에게 고기를 먹는 방법을 가르치는 것이 아니요, 그 고기를 잡는 방법을 가르치라.' 하는 말이 있음이니라.
4 너희들이 정녕 이와 같은 말의 의미를 알고 사는가?
5 너희들은 육의 세상에 너희 자식들에게 육의 삶의 부귀와 영화를 위해서 사는 방법을 가르치며 거기에 연연하여 모든 투자를 다 하는 것이 지금 자식에 대한 교육이 아니던가?
6 너희들이 정녕 자식을 사랑하며 그를 아낀다 하면, 영혼의 세상이 있으며, 나 창조주가 있으며, 나 창조주로부터 너희들이 생명을 받아 나가 삶을 마치고 그 영혼이 나에게 와 심판을 받는다는 것과, 심판을 받아 너희들은 천국과 지옥의 그 두 갈래 길 중에서 하나를 선택하여 가는 것이 너희들이니,
7 너희들이 영원히 사는 천국에 들어올 수 있는 길을 가르치며 그를 깨우치는 것이 가장 현명한 부모인 것이니라.

8 이는 곧, 고기를 먹는 것을 가르치는
것이 아니요, 잡는 기술을 가르치는
그 현명한 부모의 지혜보다도 천배 만
배 더 위대한 것이며,
9 영혼의 세상에서 영원히 사는 나의 나
라에 올 수 있도록 너희 자식들을 일
깨워 주고 가르치는 그것보다 더 위대
한 것이 없음을 알라.
10 너희들은 보이지 아니하며 만질 수 없
으며 들을 수 없는 나 여호와가 존재
함을 그 자식에게 일깨워 주는 것이
소중함을 알아야 될 것이니라.
11 이제 내가 구약 시대요, 신약 시대를
덮으며 그 모두를 다 덮어 암흑의 세
상에 세월이 흘러와 제3의 시대에 내
가 나의 성령을 태워 직접 너희들이
읽고 깨우칠 수 있는 글로 세상에 내
보냄이니,
12 너희들은 이 법전을 먼저 읽고 깨우치
는 것이 어떠한 공부요, 어떠한 노력
이요, 어떠한 수업을 쌓는 것보다도
더 소중함을 알아야 될 것이니라.
13 부모가 자식을 가르치기 위해서는 그
내용을 알아야 되며 그 뜻을 알아야
되는 것이니라.
14 선생이요, 스승이 모르면서 제자를 가
르칠 수는 없음이니라.
15 모르는 스승이 제자를 가르칠 수 없듯
이, '하늘에 오르는 길'이요, '하나님!
말씀하옵소서.'라는, 내 성령으로 담
아 내리는 이 나의 책을 먼저 정독하
고 깨우쳐 그 뜻과 의미를 아는 부모
는 너희 자식에게 이를 깨우치고 또
가르쳐서 그들에게 어려서부터 하늘
에 오르는 길과 나 여호와가 존재하는
뜻을 깨우쳐 주어, 그들이 영원히 사
는 하늘나라에 오를 수 있는 길을 가
르치는 것이요,
16 그를 깨우쳐 그 길을 알려 주며, 그 길
이 존재함과 나 여호와가 하늘에 존재
함을 가르쳐 주는 그것보다 더 큰 은
혜요, 더 큰 가르침이 없음이니라.
17 그러니 너희들이 그와 같은 현명한 부
모가 되기를 내가 너희들에게 간곡히
부탁하는 바이니라.
18 너희들이 인간사에 정해진 그 짧은 시
간에 160권이라는 법전을 인간이 세
상에 써낼 수 있는가를 한번 알아보고,
19 그 기록되어 있는 내용 중에 무엇이
잘못되었으며 무엇이 사악한 것이며,
거짓 하며 욕되게 살라는 내용이 있는
가 그를 찾아봐 그 내용이 있거든 너
희들이 이 법전을 사탄의 것이요, 잘
못된 것이라 던져 버려도 나는 말하지
아니할 것이니라.
20 그러나 어떤 구절도 그러한 것이 없음
이니라.
21 그리고 내가 불로 쓴 십계명을 나의
아들이 암송하지 아니하고 쓴 대목이
없음이니라.
22 날짜와 시간이 기록되어 있는 그 앞에
나의 아들이 십계명을 암송한 다음에
내가 내리는 나의 성령의 뜻을 받아
기록한 것이며, 그와 같은 정성으로써
160권의 법전이 세상에 나오게 되었
음이니라.
23 그러니 너희들은 나의 법전을 접하는
순간에, 인간으로서 이를 만들 수 없
으며 역사할 수 없다는 것을 안다 하
면,

24 너희들은 그 속에 기록되어 있는 구약
과 신약 성서의 잘못된 부분과 너희들
이 구세주처럼 믿고 따르는 그 종교
지도자들의 잘못된 부분이요, 잘못 행
하는 것을 거기에 다 기록해 놓았으
니, 너희들은 이와 같은 틀을 깨지 아
니하면 그를 볼 수 없을 것이니라.
25 성서는 한 자도 더하고 뺄 수도 없으
며 성서에 오류는 한 자도 없다는 그
틀을 먼저 깨야 될 것이며, 종교 지도
자는 하늘로부터 선택된 자이니 너희
들이 단죄할 수 없다 하는 그와 같은
틀을 깨지 아니하는 자는 나의 법전을
천년만년 읽어도 그 뜻을 알 수 없을
것이니라.
26 나의 법전에 구약과 신약의 잘못된 부
분을 신랄하게 나열하여 기록하였음
이니, 그를 보고 너희들이 구약과 신
약의 내용을 견주어 보면, 과연 어디
에 답이 있는 것이며 어느 것이 옳으
며 어느 것이 틀린 것인지를 너희들은
알 수 있을 것이니라.
27 그리고 너희들의 종교 집단이 이끌어
가며 종교 집단이 가는 그 형태와 나
의 아들이 나의 성전에서 나의 백성들
에게 베풀며 이끌어 가는 그 형태를
견주어 보라.
28 똑같이 하늘에 오르는 길로 백성을 안
내하는 지도자라 말하나, 한쪽에서는
불쌍한 저의 신도요, 백성들을 위하
여, 그리고 저의 제자들을 위하여 있
는 것 없는 것을 다 만들어 그가 의식
주를 해결할 수 있고 인간의 행복을
누릴 수 있도록 준비해 주느니라.
29 다른 한쪽에서는 평생 그저 거둬들이
고 받아들이며 너희들의 어려운 집이
라도 팔아 갖다 바치면 그는 축복받는
일을 했으며 영광된 일을 했으며 그와
같은 믿음을 가지고 가야 축복을 받는
다 하느니라.
30 그러나 과연 집을 팔아 바친 돈이요,
재물을 갖다 바친 그 영광과 그 얻어
짐이 어디에 있는가?
31 그리고 너희들이 사는 집은 초라해도
나를 만나는 그 성전은 아름답게 지어
야 한다 하여 너희들이 재물을 갖다
바쳤음이니, 그 재물을 바친 대가로
무엇을 얻었는가?
32 그와 같은 행위를 하여 길거리에 나앉
은 자는 없는가?
33 전세에서 사글세로, 또 자기 집을 팔
아 전세로 사글세로 전락한 자는 없는
가?
34 여기서 종교 지도자들이 살아오는 것
이 얼마나 사악하고 간악한가를 알아
야 될 것이니라.
35 평생 너희들로부터 거둬들이며, 너희
들이 갖다 바친 그 재물은 말로 따질
수 없으며 그 시간 또한 말로 따질 수
없음이니라.
36 그와 같이 많이 갖다 바친 자, 너희들
이 실패하여 사업이 어렵다 할 때, 그
들이 과연 그 이상의 재물로써 너희들
을 구원해 주고 도와주는가?
37 그것을 이루는 종교 집단이 있다면 너
희들은 한번 대 보라.
38 그렇다면 그는 진실한 지도자요, 진실
한 믿음의 길이요, 그곳에서 공부하는
자는 천국을 갈 수 있을 것이니라.
39 너희들이 믿는 종교 집단에 평생 1억

이라는 거금을 바쳤다고 하자.
40 너희들이 사업에 실패하였을 때 그 종교 집단에서 1억이요, 2억을 너희들에게 돌려주어 재기할 수 있도록 하는가?
41 그들은 주지 아니할 것이니라.
42 주는 자가 없을 것이니라.
43 그러나 너희들이 이웃의 믿지 않는 친구에게 1억이요, 2억이라는 거금의 금화와 은화를 도와주고 밀어주었을 때, 너희들이 실패하고 쓰러지면 그들이 과연 종교 집단처럼 등을 돌리고 보지 아니하며 너희들을 헌신짝같이 버리는가?
44 인간 세속에 믿지 않는 자들도 그 기본의 사랑을 알며 은혜를 갚을 줄 알며 그 은혜에 보답할 줄 알기에, 저에게 은혜를 베푼 자가 어려울 때 저의 재산을 팔아 그를 돕고자 하며, 그가 살아갈 수 있도록 해 주는 것이 보통 인간들이 살아가는 자세이니라.
45 그러면 지금의 종교 집단 너희들은 어찌하는가?
46 말로써는 이 세상에 더 이상 사랑을 베풀고 살아가는 것이 없는 집단처럼 너희들은 말하느니라.
47 그리고 이웃을 도울 때 서로 모르도록 돕는다 말하며, 이웃을 돕고 아름답게 살아가는 것이 하늘에 오르는 길이라 그리 말하느니라.
48 그러나 너희들은 행하지 아니함이니라.
49 실행을 하지 아니함이니라.
50 아무것도 믿지 않는 불쌍한 사람은 제가 받은 것에 대한 보답을 하며, 저에게 베푼 자가 어려울 때 그 보상을 해주며 그를 위하여 헌신적인 노력을 할 것이나,
51 믿음이 무엇이며 사랑을 베풀고 사는 것이 하늘에 오르는 길이라 가르치며 온갖 말로써는 세상에 천사와 같이 하는 너희들은 사랑을 베풀지 아니하며 어려울 때 신도들이 바친 그 금액을 돌려주지 아니함이니라.
52 또 너희들은 받아서 쓰는 것에 장부가 있음도 아니요, 누구로부터 얼마를 받는 것을 갚고자 하는 생각이 없기에 개인이 얼마를 바치며 너희를 위해서 갖다 냈는지 그것을 기록해 놓은 장부도 없음이니라.
53 그저 들어오는 대로 너희들이 돗자리 밑에 깔고 앉아, 너희 엉덩이 밑에 깔고 앉아, 너희들 발밑에 깔고 앉아 그저 들어오는 대로 제 것으로써 짓뭉개는 그와 같은 사악한 행위로써 거둬들였으니,
54 누가 얼마를 냈으며 누가 얼마를 바쳤나 하는 그 상세한 기록도 역사책처럼 기록된 것이 없으니, 너희들이 누구에게 돌려주고자 하는 생각이 근본적으로 없으며, 돌려주겠다는 생각은 추호도 없는 자들이니라.
55 그러니 너희들이 얼마나 사악한 자들이던가?
56 나의 아들이 운영하는 성전에 와 너희들이 들여다보라.
57 그는 받은 것을 배로 주며, 받은 것을 그 이상으로 주며, 어렵고 힘든 그 제자들을 살리기 위하여 모두를 다 팔고 정리해서 그들을 먼저 살리고자 함이

니라.
58 '내가 죽어서 많은 사람을 구할 수 있
다.'는 그와 같은 마음으로써 행하고
있는 것이 지금 나의 성전에서 나의
법전을 기록하여 전하는 나의 아들이
요, 나의 선지자가 행하는 것이며, 그
밑에 와서 공부하고 배운 제자들이 그
와 같은 아름다운 마음으로써 행하고
있는 것이며 그와 같이 아름다운 모습
으로 행하여짐이니, 어떤 것이 진정한
구원의 길이요, 나의 뜻인가 이것을
알아보라.
59 이것을 깨닫는 자, 천둥이 치는 것처
럼, 그리고 벼락이 때리는 것보다 더
무서운 깨달음을 알게 될 것이며, 너
희들은 거기서 무엇인가 머릿속에 얻
어짐이 있을 것이니라.
60 내가 구약과 신약을 덮는다 하였음이
니라.
61 이와 같은 모든 역사를 이루기 위하여
구약과 신약을 덮고 새롭게 기록된 법
전에 의해서 너희들을 심판한다 하였
음이니라.
62 하늘에 오르는 책이 없으며 하늘에 오
르는 글이 없으며 하늘에 오르는 그
가르침의 지표가 없어, 지금은 너희들
이 그저 다람쥐 쳇바퀴 돌듯이 너희들
이 지은 성전에서 가르친 구절을 또
가르치고 또 가르치는 그 속에서 너희
들이 그저 그걸 바라보고 살아왔으나,
63 이제는 너희들을 대신하여 구원할 수
있는 책이 나왔으며 구원할 수 있는
법전이 나와 있음이니라.
64 그러니 너희들은 나의 법전을 읽고 깨
우쳐 하늘에 오르는 축복의 영광을 받
으라.
65 지금 나의 아들이 세상에 나와 법전을
쓰고 기록하는 그 순간에 지상에서 사
는 백성 너희들부터 크나큰 은혜와 영
광을 받음을 알라.

## 3,298 번째 하나님 말씀

*2002년 9월 7일 10시 06분*

1 사랑하는 나의 아들아!
2 "네, 아버님! 말씀하옵소서."
3 내가 너희들에게 인간은 인간을 평가
하지 말라 하였음이니라.
4 그는 그 깊이를 알 수 없기 때문이라
말하였음이니, 너희 제자들과 제자들
사이에 서로 반목하며 너희들이 서로
시기하고 질투하며 서로를 평하는 그
와 같은 일이 있어서는 절대 아니 됨
을 알라.
5 내가 일찍이 너희에게 무어라 말하였
던가?
6 크고도 큰 둥근 공에 열두 가지 색을
칠해 놓았을 때, 열두 명이 각자 자기
앞에서 본다면 자기 앞에서 본 것만을
주장하는 사람은 나머지 열한 개의 색
을 알 수 없지 아니하더냐?
7 그와 같이 사람의 내면에 가지고 있는
그의 장점과 단점이 수백, 수천 가지
임이니, 장점은 보지 아니하고 하나
둘의 단점만을 보며 그것을 가지고 너
희들이 평가한다면 이는 너희들이 잘
못되었음이니라.
8 그의 장점이요, 선한 것을 보지 못하
는 그 마음이 바로 너희들의 어리석은
마음이니라.

9 나의 아들 네가 만백성을 구하며 목자
로서 가는 그 길에는 천태만상의 사람
들이 있음이니,
10 이를 네가 다스리고 못 다스리는 것은
네 마음이 경지에 오르느냐 안 오르느
냐에 달렸음이니라.
11 사람들은 하나의 사물을 놓고 보이는
것만을 가지고 평가하며 제가 본 것만
을 가지고 고집함이니,
12 너희들은 이와 같은 이치의 마음을 통
달함을 깨달아 전체를 보는 그와 같은
안목을 갖는 너의 제자들과 네가 되어
야 되며, 나의 법전을 읽은 백성들은
그와 같은 마음으로 가야만 하는 것이
니라.
13 그렇지 못하면 만백성을 다스릴 수가
없음이니라.
14 너희들은 일찍이 보아서 알지 않느냐?
15 당나귀를 끌고 가는 그 부자에게 당나
귀를 타지 아니하고 걸어간다고 흉보
며, 아버지가 타면 그 아들을 사랑할
줄 모른다 하며, 아들을 태우면 또 노
인을 공경하지 아니한다 하니, 결국은
타고 가야 할 그 당나귀를 부자가 메
고 가는 그와 같은 형국에 이르렀음이
니,
16 이것이 바로 너희들이 살아가는 형태
요, 너희들의 심리요, 너희들의 마음
자세이니, 각자 자기의 잣대로 자기의
뜻대로 생각하는 것이니, 이를 다 맞
추려다 보면 무엇이더냐?
17 타고 가야 할 그 나귀를 짊어지고 가
는 형국이 되지 아니하는가?
18 지금 세상사 너희들이 살아가는 마음
이요, 형국이 그와 같이 되어 있음을
알아야 될 것이니라.
19 그리하여 정녕 만백성을 지도하는 종
교 지도자들은 바른 주관과 확실한 소
신이 있어야 함이니라.
20 그러나 지금 많은 종교 지도자들은 나
로부터 메시지를 받거나 음성을 들은
것이 없으며 나로부터 명받은 자가 없
으니, 그들이 우왕좌왕하며 가고 있는
것이 나의 뜻과는 관계없다 하였음이
니라.
21 그리하여 그들은 지금 어찌 가는가?
22 진정한 그 믿음의 길을 저희들이 모르
기에 그와 같은 나의 뜻에 거역하는
방대한 성전을 지으며 궁궐보다 더 아
름답게 꾸려 그를 운영하는 그와 같은
저희들의 고충과 시련에 지금 직면하
여 있으며, 나의 피조물 만백성은 그
들의 잣대에서 더 이상 보지 아니하고
등을 돌릴 것이니라.
23 그러니 바로 그들이 어떤 꼴이 되겠는
가?
24 지배할 자들이 저희들이 타고 가야 할
그 당나귀를 메고 가는 부자와 같은
형국이 될 것이니라.
25 자금을 대 주는 자, 금전을 갖다 바치
는 자, 말을 잘하는 자, 그리고 많은
사람을 이끌고 다니는 자, 그와 같은
각양각색의 저희 신도들에게 이것저
것 장단을 맞추다가 바로 그와 같이
저희들이 지금의 그 성전을 관리하는
것이 아니요, 성전의 지배를 받아 그
를 관리하고 보존하기에 급급한 모습
이니,
26 그와 같은 것이 지금의 종교 지도자들
이 가고 있는 형국이며, 세상을 그와

같은 자들이 이끌어 왔으며 그와 같은
수법으로 나의 피조물 만백성을 하늘
에 오르는 길이라 하여 인도하여 왔으
니, 이와 같이 지금 웃지 못할 형국이
되어 있음이니라.
27 너는 여기서 들어야 할 것이니라.
28 네가 나의 성령을 받아 나의 법전을
기록하여 만백성에게 전함이니, 오로
지 너는 나의 성령대로 행해야 될 것
이며, 나의 법전에 있는 그 내용대로
네가 행하고 그 길을 가는 것만이 그
와 같이 흔들리는 꼴이 되지 아니하며
만백성을 구할 수 있는 길이니라.
29 네가 살아가면서 금화와 은화요, 또는
네가 모든 행동을 함에 있어서 인간적
으로 먼저 생각한다 하면 너 또한 타
고 가는 당나귀를 메고 가는 부자의
꼴과 같이 될 것이며,
30 저희들이 관리하고 그것의 위엄을 자
랑하며 만백성에게 권위를 세우기 위
해 지어 놓은 그 성전이 이제는 그들
의 고통거리이며, 그들이 지배하는 성
전이라는 그 건물이 저희들을 지배하
는 그와 같은 웃지 못할 형국이 될 것
이니라.
31 여기에서 네가 확실한 주관이요, 나의
성령대로 행하는 것만이 네가 이기고
견딜 수 있으며 만백성을 구하는 길임
을 알아야 될 것이니라.
32 순간의 어렵고 힘듦이요, 순간의 넘길
수 있는 고통이 어렵다 하여 네가 정
도로 가지 아니하고 나의 법전대로 행
하지 아니하며 남들이 하는 말, 남들
이 권유하는 것, 남들이 너에게 핍박
하는 것, 이 모든 것을 네가 들어 그
뜻에 따라 흔들린다 하면 아무것도 이
룰 수 없는 것이니라.
33 인간의 형태가 그러니라.
34 똑같은 컵에 물이 담겨 있으니 그 컵
에 있는 물을 마시는 것은 당연하나,
그 물을 마시라 권유하는 자가 있는가
하면 또 그 물을 마셔서는 안 된다 하
며, 그 물을 마시는 자세가 틀렸다 하
며, 이와 같이 시시비비를 하는 것이
지금의 너희 백성들의 심성이며 심보
이니라.
35 그것을 정도로써 보지 못하며 진리로
써 보지 못하며 그 원천의 근본을 보
지 못하며 보지 않으려 하느니라.
36 그들이 정녕 몰라서 그와 같은 짓을
하는 것이 아니니라.
37 컵에 담겨 있는 물을 먹는 것은 당연
한 것이거늘, 그를 먹는 모습을 트집
잡거나 또 먹어서는 안 된다고 억지를
쓰는 것은 그들이 몰라서가 아니니라.
38 그리고 먹는 자세가 그리 중요하지 아
니함이니라.
39 다만, 그 작은 것을 가지고 시시비비
하는 것이 너희 인간들의 심성이니,
그게 바로 무엇이더냐?
40 다 알면서 그들이 그와 같이 반대급부
를 제시하며 제 주관과 제 뜻을 관철
시키려 하는 것이니, 그것이 인간의
욕심이요, 심리이니라.
41 그리고 저 자신을 돋보이게 하며 저
자신의 권위를 찾으며 위엄을 보이고
자 하는 그와 같은 상태에서 이루어지
는 것이니,
42 거기에 흔들리는 자는 종교 지도자가
될 수 없으며, 만백성을 구할 수 있는

사람이 되지 못함이니라.
43 오로지 너희들이 바로 버티고 지탱할
수 있는 것은 십계명대로 지키고 사는
것이니 그것 외에는 귀를 막아야 될
것이며, 나의 법전에 기록된 내용대로
실행하고 사는 것 외에 귀를 열어서는
아니 되는 것이니, 여기에 문제가 있
음이니라.
44 나의 아들이 지금 나의 성령을 받아
법전을 세상에 내보내니, 그 법전을
읽고 깨우친 너의 제자들이 지도자가
될 것이며 만백성을 구하는 전사가 될
것이니,
45 그들의 마음에 법전이 완벽히 굳어지
는 그와 같은 마음 자세가 되지 않는
자는 지도자가 될 수 없음이니라.
46 저희들의 권위를 위하여, 저희 명예를
위하여 어떠한 불의도 정의로 만들려
하며 정의도 불의로써 행하여지는 것
처럼 둔갑시킬 수 있는 것이 너희 인
간의 형태이며 그들이 가지고 있는 사
악한 마음이니라.
47 여기에 동요되는 지도자는 결국 어떠
한 형국이 되는가?
48 그는 너에게 등을 돌리며 나로부터 떠
나게 됨이니, 그와 같은 지도자요, 제
자를 네가 육성해서는 아니 될 것이니
라.
49 그러니 너의 제자들을 오로지 십계명
속에서 나의 법전을 지키는 완벽한 제
자로서 길러야 될 것이며 그들의 인성
을 완전히 다스려야 될 것이니라.
50 누가 무어라 하여도 흔들리지 않는 그
와 같은 지도자로서 바로 섰을 때 나
의 뜻을 관철시킬 수 있으며 만백성을
구원의 길로 인도할 수 있음을 잊지
말라.
51 이 대목이 중요함을 너의 제자들에게
깨우쳐 주라.

## 3,299 번째 하나님 말씀

*2002년 9월 7일 10시 11분*

1 사랑하는 나의 아들아!
2 "네, 아버님! 말씀하옵소서."
3 네가 정도의 길이라 하는 것은 나의
법전대로 살아가는 것이며, 그것만이
네가 지탱할 수 있는 길임을 알아야
할 것이니라.
4 십계명 안에서 십계명을 지키며 나의
법전에 기록되어 내가 너에게 명한 것
을 그대로 시행하며 지키고 가는 길만
이 정도요, 참진리요, 네가 지탱할 수
있음을 알아야 할 것이니라.
5 이제 많은 백성들이 너를 찾아오니 그
들은, 내가 너에게 일러 주었듯이, 천
태만상의 생각을 가지고 오느니라.
6 너에게 앞으로 가라 하는 자, 또 뒤로
가라 하는 자, 뒤로 가면 또 앞으로 가
라 하는 자, 옆으로 가라 하는 자, 이
와 같은 자들이 수없이 너를 현혹하며
유혹할 것이니라.
7 저희들의 자리를 확보하며 저희들의
위치를 확보하며 또 저희들이 공로자
로서 모두를 기록하며, 저희들이 그와
같은 모든 역사를 이루는 단면에 영원
히 남고자 하는 그와 같은 수없는 각
종 생각을 가진 자들이 수단과 방법을
가리지 아니하고 너로 하여금 가는 길
에 흔들리도록 그리할 것이니라.

8 정녕 너를 위해서 추천하며 너를 위해
서 건의하며 너를 위해서 인도하는 생
각을 가진 자와 그렇지 않은 자를 네
가 구분하지 못하여 경거망동한다면,
9 나의 법전이 세상에 빛을 볼 수 없으
며, 지금의 너희들의 이 아름다운 형
국의 조직이요, 너의 제자들이 다 흐
트러지게 됨을 알아야 될 것이니라.
10 오로지 정도요, 바른길이요, 법전대로
만 살아가는 그와 같은 마음을 굳혀야
될 것이며,
11 너의 제자들도 법전을 정독하여 그 속
에 기록되어 있는 너희들의 믿음이요,
생활 속에서 너희들이 지켜야 하는 하
늘에 오르는 그 찬란한 영광의 빛을
놓치지 아니하고 그 빛의 길을 따라서
행하는 것만이 지탱할 수 있음을 알아
야 될 것이니라.
12 오늘 내가 너희에게 이와 같은 뜻을
강조함은, 이제 많은 백성들이 너희들
을 찾을 것이며 나의 성전에 올 것이
니,
13 그들이 천태만상의 생각이요, 각자 자
기 주관과 자기 뜻대로 행할 것이니,
거기에 너희들이 좌우되어서는 안 되
는 것을 강조하며 일깨워 주어야 되기
에 내가 오늘 이 법전에 기록하여 너
희들을 깨우치고자 하며,
14 나의 법전을 읽은 모든 백성들은 오로
지 법전대로 살아가는 것만이 구원의
길이요, 거기에서 어떠한 너희들의 생
각이 들어간다면 아무리 아름답고 좋
은 방법이라 하여도 그것이 세월이 지
난 다음에 나의 법전을 욕되게 하며,
너희들이 나를 따르는 백성으로서 자
세를 잃게 되며, 나의 아들이요, 딸로
서 신덕되지 못하며, 신부로서의 그
자격을 받지 못해 하늘에 나의 품으로
오는 길을 잃게 됨이니라.
15 그러니 너희들이 오로지 십계명 속에
서 십계명의 틀과 나의 법전을 그대로
지키고 행하는 그와 같은 삶을 살아가
는 것만이 너희들이 구원의 길에 올
수 있으며, 만백성을 구할 수 있으며,
사탄이요, 사악한 자들의 무리에 너희
들이 넘어지지 아니하며 견고히 견딜
수 있음을 다시 한 번 강조함이니,
16 이를 잊지 말고 가슴 깊이 새겨 두어
너희들의 마음자리를 바로잡도록 그
리하라.

## 3,300 번째 하나님 말씀

*2002년 9월 7일 10시 21분*

1 사랑하는 나의 아들아!
2 "네, 아버님! 말씀하옵소서."
3 모든 종교 지도자요, 그 집단들이 해
야 할 일이 무엇인지 아는가?
4 저희들의 성전에 구원을 받고자 오는
그 백성들의 어렵고 힘든 것을 들어주
고 풀어 주며, 그가 편안한 인생을 살
아갈 수 있도록 도와주는 것이 종교
지도자이니라.
5 우매하고 어리석은 자를 인도하는 것
이 지도자의 도리가 아니던가?
6 그러나 지금의 종교 집단은 어찌 가는
가?
7 나 여호와의 뜻과는 전혀 관계도 없음
이니라.
8 5달란트의 그 기록의 역사가 무엇이

더냐?
9 재능 있는 자에게 너희들이 가지고 있
는 재정으로써 그가 육의 삶을 편안히
살아가 그 속에서 나 여호와가 존재함
을, 살아 움직이는 나 여호와를 느끼
게 하여, 육에서 짜릿한 행복을 느끼
며 영혼의 구원을 받는 그 축복을 얻
을 수 있도록 그들에게 먹고살 수 있
는 사업장을 만들어 주는 것이 종교
집단이 해야 할 일이며 종교 지도자가
해야 할 일이니라.
10 그러나 지금의 종교 집단은 어찌하는
가?
11 그들의 어려운 것을 도움이 아니요,
그저 긁어모으고 거둬들이는 것에만
혈안이 되어 지금 그와 같이 가고 있
으니, 그리하여 바로 나와는 아무런
관계가 없다 하였음이니라.
12 그러나 지금 서울의 한 귀퉁이에 있는
나의 성전에 나의 아들은 그 모두를
다 들여 그들에게 살아갈 수 있는 사
업장을 하나, 둘, 셋, 넷 만들어 줌이
니, 그가 그리 역사하는 그 사랑의 본
보기가 세상을 덮을 것이니라.
13 내가 너희들에게 일찍이 무어라 말하
였던가?
14 이제는 너희들의 그 사악한 뿌리가 더
이상 사악해질 수 없이 극을 달리고
있음이며, 그리하여 지금 마지막 종말
의 시대요, 너희들을 심판하는 시대가
왔음을 알아야 될 것이니라.
15 지금까지 이 세상을 이끌어 온 지도
자, 모든 종파의 깨우침의 지도자라
이르는 너희들이 가르치고 지도한 그
방법이 지금같이 험악하고 상상할 수
도 없으며 인간으로서 감히 생각할 수
없는 이 종말의 시대를 만들어 왔으
니, 그것은 오로지 너희들의 책임이
며, 너희들이 잘못 가르치고 잘못 인
도했으며,
16 그곳에 가 배우고 깨우친다 하는 자들
이 진정한 사랑을 배우는 것이 아니며
나눔을 배우고 베푸는 것을 배우는 것
이 아니라, 저희들이 구원을 받는 데
연연하여 그 티켓을 한 장 구하기 위
해 몸부림치는 그와 같은 믿음으로 왔
으니,
17 가르치는 자와 지도자가 똑같은 그와
같은 험악한 세상이 되었음이니라.
18 이제 그와 같은 심성을 가진 자로서는
더 이상 이 세상을 다스릴 수 없으며
더 이상 지탱해 나갈 수가 없음이니라.
19 여기는 황폐해졌으며 폐허가 되었으
며 사랑의 싹이라는 것은 찾아볼 수가
없는 이와 같은 형국이 되었음이니라.
20 그리하니 너희들이 무어라 가르치느
냐?
21 나의 피조물 만백성이 어떠한 고통 속
에 살든, 저희들이 가지고 있는 재물
을 많이 바침으로써 은혜와 축복의 영
광이 있으며, 그는 믿음이 철저한 자
요, 그 믿음이 철저하기에 구원을 받
는다 하여 그가 육의 삶의 고통을 면
치 못하도록 하며,
22 그리하여 그는 그 고통에 지치고 시달
려 더는 나 여호와가 존재하지 아니하
며 이는 허상이라는 것을 알게 되며
그 가정이 파탄으로 이끌어지는 이것
이 너희들의 지금의 형국이 이루어 놓
은 믿음의 형태임을 너희들은 들여다

보아야 될 것이며, 반성하는 시간을
가져야 될 것이니라.
23 그리하여 이와 같은 너희들의 사악한
형태로써 그와 같은 심성을 가진 자는
세상을 지배할 수가 없음이니,
24 내가 하늘에서 이루고자 하는 그 천국
을 이 지상에 이루기 위해서는 유한
사람의 시대가 열려야 되며 유한 사람
들이 세상을 지배하는 시대가 열려야
된다 내가 너희들에게 수천 번 말하였
음이니라.
25 바로 유한 사람의 시대가 열려야 함을
알라.
26 지금의 종교 집단의 가르침이요, 교리
요, 설법으로써는 너희들이 더 사악해
지며, 점점 나와는 거리가 먼 곳으로
가고 있음이니, 너희들 속에서는 유한
백성이요, 유한 심성을 가진 사람이
세상에 나올 수가 없음이니라.
27 그리하여 악한 자를 유한 심성으로 고
치며 유한 사람을 육성하며 유한 백성
을 세상에 내보내기 위하여, 그리고
그들을 깨우치기 위하여 지금 내가 법
전이라는 것을 160권을 만들어 나의
아들을 통하여 세상에 내려보내는 것
이니라.
28 너희들이 십계명을 지키고 살며, 절대
적 십계명을 지키고 살지 않으면 구원
을 받을 수 없다 하여 그리 몸부림치
고 그를 지키고자 했더라면,
29 지금은 악한 자보다 유한 백성이 이
지구를 덮고 있을 것이니, 나의 하늘
에서 이루어지는 것같이 이 땅에 지상
의 천국을 이루는 것이 그리 어렵고
힘들지는 아니하였을 것이니라.
30 그러나 지금은 유하고 사랑이 있는 백
성을 볼 수가 없으며, 오로지 사악한
자들만이 있으며 그리고 그들이 이 지
구를 다 잠식하여 덮고 있음이니,
31 이제는 유한 백성을 내가 내보내지 아
니하면 이 지구는 영원히 멸망이요,
하늘에서 이루어진 것같이 이 지상의
낙원을 이룰 수 없기에, 내가 유한 백
성을 양성하고 유한 백성을 키워, 그
사악한 너희들의 마음을 선하게 잠식
하여 그와 같은 자들을 쓸어버리고 뽑
아 버리며,
32 그들에게 선한 것이 잠식하여 선한 지
구를 만들기 위하여 내가 지금 조치하
고 있으며 심판하고 있는 것이 제3의
시대를 열어 나의 법전을 세상에 보냄
이니,
33 나의 법전을 읽고 깨우치는 자, 그들
만이 유한 백성이 될 것이며, 그 유한
백성 속에서 나와 천사와 같은 그 심
성을 너희들이 갖게 되며 그를 보게
될 것이니라.
34 그리하여 내가 법전을 세상에 내보내
는 이 깊은 뜻을 너희들이 깨달았다
면, 나의 법전을 정독하며 깨우치고
또 깨우쳐 너희들이 스스로 구원의 길
에 오를 수 있는 그 길을 버리지 말도
록 그리하라.

## 3,301 번째 하나님 말씀

*2002년 9월 7일 17시 13분*

1 사랑하는 나의 아들아!
2 "네, 아버님! 말씀하옵소서."
3 세상사 모든 역사의 기적이 하루아침

에 이루어지는 것이 아니며, 단시일 내에 노력 없이 이루어지는 결과가 없음이니라.
4 네가 지금 지치고 지쳐 지탱하기 어려운 그 몸으로써 나의 성령을 받아 법전을 기록하여 세상에 내고자 함이니,
5 네가 6일에 한 권씩의 법전을 써 단기간 내에 160권이라는 법전을 만들어 세상의 만백성을 구하고자 하는 마음을 내가 잘 알고 있으며, 네가 지금 조급한 마음으로써 어찌하여야 나의 법전을 세상에 전하며 만백성을 깨우칠 것인가 그리 고심하고 고심하는 네 속마음을 너의 제자들은 모르나 나는 알고 있음이니라.
6 서서히 가라, 나의 아들아! 육을 가진 상태에서 육의 몸이 쓰러지면 너 자신이 견디기 어려운 고통에 빠져들게 되어 있음이니라.
7 내가 너에게 말하지 아니하였는가?
8 너를 관리하는 방법, 네 몸을 지키는 방법을 내가 너에게 명하여 주었거늘, 어찌 네가 이를 거역하면서까지 나의 법전을 받아 세상에 빨리 내는 것에만 연연하는가?
9 그리하지 말라.
10 서서히 가도록 그리하라.
11 다 짜진 그 계획에 의하여 역사는 이루어질 것이며 변화는 이루어질 것이니라.
12 네가 사람들을 만나 한 사람 한 사람을 설법하여 깨우치려 하지 말라.
13 그 사람의 비중이요, 그 사람의 능력이요, 그 사람의 마음 자세를 네가 알지 못하는 한 그리해서는 아니 될 것이니라.
14 선택할 자와 선택하지 아니할 자가 있으며, 네가 단독으로 깨우쳐 쓸 자가 있는가 하면 깨우쳐 쓰지 못할 자가 있음이니, 너는 알고 있으면서 어찌하여 네가 깨우쳐 쓰지 말아야 할 사람도 그를 깨우치려 그리 노력하는가?
15 그 모두는 다 이루어지지 아니함이니라.
16 절대 내가 너에게 명하는 그 뜻을 거역하지 말며, 순종하여 수행하며 묵상과 기도에 의해서 그 답만을 받아 행하도록 그리하여야 될 것이니, 이를 잊지 말지니라.
17 아무리 네가 그 사람으로 하여금 제자로 삼아 역사를 이루고자 해도 선택되지 아니한 자는 듣지를 못하느니, '소 귀에 경 읽는다.'는 말이 있지 않으냐?
18 아무리 불어넣고 불어넣으려 해도 아니 됨이니, 네 마음 안타까워하지 말라.

## 3,302 번째 하나님 말씀

*2002년 9월 7일 17시 24분*

1 사랑하는 나의 아들아!
2 "네, 아버님! 말씀하옵소서."
3 나의 피조물 만백성이 나로부터 생명을 받아 나갈 때 나의 계명에 따라 천사와 같은 삶을 살고 하늘에 오르라는 명을 내가 내렸으며, 그의 연판장에 서명을 하고 세상에 나왔으니, 나에게 오른다는 그 백성들과 만백성이 지금 살아가는 형국이 어떠하던가?
4 너희들은 과연 천사와 같은 심성을 위

해 하나하나 다스려 나가며 깨우침의
길을 전진해 가고 있는가?
5 지금 내가 너희들을 내려다보는 그 삶
은 정녕 내가 너희들을 용서할 수 없
는 그와 같은 험악한 삶의 세상에서,
너희들이 말하는 인간의 종말이요, 말
세의 극치에 달하여 있음이니, 이를
어찌하여야 될까?
6 가장 큰 종교 집단이요, 모두를 정화
하여야 할 그 집단이 썩어 있으며 그
들이 잘못 가고 있으며 방향을 잡지
못하고 있으며, 내가 원하는 뜻이 무
엇이며 나의 성서에 기록되어 있는 뜻
이 무엇인가를 모르며,
7 그들이 마지막 저희들에게 구원의 기
회를 주고 있는 나의 법전을 읽으려
하지도 아니하고 뚜껑을 열려 하지도
아니하며 그를 보지도 않으려 함이니
라.
8 저희들이 2천 년 전에 나의 아들 예수
를 그리 처참히 죽도록 하여 내가 천
국의 문을 닫고 성령을 내리지 아니하
였음이니,
9 그 암흑의 세상에서 살았던 그와 같은
처참한 삶을 계속 연장하며 지속하고
자 하는 것이 너희들의 생각이며 지금
너희들이 가고 있는 그와 같은 형태이
니, 이를 어찌 참아야 하겠는가?
10 너희들은 알아야 될 것이니라.
11 너희들이 지금 살아가는 형태요, 너희
들이 이끌어 가고 있는 그 모든 형태
가 잘못되어 있다 함을 너희들이 알고
있음이니라.
12 너희들이 악함을 알고도 끊으려 하지
아니하며 그를 고치려 하지 아니하고
계속 그 악의 행위를 한다면, 너희들
은 스스로 그 악의 행함에 의하여 그
것에 잠식되어 영원히 구원받을 수 없
는 그와 같은 악의 구렁에 빠지게 되
어 있음이니,
13 지금 나의 피조물 만백성을 구한다는
종교 집단들이 성서의 그 깊이를 모르
고 뜻을 모르며, 미래와 현재와 거기
에 속해 있는 그 모든 내가 너희들에
게 가르치고자 하고 전하고자 하며 내
가 나의 뜻을 너희들에게 전하고자 하
는 내용을 들여다보지 못하고 알지 못
함이니,
14 그리하여 너희들이 지금 나와는 관계
도 없는 방향의 믿음의 길을 향하여
가고 있음이니라.
15 너희들을 어찌하여야 되겠는가?
16 너희들이 깨닫지 아니하였으며, 잘못
되어 가고 있다는 것을 알면서도 끊지
아니하며 변화하지 아니하며, 진실한
선을 행하여 살아가고자 노력하지 아
니한다면,
17 너희들 자신이 지은 그 악한 행동에
대해서는 너희들이 반드시 책임을 져
야 될 것이며, 그 책임에 대한 체벌을
너희들이 받는다는 것을 잊어서는 안
될 것이니라.
18 너희들은 악함을 행하는 그 악한 마음
을 너희들 자신과의 싸움에서 뽑아내
며 그 근원을 제거하지 아니하면 선한
마음이 그곳에 자리할 수 없음이니,
19 그 선한 마음이 너희들에게 자리할 수
없는 것은 선한 마음을 불어넣을 수
있는 공간이 너희 자신에게 없음이니,
20 너희들이 아무리 노력하고 싸워서 이

기고자 해도 너희들의 악한 마음을 뿌
리 뽑지 아니하고는 선한 마음을 너희
가슴에 불어넣을 수가 없다는 것을 알
아야 될 것이니라.
21 나 여호와가 성령으로 구원의 능력을
주고 안 주고 하는 것은 나의 몫이나,
악함을 행하고 있는 것을 너희들이 알
고 있으며 지금 악함 속에서 살고 있
는 것을 깨닫고 아는 자가 그를 뽑아
내지 아니하고 그를 끊고 절단하지 못
하여 선한 마음을 받아들이지 못한다
면,
22 아무리 발버둥쳐도 내가 너희들을 구
원하고 구원하지 않는 천국의 열쇠를
가지고 있는 한 너희들은 들어올 수
없음을 알아야 될 것이니라.

## 3,303 번째 하나님 말씀

*2002년 9월 8일 08시 52분*

1 사랑하는 나의 아들아!
2 "네, 아버님! 말씀하옵소서."
3 모든 것이 정상적이요, 질서에 맞추어
움직이지 아니하면 제 궤도를 갈 수
없는 것이 이 세상의 이치이니라.
4 너희들이 육의 몸을 가지고 있는 동
안, 너희들의 육의 몸이 정상적일 때
그곳에서 힘이 나며 삶의 용기가 나며
너희들이 모든 면에서 자신 있게 모두
를 추진해 나감이니라.
5 너희들의 육이 따르지 아니하면 그 영
이 또한 지탱하기 힘든 것이니라.
6 너희들은 이와 같이 모든 너희 자신을
다스리는 것에도 너희 스스로 몸을 다
스릴 줄 알아야 하며, 거기에 너희들
이 과욕이요, 또는 너희 자신이 힘에
부치는 역사를 이루고자 할 때, 너희
들의 육신이 스스로 그곳에 자멸하여
병이라는 것을 얻게 되어 있음이니,
7 육의 삶 또한 세상의 순리처럼 너희들
이 역행하는 행위를 해서는 몸이 지탱
하지 못하는 것이 인간사 너희들이 가
지고 있는 구조임을 알라.
8 너희들이 말하기를, 영혼의 믿음과 육
의 행함은 아무런 관계가 없다 하나,
너희들은 여기서 무서운 사실을 알아
야 될 것이니라.
9 너희들의 육이 죽어 썩어져 간다 하면
너희들의 그 영혼이 너희들에게서 지
탱할 수가 없음이니, 그 영은 바로 심
판을 받게 되어 있음이니라.
10 그리하여 너희들의 육이 살아 있는 동
안 너희들이 잘하고 잘못한 것을 회개
하고 반성하며 그 영혼이 구원을 받을
수 있는 길을 닦는 것 또한 육이 존재
하면서 이루어지느니라.
11 너희들의 육이 병들어 누워 있을 때
그 영 또한 그와 같이 지치고 병들어
누워 있음이니, 그는 무엇이더냐?
12 육의 형태에서 그가 그대로 그 영향을
받아 나가기 때문이니라.
13 너희들은 죽으면 영혼과 육이 분리되
는 것은 알면서, 육이 힘들고 어려울
때 영 또한 똑같이 그 속에 지탱하기
가 그와 같이 힘들고 어려운 그와 같
은 형국에서 이루어짐이니,
14 너희들은 육과 영혼이 분리되어 구원
을 받는다는 그 생각을 저버려야 될
것이니라.
15 너희들은 그저 육이 어찌 행하든 간에

그것은 육의 행함이요, 믿음이라는 것
은 손으로 지은 성전에 들어가 나의
아들 예수의 보혈로써 구원을 받았으
며 그저 너희들이 찬송 부르고 기도하
며 무엇을 달라, 구원해 달라 그리하
니 그저 받은 것이라 생각하며 은혜를
받았다 그리 생각하느니라.
16 그리하여 너희들에게 가르쳐 줌이니,
육과 영혼이 분리된 상태에서 모든 것
을 행한다 그리 생각하지 말라.
17 육이 지탱하지 못할 때 영혼은 떠나며
영혼은 심판을 받으며, 육이 병들고
어렵고 힘든 그 고통 속에서 허덕일
때 너희 영혼도 그 육과 같이 벗어나
기 위해 무한한 고통과 시련을 겪고
있음이니, 육과 영은 하나임을 너희들
이 알아야 될 것이니라.
18 이를 분리하여 믿음의 세계에 갈 수
있다 생각하는 것, 그걸 분리하여 믿
음의 길을 가는 것은 정녕 잘못되었음
을 알아야 될 것이니라.
19 그 이치를 깨닫지 못하면 너희들은 믿
음이라 하는 그곳에 가는 길에서 더욱
너희들의 육을 생각하지 아니하며 육
의 소중함을 생각하지 아니함으로 너
희들이 스스로 많은 죄를 짓게 되어
있으며,
20 그 죄는 반드시 영이 나에게 와 심판
받을 때 짚고 넘어간다는 것을 잊어서
는 아니 될 것이니 그리 알라.
21 이것이 나의 법도이며 하늘의 뜻임을
알아야 할 것이니라.
22 사랑하는 나의 아들아!
23 "네, 아버님! 말씀하옵소서."
24 가장 지혜가 높고 높이 깨우치며 아름
답게 만든 나의 백성들이 어찌하여 나
여호와의 뜻을 그리도 깨닫지 못하는
가?
25 너희들을 세상에 내보냈음이니, 너희
들이 육의 삶을 살다 육이 죽으면 그
영혼은 다시 그 자리에 와야 하는 것
이거늘, 너희들이 그와 같이 올 수 있
는 것은 아름답고 깨끗하게 천사와 같
은 삶을 살아야 하는 것이니라.
26 그러나 너희들은 그 근본을 망가트리
고 살고자 함이니라.
27 너희들은 물고기들이요, 또 모든 짐승
들을 보지 않았느냐?
28 민물에 살던 물고기가 넓은 바다에 가
서 살다가 번식기가 될 때에는 저희
고향에 찾아가 그곳에 또 저희 씨를
뿌리고자 함이니, 그가 그 고향을 찾
아가는 것이 얼마나 힘들고 어렵더냐?
29 내리쏟는 물을 거슬러 온 힘을 다하여
가며, 때로는 가는 동안에 많은 적이
있음이니, 그 적을 피하여 생명을 내
놓고 그들은 태어났던 곳에 돌아가 씨
를 뿌리기 위하여 가는 역행의 장면을
너희들은 알고 있을 것이며 또한 너희
들이 봐서 알 것이니라.
30 그들이 얼마나 그를 위하여 사투를 하
던가?
31 그들은 그곳에 가서 알이라는 것을 뿌
려 놓고 스스로 죽음이니라.
32 그리하여 그가 얼마나 목숨을 다 내놓
고 그 길을 가던가?
33 너희들의 믿음은 그 물고기만큼도 못
한 마음 자세가 되어 있느니라.
34 그들은 저희 후손을 번식시키기 위하
여 제 목숨을 내걸고 가 거기서 알을

낳고 죽어 가느니라.
35 목숨을 내걸고 그 알을 낳기 위하여
찾아가는 그 물고기만큼도 너희들은
너희들 고향으로 돌아가고자 하는, 내
가 보내 준 나의 나라에 오고자 하는
그런 노력을 하지 않음이니라.
36 그뿐이더냐?
37 모든 알을 낳아 놓고 또는 새끼를 낳
아 놓고 죽어 가는 것들이 있느니라.
38 새 생명을 태어나게 하기 위하여 알이
라는 걸 낳아 놓고 죽어 가는 것들이
수없이 있음이니, 그 씨를 번식시키고
그와 같은 장렬한 죽음을 맞이하는 미
물들의 그 형태를 보고 너희들은 무엇
을 느끼는가?
39 너희들이 그만큼이나 노력하는가?
40 단순한 생각을 가지고 있는 그 미물만
큼이라도 너희들은 내가 내려 준 은혜
에 감사하며 구원을 받기 위하여, 나
의 나라에 오기 위하여 너희들이 노력
하는가?
41 너희들이 목숨을 내놓고 이루고자 할
때 못 이룰 것이 무엇이 있는가?
42 너희들이 그 구원의 길을 위하여 너희
자신의 목숨을 던지라.
43 그리하면 너희들이 하늘에 오르는 길
을 올 수 있으며, 미물들이 태어났던
곳으로 돌아가 새끼를 번식하고 장렬
히 죽어 가듯이, 너희들 또한 죽어 나
에게 올 수 있느니라.
44 그와 같은 마음 자세로 달려오고 노력
하지 아니할 때, 정녕 구원의 빛을 볼
수 없다는 것을 너희는 알아야 할 것
이니라.

## 3,304 번째 하나님 말씀

2002년 9월 8일 09시 06분

1 사랑하는 나의 아들아!
2 "네, 아버님! 말씀하옵소서."
3 네가 세상에 나가 인간의 삶의 60평
생을 살았음이니, 그 속에서 겪고 겪
은 그 삶의 형태를 하나하나 벗어 던
지기가 그리 쉽지는 않은 줄 알고 있
느니라.
4 그러나 너는 지금 잘 벗어 가고 있음
이니라.
5 그러나 너는 여기서 들어야 될 것이니
라.
6 네가 완벽한 모습으로 벗어 던지지 아
니한다면 너는 바로 설 수 없으며, 너
의 제자들이 너를 따를 수 없으며, 만
백성이 너를 따를 수 없음이니라.
7 그리고 내가 너에게 기적의 역사를 이
루도록 그 영광을 내릴 수가 없음을
너는 알아야 될 것이니라.
8 완벽한 마음으로 변해야 될 것이니라.
9 하나하나 네가 고쳐 가는 과정에서 너
의 그 변하는 모습이 아름다우나, 더
러는 네가 아직도 벗지 못하는 그와
같은 실수를 하고 있음이니, 그것 또
한 용서할 수 없음이니라.
10 너의 제자들에게 또한 이르라.
11 너의 제자들에게 저희 머리로써 모두
를 생각하지 말며 저희 머리로써 계산
을 두지 말라 그리 이르라.
12 너희 머리로써 생각하고 계산을 둔다
면 너희들은 수시로 일어나는 그 파장
을 감내할 수 없으며, 그때마다 그 감
정을 제대로 바로잡지 못한다 하면 너

희들이 항상 지옥으로 달려갈 수 있는
그와 같은 자세가 됨을 어찌 모르는가?
13 내가 너희들에게 천국과 지옥이요, 선
과 악은 하나의 좁쌀의 크기만큼도 안
된다 하였음이니, 순간에 너희들이 무
너짐을 알아야 할 것이니라.
14 순간의 감정을 참지 못하는 자, 그 생
각을 참지 못하는 자, 그 생각을 돌이
켜 볼 줄 모르는 자, 그리고 그 환경과
그 역사의 이루어지는 부분들을 돌이
켜 생각할 수 없는 그와 같은 사람, 그
는 정녕 진정한 깨우침의 길을 갈 수
없음이니라.
15 내가 너희들이 변할 수 있는 것은 무
어라 말하였느냐?
16 높은 곳에서 물이 흐르되, 유유히 흐
르는 그와 같이 변함없는 마음의 자세
요, 생활 속에서만 모두가 다 이루어
질 수 있다 내가 말하지 아니하였던가?
17 믿음은 그리 가야 되느니라.
18 너희들이 기분이 좋을 때 웃으며, 축
복을 받았다 생각할 때 웃으며, 슬프
고 괴로울 때 나에게 등 돌리고 나를
원망하며 욕된 말을 하는 그와 같은
자세로써 가는 것은 진정한 믿음이 아
니니라.
19 한 번 나를 배신하고 또다시 나에게
오는 자는 이미 한 번의 끈을 놓은 자
들이니 그들은 다시 잡을 수가 없다
말하였으니, 그 마음이 얼마나 무섭고
너희들의 행함이 얼마나 소중한가를
알아야 될 것이니라.
20 꾸준히 잡고 있는 자, 꾸준히 버티는
자, 그리고 꾸준히 노력하는 자, 그는
구원을 받을 수 있다 말하였느니라.
21 어렵다 하여 손을 놓고, 힘들다 하여
등을 돌리고, 고통스럽다 하여 나의
선지자에게 갑론을박하여 등을 돌리
는 자, 그리고 나를 향하여 나 여호와
가 존재하지 아니하다 생각하는 자는
그 한 번의 생각이요, 한 번의 실수로
써 나에게서 모든 끈을 놓음이니, 그
끈을 너희들은 다시 잡을 수 없음을
알라.
22 이것이 하늘의 법도요, 하늘의 뜻이니
라.
23 내가 너희들에게 무어라 말하였느냐?
24 너희들이 사람들을 대하며 접할 때 첫
번째 생각하는 그 아름다운 마음만이
나에게 향하는 것이라 하였음이니라.
25 첫 번째 아름다운 생각만이 나의 생각
이요, 두 번째, 세 번째의 생각은 나의
생각이 아니라 말하였으니,
26 너희들이 그리 첫 번째 아름다운 생각
을 하는 것만이 나의 뜻이라 말했듯
이, 너희들이 남을 핍박하며 핀잔하고
나서 회개하고 반성하여 깨우치는 그
와 같은 생활을 하는 것은 너희들이
한 번 잡은 끈을 놓음으로 인하여 너
희들이 다시 반성하고 뉘우쳐서 그 끈
을 잡으려 해도 그 끈은 이미 잡을 수
없는 것이며 그것이 나의 뜻이니라.
27 너희들이 이와 같은 이치를 모르고 너
희 마음이 파도를 치며 들쑥날쑥, 놓
았다 잡았다 하는 그와 같은 믿음은
아니 됨을 알아야 될 것이니라.
28 유유히 흐르는 물처럼 그 물결을 따라
믿음을 가지고 가는 자만이 구원을 얻
을 수 있는 자이니라.
29 내가 하늘의 비밀을 너희들에게 알려

주어 기록함이니, 차후 너의 제자들이
요, 나의 법전을 읽는 백성들은 변함
없는 그 믿음 속에서 전진하라.
30 너희들이 고통이라 하는 것도 너희 스
스로 겪어야 될 너희 운명이며, 너희
가 시련을 겪는 것도, 너희가 깨달음
을 얻는 것도, 너희가 나로부터 육에
대한 축복이요, 영광을 받는 것도, 영
혼이 구원을 받는 것도 다 나의 주관
하에 이루어지는 것이며, 하나의 프로
그램에 의하여 가고 있음이니라.
31 너희들이 어찌 노력하고 어찌 깨닫고
했느냐에 따라서 너희들에게 상을 늦
추고 당겨 주는 것은 나 여호와의 뜻
이며,
32 너희들이 깨닫지 못하는 것과 깨달음
을 얻은 것의 그 차이에 따라서, 그 노
력함에 따라서, 각자의 능력에 따라서
내가 판단하여 너희들에게 천국의 문
을 열고 안 여는 것 또한 나의 뜻이라
말하였음이니라.
33 다만, 너희들이 어리석은 자 잘난 자,
똑똑한 자 못난 자, 그리고 믿음이 높
다 하는 자 믿음이 낮다 하는 자, 재물
이 있는 자 재물이 없는 자, 권력이 있
는 자 권력이 없는 자, 그것이 다 나에
게는 아무런 관계도 없으며 하나의 흘
러가는 바람과 같은 것이거늘,
34 그를 갖고 너희들이 그때그때마다 마
음이 변하며 끈을 놓았다 잡았다 한다
면 너희들은 결국 하늘에 오르는 길을
올 수가 없음을 알라.
35 내가 너희들에게 무어라 말하였느냐?
36 천 길 낭떠러지에서 나뭇가지를 붙잡
고 매달릴 때, 너희들이 힘들고 어렵
다 해서 그 손을 놓는다면 떨어져 죽
어 감이니,
37 너희가 좀 더 버티고 인내할 때 너희
를 구원할 수 있는 방법이 나오며 구
원할 자가 올 수 있다 하였음이니라.
38 너희들이 그와 같이 버티고 인내하고
견뎠을 때 나 여호와의 사랑의 손길이
너희들에게 내려짐이니, 이 이치를 모
르고 한 번 놓은 자는 두 번 다시 잡을
수 없음이니, 그는 이미 죽은 자이기
때문에 그렇다 내가 너희들에게 말하
였으니,
39 이 뜻이 너무나 소중하고 너희들이 알
고 넘어가야 하기에 내가 오늘 아침
나의 아들을 통하여 다시 너희들에게
강조하니, 믿음의 길이 그렇다는 것을
알라.
40 마음속으로 너희들이 한 번 배신하며
한 번 등을 돌리며, 나 여호와를 원망
하고 나 여호와가 존재하지 아니한다
생각하며, 나의 법전이 아니라 생각하
며 나의 아들이 아니라 생각하는 그와
같은 한 번의 마음으로써 너희들은 모
든 것을 다 놓게 됨이니라.
41 여기에 너희들과 일반 나의 피조물 백
성들과 차이점이 있으니, 이를 알고
가는 자와 모르고 가는 자와의 차이는
하늘과 땅의 그 거리가 있음이니라.
42 그리하여 나의 아들을 배신하고 나의
성전을 배신하며 나의 법전이 나의 성
령이 아니라고 등 돌리고 가는 자, 저
희들이 이 성전에 와서 천 번 만 번 울
며불며 회개해도 이미 손을 놓은 것이
니 그들을 용서할 수 없음이니라.
43 그 스스로 용서받기 위하여 제가 열배

배배 노력함에 따라서 내가 그의 마음
과 그 노력함과 그의 깨달음을 보아
기회를 주고 안 주는 것은 나 여호와
의 뜻이니라.
44 그러나 나에게서 한 번 등을 돌린 자
가 그 기회의 영광을 받기는 그리 쉽
지 않음을 알라.
45 나의 아들 예수의 제자들이 그를 따라
그 역사를 같이하였으나, 내가 그들을
무어라 말하였느냐?
46 그들은 흉악무도한 죄인이며 도저히
용서할 수 없는 자라 내가 말하였음이
니라.
47 나의 아들 예수가 죽어 갈 때 저희들
이 대신 죽고자 하는 그와 같은 마음
자세요, 그는 나의 아들이요, 창조주
의 아들이며, 내가 존재하며 나를 대
신하여 세상에 나온 자라 저희들이 믿
어 스스로 먼저 저희 목숨을 바쳐 그
를 구원하고자 하였다면, 그들은 바로
무엇이더냐?
48 첫 번째 마음이 변질되지 아니한 자들
이니라.
49 그들은 첫 번째 마음이 변질되어 그를
팔았고 그에게 등을 돌렸음이니, 그게
무엇이냐?
50 그들은 다 낭떠러지에서 손을 놓고 떨
어진 자들이니라.
51 그리한 다음에 저희들이 와서 저희 생
명을 바치고 무엇을 다 한들, 이미 죽
은 자가 제 생명을 던져 본들 무엇하
는가?
52 첫 번째 생명을 바친 것이 아니요, 두
번째, 세 번째 저희들이 깨닫고 뉘우
쳐서 바쳤던 그들의 장렬한 죽음은 아
무것도 아님이니라.
53 다만, 그것이 참작될 뿐이요, 그들은
진정 성서에 이름이 길이 남아 너희들
가슴에 기억할 수 있는 그와 같은 제
자가 되지 못함이니라.
54 너희들은 어떠한 제자가 되고 싶은가,
그리고 너희들은 어떠한 백성이 되고
싶은가?
55 그것은 너희들의 선택의 길에 달렸음
이니라.
56 내가 오늘 이 시간, 9월 8일 09시 05
분을 기하여 너희들에게 다시 한 번
기록하여 줌이니,
57 한 번 마음으로 등 돌린 자는 구원을
받기가 너무나 어려우며, 절대적 내가
그 손을 잡아 주지 아니함을 알아야
될 것이니라.
58 내가 너희들을 아들이요, 딸이라 불렀
으며 신부라 불렀음이니, 너희들이 나
를 알며 죽어 왔을 때 내가 너희들을
아나,
59 너희가 나를 향하는 그 손을 놓았을
때, 아무리 오늘의 너희들의 믿음이
애절한 마음을 갖고 나에게 구원을 받
고자 손을 내밀어도 내가 그를 받아들
이지 아니하며, 너희들은 내 손을 잡
을 수가 없음이니,
60 그때 가서 나 여호와를 원망하지 말
며, 너희들을 구원하지 못하는 나의
아들을 원망하지 말라.

## 3,305 번째 하나님 말씀

*2002년 9월 8일 09시 38분*

1 사랑하는 나의 아들아!

2 "네, 아버님! 말씀하옵소서."
3 모든 너의 제자들에게 자만하지 말며
오만하지 말라 이르라.
4 그리고 나의 법전을 읽고 깨우치는 만
백성은 너희 자신을 돌아다볼 수 있으
며 너희들이 낮은 자라는 것을 깨닫는
그와 같은 믿음을 가는 자세가 얼마나
소중하고 위대한 것인가를 알아야 할
것이니라.
5 세상사 너희들이 살아가는 이 지상의
낙원이 내가 너희들에게 내린 은혜요,
은총이요, 영광의 역사가 이루어지는
곳이라는 것을 너희들은 어찌 깨달았
는가?
6 그 속에 살아가는 수천수만 가지 동식
물들의 변하는 것을 알고 있는가?
7 너희들이 그 가짓수를 모르며 그 숫자
또한 모름이니라.
8 그리고 그들이 살아가는 오묘하고 절
묘한 그 삶 속의 흐름을 너희들은 과
연 얼마나 아느냐?
9 창조주 내가 만들어 놓은 그 모든 것
의 가짓수와 그 형태를 알지도 못하는
것이 너희들이니라.
10 그리고 피부를 스쳐 가는 그 바람이
어찌하여 역사가 이루어지며 그가 무
엇을 위하여 어디로 흘러가는 것이며,
세상사의 미물이요, 동물이요, 그 모
두가 어찌하여 번식하며 어찌 살아가
는가, 그들 나름대로 규율이 있으며
질서를 지켜 가며 살아가는 그와 같은
것 하나도 알지 못하는 너희들이 어찌
하여 그리도 오만한가?
11 육의 세상에서 너희들이 조금 부귀를
얻었다 하여, 권력을 잡았다 하여 세
상 것을 다 쥔 양 그리 살아감이니,
12 그것이 얼마나 부끄러운 형태며, 너희
자신이 돌이킬 수 없는 그 오만함에서
이루어지는 것인가 너희 자신을 좀 돌
아다보라.
13 그렇다면 너희들이 창조주 내가 세상
을 창조한 이 위대하고 방대한 지구의
운영하는 그 형태에 너희 자신을 비춰
볼 때, 너희들의 한계가 과연 어디에
있다 하는가, 그리고 너희들의 능력이
과연 어떠하다 하는가?
14 너희들은 말할 것이니라.
15 지금의 너희들이 사람의 생명까지도
세상에 탄생하도록 만드는 그 과학의
위대함까지 전진하고 있으며, 세상에
못 이루는 것이 없으며 못 만드는 것
이 없다 너희들은 그리 말할 것이니라.
16 그러니 너희들이 얼마나 자만하고 오
만해 있는가?
17 비바람이 몰아치고 태풍이 후려칠 때
과연 너희들이 그 앞에서 존재하는 가
치가 얼마나 위대하다 느끼며 너희들
의 저항력이 얼마나 있으며 너희들의
몸으로써 과연 무엇을 얼마나 막을 수
있다 하는가?
18 비바람이 몰아칠 때 내가 세상에 내놓
은 숲이요, 나무들이 그 바람의 완충
작용을 하지 아니한다면 너희들은 얼
마나 무서운 피해를 입을 것이며 너희
들의 그 고통이 어떠할 것인가를 너희
들은 생각해 보았는가?
19 그 자연의 숲이 완충작용을 하기에 너
희들의 가옥을 보호하며 너희들의 생
명을 보호하며 너희들의 재물을 보호
하는 그와 같은 역사요, 그 자연 앞에

얼마나 너희들 자신이 버틸 수 있다 생각하는가?
20 그들은 가지를 잃어 가면서까지 너희들을 지키려 하지 않는가?
21 이는 너희들이 그를 버리지 아니하고 배신하지 아니하였으며 함부로 그들을 베어 쓰러트리지 아니한 그 대가이니라.
22 자연은 그와 같이 위대하며, 저희들에게 해를 입히지 않았을 때 반드시 돌려주는 것이 자연의 위대함이니라.
23 태풍이 몰아치고 비바람이 몰아칠 때 너희들은 과연 얼마나 버틸 수 있는가?
24 너희 몸으로 그를 막을 수 있다 생각하는가?
25 너희들은 그를 막을 수도 없음이니라.
26 그러니 너희들이 내가 만들어 놓고 내가 창조한 자연환경을 파괴하지 말며 자연을 말살시키지 말라.
27 너희들이 지어 놓은 성전의 그 기왓장이 날아가며 그 집 모퉁이의 돌무더기가 날아가는 그와 같은 역사의 태풍이 불어온다면 너희 몸으로 그를 막을 수 있다 생각하는가?
28 자연이 그 바람을 막아 주며 그를 역사함이니라.
29 너희들이 홍수가 날 때 물이 넘치는 그 제방의 돌을 빼고 바위를 파괴하며 너희들 임의로 그곳에 손을 댔다 하자.
30 그 몰아치는 물살에 그 제방은 터질 것이며 그가 터짐으로써 너희들이 받는 타격은 이루 말할 수 없을 것이니라.
31 과연 너희들이 몸으로 그를 막을 수 있으며 너희들의 능력으로 그를 막을 수 있겠는가?
32 이것이 바로 자연의 위대함이며, 너희들이 자연환경을 파괴하는 것은 잘못됨이며, 창조주가 역사한 그 위대한 힘 앞에 너희들이 거부하지 말며 오만하지 말며 자만하지 말라.
33 너희들이 어떠한 힘이 있고 어떠한 능력이 있기에 그리도 자만하고 오만한가?
34 그리하여 내가 나의 피조물 만백성은 서로 평가하지 말며 서로 시기하지 말라 하였음이니라.
35 너희들이 아무리 위대한 과학의 힘을 갖고 세상을 다 만들고 지배하는 것같이 해도 나 여호와가 너희들에게 내리는 어떠한 힘에도 너희들은 거역할 수 없음을 알아야 될 것이니라.
36 너희들이 아무리 견고하고 단단하게 세상을 다 지배할 수 있는 요새를 만들었다 해도 그 또한 지진이라 하여 땅이 갈라지면 과연 지탱할 수 있으며, 그것이 쓰러지는 것을 너희 손으로 막을 수 있으며 인간의 힘으로 그것을 붙여 놓을 수 있는가?
37 바로 그와 같은 것이 너희들이거늘, 너희는 어찌하여 그리도 우매하고 어리석은 것인가?
38 너희들이 어찌 그리도 오만하고 자만하기에 서로 사랑하고 아끼고 순종하며 살아가는 그와 같은 뜻을 모르는가?
39 자연의 순리에 따르며 자연의 순리에 순응하며, 위로는 나 여호와 창조주의 뜻에 순종하며 너희들이 살아가고 깨우치는 것이 더 위대한 것이거늘,
40 과연 너희들은 내가 너희들에게 내리

는 체벌에서 견딜 수 있다 생각하는가?
41 너희들이 살고 있는 그 도심지 한복판
을 지진이라 하여 땅을 갈라 놓고 지
나가도록 내가 역사한다면, 거기에서
살아남을 자 어디 있으며 거기에서 견
딜 자 어디에 있는가?
42 어찌하여 너희들은 그와 같이 너희 스
스로 자신이 미약하며 보잘것없는 존
재라는 것을 깨닫지 못하고 그리 오만
한 행위를 하는가?
43 너희들 자신을 돌아다보라.
44 아무것도 너희들이 이룰 수 없으며,
그저 낙엽이 되어 떨어지는 이파리와
같은 인생을 살아가는 것이 너희들이
니,
45 순리에 거역하는 행위를 하지 말며,
나 여호와에게 거역하는 행위를 하지
말라.
46 너희들은 오로지 내가 내린 계명을 지
키며, 내가 너희들을 구원하고자 내려
보낸 법전대로 지키며, 자연 속의 아
름다움이요, 그 순수함을 깨닫고 내가
내려 준 모두에 대한 감사하는 마음만
을 가지고 살아야 될 것이니라.
47 내가 내리는 것에 거역하며 나의 뜻을
거역하고 너희들이 존재할 수 있다는
생각을 버려야 할 것이니라.
48 너희들 자신의 존재를 한번 평가해 보
며 스스로 생각해 보라, 너희들이 과
연 어떠한 존재인가를.

## 3,306 번째 하나님 말씀

*2002년 9월 8일 09시 46분*

1 사랑하는 나의 아들아!
2 "네, 아버님! 말씀하옵소서."
3 너는 좌절하지 말며 실망하지 말라.
4 수천 년의 역사가 흘러오는 동안에 뿌
리를 내린 그 종교 집단이며, 그들이
가지고 있는 재물이요, 그들이 가지고
있는 힘이요, 물리적인 그 능력은 이
세상을 다 지배하며 존재하지 않는가?
5 네가 그들에게 대적하기를 두려워하
지 말며 겁먹지 말라.
6 네가 지금 나의 법전을 받아 160권 중
에서 3부를 썼음이니, 이제 48권의 법
전이 세상에 나왔을 때 그 역사함을
너희들이 알게 될 것이니라.
7 이 동양의 작은 나라에 태어난 백성,
너희들은 축복과 영광임을 알아야 될
것이니라.
8 나 여호와가 제3의 시대를 열며 새로
운 역사를 이루고자 하며 새 시대를
이루고자 하는 그 모두를 동양의 작은
나라 이곳에서 시작하도록 함이니,
9 이곳에 나의 아들을 내려보냈으며 너
희들의 문화와 글로써 이 법전이 세
상을 다 덮음이니, 너희들이 얼마나
축복되고 영광된 백성인가를 알아야
될 것이니라.
10 너희들은 교리가 어떠하며 설교가 어
떠하며 성경이 어떠하다며 이것을 따
지지 말라.
11 오로지 나의 법전에 기록되어 있는 그
내용이 너희들의 생활 속의 밑바닥에
서부터 하늘에 오르는 그 단계까지 모
두가 기록되어 있음이니,
12 그것이 너희들의 문화요, 너희들의 글
로써 세상에 나가 만백성을 다스리고
통제하는 것이 얼마나 위대한 것이며

축복인가를 너희들이 먼저 알아야 될
것이니라.
13 내가 내려 준 이 축복의 영광을 위하
여 이 동양의 작은 나라의 모든 백성
너희들이 무릎 꿇고 두 손을 들어 하
늘을 향하여 '하나님! 감사합니다.' 그
기도를 드리고 드려도 그 은혜에 보답
할 길이 없거늘,
14 어찌하여 너희들은 나의 법전을 읽고
그 은혜와 영광과 은총의 감사함을 모
르고 이단이요, 사탄이라 그리 말하는
가?
15 너희들이 이단이요, 사탄이라 하여 그
를 찢어 버리고 태워 버리는 그와 같
은 행위를 어찌 감히 할 수 있는가?
16 이제 동양의 작은 나라의 백성 너희들
은 들으라.
17 너희들이 지금까지 가지고 믿어 왔던
그 종파들은 국부적이며 소수이니라.
18 그리하여 그 모두를 다 접어 두고 이
제 세상의 만백성의 언어를 하나로 통
일하며 믿음을 하나로 통일하며 새로
태어나는 새 역사를 이루고자 하는 것
이 너희들로부터 시작됨이니, 온 백성
은 무릎 꿇고 하늘을 향하여 기도하라.
19 '하나님! 감사합니다.' 너희들이 기도
하며 또 기도를 해서 너희들의 무릎에
서 피가 나고 손에서 피가 나도록 무
릎 꿇고 나에게 경배해도 이 동양의
작은 나라를 선택한 그 은혜와 영광에
너희들은 보답할 길이 없을 것이니라.
20 너희 후손이 길이 빛날 것이니라.
21 천 년의 역사를 이루어 천 년이 지난
다음에 영원히 만백성의 근원이 되는
것이 너희 민족으로부터 시작됨이니
라.
22 너희들은 나로부터 선택된 백성이며
오래전부터 준비된 백성임을 알라.
23 내가 일순간에 나의 아들을 여기에 내
려보냈으며 너희들의 문화와 너희들
의 글로써 너희들을 깨우쳐 만백성을
통제하고자 하는 것이 아니니라.
24 많은 세월, 몇천 년 역사 속에 이 동양
의 작은 민족 너희들이 나로부터 선택
된 백성이요, 제3의 시대에 새로운 역
사를 이루는 것은 너희들이니라.
25 그리하여 나 창조주의 계획과 나의 뜻
에 의하여 지금 역사가 여기서 이루어
지고 있음이니,
26 너희들은 작은 종파에 휘말려 매달리
지 말며, 너희들을 끌고 가는 그 종파
속에서 벗어나지 못하는 우를 범하지
말라.
27 그를 다 털어 버리라.
28 그리고 너희들의 동양의 작은 나라에
서 세상의 통일어를 만들어 그들을 깨
우치는 대역사의 위대함 앞에 너희들
은 스스로 감사할 수 있는 마음을 가
지라.
29 너희들이 하나가 되어 나의 법전을 너
희 것으로 만들어 만백성을 깨우치는
전사로서 일어서야 될 것이며, 너희들
이 만백성을 구해야 할 것이니,
30 지금 너희 손에 쥐고 있는 작고 큰 모
든 종파의 그 끈을 놓으라.
31 그리고 나의 법전을 읽고 깨우치라.
32 너희들이 죽고 살며 하늘에 오르는 그
모든 뜻이 다 여기에 있고 하늘의 뜻
이 여기에 있으며 내가 추구하는 것이
여기에 다 있음이니, 그 외에 무엇이

있다 너희들이 말하는가?
33 작은 종파에 연연하지 말라.
34 이는 국부적인 것이며, 나와는 관계도
없는 것임을 너희들은 알아야 할 것이
니라.
35 그리하여 이 동양의 작은 나라의 모든
백성 너희들은 나의 법전을 읽고 깨우
쳐 그 속에서 새로 태어나며 이 세상
의 새 역사를 창조하는 기틀을 너희들
이 바로 지금 세워야 할 때이니라.
36 너희들이 그만큼 위대한 종족이며, 그
와 같이 위대한 민족으로서 선택된 자
들이니, 너희들은 일어서라.
37 너희들이 하나가 되어 노도와 같이 일
어서지 아니하면 아니 됨이니라.
38 이는 노아의 방주보다도 더 위대한 역
사이며, 모세가 그 백성을 끌고 나온
것보다 더 위대한 역사이며, 예수가
죽음으로써 백성을 구하려 했던 것보
다도 더 위대한 역사임을 알라.
39 이는 곧 내가 직접 지배하며, 내가 직
접 통제하며, 나의 뜻을 세상에 전하
며, 이게 마지막 시대이기 때문에 얼
마나 소중하고 위대하며 귀한 것인가
를 너희들이 알아 힘을 하나로 합쳐
나의 법전을 온 세상에 전하는 자부심
과 긍지를 가지라.
40 너희들의 언어로써 세상의 공통어가
되며, 너희들이 뿌리가 되어 만백성을
하늘로 인도하는 그와 같이 너희들이
세계의 백성이니라.
41 온 인류의 선택된 백성이며, 너희들서
부터 뿌리가 내려 감을 잊지 말라.
42 자긍심과 긍지를 가지라. 그리고 자신
감을 가지라.
43 그리고 사랑과 은혜와 축복에 감사하
는 민족이 되라.
44 이를 너희들이 모른다 하면 어찌하겠
는가?
45 지금 이 시대에 나의 아들과 더불어
살아가는 너희들은 똑같이 대역사를
이룰 책임을 맡은 자들이며, 너희들이
이를 이루지 아니하면 그 누구도 이룰
수 없는 것임을 알라.

## 3,307 번째 하나님 말씀

*2002년 9월 8일 09시 52분*

1 사랑하는 나의 아들아!
2 "네, 아버님! 말씀하옵소서."
3 너의 제자 '고재순'에게 나 여호와가
그를 사랑한다 그리 전하라.
4 그가 어렵고 힘든 생활 속에서 '하얀
마음의 쉼터'요, 내가 존재할 수 있는
그 쉼터를 만들었으며 내 마음을 전할
수 있는 그곳을 만들었음이니, 그에게
내가 그를 사랑하며 그 상이 큼을 알
라 전하라.
5 내가 반드시 육의 세상에서 그에게 상
을 내릴 것이니라.
6 너희들이 알아야 할 것이 있느니라.
7 너희들이 모든 사업장을 만들어 사람
을 이끌어 가고 사람을 깨우쳐 가는
그와 같은 역사를 이룰 수 있는 사업
장도 중요하나, 그곳은 바로 사람을
낚는 사업장이니라.
8 그곳에 오는 자 마음이 편안하며, 그
곳에 오는 자 행복을 느끼며, 그곳에
오는 자 무엇인가 깨달음을 알 수 있
는 곳이 바로 내가 만들어 놓은 그 '하

얀 마음의 쉼터’이니라.

9 그곳에 오는 자 많은 변화를 가질 것이며, 그곳에서 많은 사람들을 너희들이 만나 구원하는 그와 같은 자연스런 역사가 이루어질 것이니라.

10 각계각층의 사람들이 그곳에 모일 것이며, 모인 자들은 서로 대화를 할 것이며 그와 같이 편안한 쉼터를 만들어 준 그 주인에게 감사를 드릴 것이며, 그리하여 그들이 그 이루어진 뜻을 알게 되며 만든 그 뜻을 알게 됨이니,

11 그 뒤에는 너의 제자들이 사랑하는 나 여호와 창조주의 뜻에 따라 그리 행하였다는 것을 알게 될 것이며 만백성에게 깨우침을 줄 것이니,

12 어렵고 힘든 중에 그 쉼터를 만든 여인에게 정녕 나 여호와가 그를 사랑한다는 말을 전하며, 만인들 앞에 그 수고함을 네가 격려해 주어야 될 것이니라.

13 그곳에서 이제 역사가 이루어질 것이니라.

14 각계각층의 모든 사람들이 나와 너희들을 도와줄 수 있는 사람들이 거기에 오며, 능력 있는 자, 힘 있는 자가 그곳에 와 고개 숙이고 돌아가며, 정녕 몸으로써 실천하며 손으로써 만들어 내며 그리고 사랑으로써 어루만지며 물질로써 모두를 던져 이루어지는 세상의 그 쉼터의 마음을 그들은 피부로 느낄 것이니라.

15 지금은 한산하고 초라하나, 그곳에 끝없이 사람이 모여들 것이며, 그곳에서 구전으로, 입에서 입을 통하여 나 여호와의 뜻이 무엇이며 나 여호와가 이루고자 하는 것이 무엇이며 내가 뜻하는 것이 무엇이며 5달란트의 역사는 무엇이며 믿음을 가는 자들은 어찌 행해야 되며, 정녕 말로써만 사랑을 부르짖는 것이 아니고 믿음의 길이 무엇인가를 알 것이니라.

16 종교 지도자들이 저희들이 거둬들이며 챙기고자 아니한다면 얼마나 무서운 역사를 이룰 수 있으며, 만백성이 고통에서 벗어나 살아갈 수 있는 길이 있다는 것을 그들은 알게 될 것이니라.

17 종교 지도자들은 있는 자에게 거둬들여 제가 챙기고자 하니, 남을 도울 수 없으며, 도울 수 있는 길을 만들지 못하니, 그게 얼마나 욕심이며 그게 얼마나 사악한 행위인가를 그들은 쉼터에 와서 듣고 보고 알 것이니라.

18 나의 아들은 자신에게 큰 떡을 놓지 아니하며 제 앞에 좋은 것을 놓지 아니하며 제가 갖고자 하는 욕심이 없음이니,

19 있는 자에게 없는 자를 도와줄 수 있는 기회를 만들어 주며, 가난한 자가 있는 자에게 혜택을 입어 감사함을 느끼며, 나 여호와가 존재함을 느끼며 사랑이 무엇인가를 느끼며, 나 여호와의 사랑이 무엇이며 내가 원하는 뜻이 무엇인가를 그곳에서 알게 되니, 그곳에 많은 백성들이 모여들 것이니라.

20 그리하여 그들은 그것을 알 것이니라.

21 어찌하여 이 역사가 이루어졌으며 이와 같은 것이 이루어졌는가를 눈으로 보고 귀로 듣고 피부로 느끼고 돌아갈 것이니라.

22 그리하여 그들은 지금의 종교 지도자
들의 그 집단이 잘못 감을 부끄럽게
할 것이며 그리고 그들은 거기에서 깨
달음이 있을 것이니라.
23 그리고 평생 구원을 받기 위하여 그저
재물을 바치고 구원의 티켓을 사려고
했던 저희들이 얼마나 어리석고 불쌍
한 자들인가를 알게 될 것이며,
24 그리하여 그들이 직접 불쌍하고 어려
운 사람에게 나 여호와의 뜻에 따라
오른손이 하는 것을 왼손이 모르게 하
는 그 역사를 이룸이니,
25 그곳에서 사람을 받아들이며 면접하
며 새로운 시대를 열어 가는 역사가
이루어질 것이니라.

## 3,308 번째 하나님 말씀

*2002년 9월 8일 09시 59분*

1 사랑하는 나의 아들아!
2 "네, 아버님! 말씀하옵소서."
3 그 쉼터에 내 마음이 있으며 나 여호
와가 존재함이니, 그곳은 너희들에게
역사를 이룰 자, 너희들을 도울 자, 그
많은 사람들을 내가 직접 선별하여 너
희들에게 보낼 장소이니, 그 장소의
위대함과 소중함을 너희들은 알아야
될 것이니라.
4 비록 '하얀 마음의 쉼터'라 하여 너희
들의 이해관계요, 금화와 은화를 거둬
들이는 곳은 아니나, 거기는 그보다
더 위대한, 사람을 낚는 장소로서 내
가 항상 그곳에 임하여 너희들을 도울
자, 돕지 못할 자, 너희들을 버릴 자,
너희들에게 칼을 들이댈 자, 그와 같
은 자를 직접 구분하여 나의 법전이
세상에 나가는 역사를 거기서부터 이
룰 것이니라.
5 그게 시작됨이니라.
6 3부가 나왔을 때 많은 사람들이 너희
들을 만나고자 할 것이며 너희들과 더
불어 가고자 하는 자 손을 내밀 것이
니,
7 그들을 나의 성전에서 만나는 것이 아
니요, 네가 만든 '하얀 마음 쉼터' 그
곳에서 모두가 이루어질 것이니라.
8 만백성이 그곳에서 나의 성전을 찾는
그와 같은 절차와 순서로서 크게 역사
하는 곳이니, 그곳은 세상에 길이 기
록되어 남을 것이며 영원히 존속되는
곳일 것이니라.
9 많은 사람들이 그곳에 와 대화하며 그
곳에서 깨우치며, 그곳에서 너희들이
많은 사람들과 대화할 때 그 많은 사
람들이 거기서 뼈저리게 저희들이 잘
못 믿어 왔으며 저희들이 구원을 받고
자 저희들이 만든 성전에 가서 시간과
재물과 금화와 은화의 모두를 바쳤던
것이 얼마나 큰 욕심이며 얼마나 부끄
러운 것인가를 알아 고개 숙여 돌아감
이니,
10 그리하여 그들이 그곳에 와 접수하여
어렵고 힘든 백성을 구원하는 장소가
될 것이니라.
11 그곳에 찾아오는 백성은 어려운 자를
돕게 될 것이며 그곳에 찾아온 능력
있는 자가 그들을 돕게 됨이니, 그곳
이 바로 너희들이 5달란트의 역사를
만드는 본부이니라.
12 그리하여 내년에 수없이 많은 그와 같

은 역사가 이루어짐이니, 거기서 맺어
지고 헤어지는 그와 같은 역사가 이루
어지는 장이니라.
13 그리하여 내가 거기에 존재한다 하였
음이니라.
14 어렵고 힘든 그 상황에서, 금화와 은
화를 자기 생명보다 더 소중히 하며
지폐 한 장도 내놓기 꺼리는 이 세상
에 많은 자금을 또 들여 그를 만들어
준 '고재순'이라는 너의 제자에게 다
시 한 번 내가 그를 격려하고 사랑한
다 그리 전하라.
15 그리고 그 머리 위에 항상 내가 같이
있음을 잊지 말라 이르라.
16 내가 저의 머리에 같이 있으며 저의
가슴에 같이 있음이니, 그가 바로 그
와 같은 아름다운 역사를 이루었으며
나의 뜻을 위하여 제가 그와 같이 5달
란트의 역사를 위하여 많은 백성을 도
와주고 있음이니,
17 그가 바로 천사의 향기가 되어야 될
것이니, 작은 것을 버리며, 큰 가슴에
안고 작은 것을 보지 말라 그리 이르
라.
18 천 근의 무게를 들 수 있는 자가 한 근
의 무게도 되지 않는 것을 가지고 마
음의 변화가 있으면 아니 될 것이니,
그 마음 자세를 다스리라 말하라.
19 그와 같이 모든 역사를 이룬 그를 보
고자 하는 사람들이 모여들 것이니,
과연 그가 작은 것에 마음이 동요되는
그와 같은 사람이 된다 하면 이는 잘
못됨이니라.
20 그러니 그를 네가 특별히 깨우치고 가
르쳐 큰 역사를 이루어 나의 '하얀 마
음의 쉼터'를 만들었듯이, 그 마음이
하얀 마음이 되어 세상사 모두를 가슴
에 끌어안는 그와 같은 나의 딸이 되
도록 하라 그리 가르쳐 주라.
21 그게 지금서부터 가장 소중한 너희들
의 과제이며 네가 그를 깨우쳐 주어야
될 것이니라.
22 그 한 사람 마음을 하얗게 비우도록
하라.
23 그가 하얀 마음으로 그 '하얀 마음의
쉼터'를 만들었듯이 그 마음이 넓은
마음으로써 천사가 되는 것이 가장 중
요하니라.
24 많은 백성들이 그를 칭송할 것이며,
그를 만나고자 할 것이며, 그의 손을
잡는 것을 영광으로 생각할 것이며,
그와 같은 역사를 이룬 그를 사랑할
것이며, 그를 보고 많은 가진 자들이
어려운 자를 도와줄 수 있는 그 깨우
침을 얻게 되며,
25 그 '하얀 마음의 쉼터'에서 바로 5달
란트의 역사를 그들에게 깨우치며, 믿
음을 잘못 가 평생 재물과 금화와 은
화를 바쳤던 자들이 그를 후회하고 반
성하여 그 문을 닫으며 없는 자를 직
접 도와주고 불쌍한 자를 직접 도와주
어 나에게 기도하며 나에게 축복을 받
는 그와 같은 변화가 그곳에서 이루어
짐이니, 그와 같은 역사를 이룬 그는
천사가 되어야 함을 잊지 말라.

## 3,309 번째 하나님 말씀

*2002년 9월 8일 12시 02분*

1 사랑하는 나의 아들아!

2 "네, 아버님! 말씀하옵소서."
3 네가 너의 제자들을 가르치고 깨우치
면서 나의 십계명을 암송하지 아니하
고 기도한 적이 한 번도 없음이니,
4 너희는 이 십계명이 열 가지 그 계명
이라 생각하고 그리 들을지 모르나,
이 십계명은 내가 구약과 신약의 모두
를 요약하여 너희들에게 알기 쉽고 깨
우치기 쉬우며 행하기 쉽게 만든 것이
니,
5 네가 항상 구약과 신약을 다 읽어 너
의 제자들에게 들려주면서 기도하는
역사와 똑같음이니라.
6 네가 십계명을 암송하고 기도를 하는
것은 구약과 신약을 다 암송하여 깨우
침이니, 네가 나를 경배하는 아들로
서, 너를 이단이요, 사탄이요, 사악한
자라 말하는 자들은 그와 같이 어리석
은 자들이니라.
7 너희들 중에 과연 구약과 신약을 암송
하며 그 제자들을 깨우쳐 인도하는 자
가 있는가?
8 그리고 너희들이 기도할 때 내가 만든
영혼의 양식인 십계명을 암송하며 그
의미를 알며 그 뜻을 깨우쳐 너희들이
나의 백성들을 가르쳐 하늘에 오르는
길로 인도하는 자가 있는가?
9 너희들은 여기서 깨우쳐야 될 것이니
라.
10 너희들이 책이라는 것을 써서 세상에
낸다 하여도 그 십계명을 장장이 암송
하며 그를 기록한 자 없을 것이니라.
11 나의 아들이 지금 160권의 그 장서의
법전을 세상에 내면서 나로부터 그 기
도를 받을 때마다 십계명을 꼭 암송하
고 받음이니, 이와 같이 다져지고 또
다져진 성령의 법전이 세상에 어디 있
는가?
12 과연 그와 같은 역사를 이룰 자 있는
가 물어보도록 그리하라.
13 내가 오늘 너의 제자들에게 임하노라.
14 내가 이 세상에서 동양의 작은 이 나
라에 나의 뜻을 전하며 이 백성으로
하여금 깨우치게 하며 이 백성들을 기
초로 하여 이 세상을 다 통제하고자
함이며, 이 백성을 기초로 하여 천 년
에 걸쳐서 살 자와 죽을 자를 구분하
고자 함이니,
15 너희들이 선택됨이 얼마나 위대한가
를 알아야 될 것이며, 이를 감사하는
때가 머지않았음을 너희들은 알아야
될 것이니라.
16 동양에 있는 이 작은 나라의 나의 백
성들이 이 세상에서 선택된 백성으로
서 만백성을 이끌어 가는 그와 같은
나의 선택된 백성의 그 역사를 이룰
수 있는 것은 오늘 나의 성전에서 나
의 성령을 나의 아들을 통하여 들으며
나의 법전을 가지고 공부하는 너희들
이 시발점이니라.
17 모두는 너희들로부터 시작하여 이 동
양의 백성들이 깨우치며 그들이 무릎
꿇고 나에게 기도하는 날이 이루어질
것이니,
18 너희들 자세 하나하나가 얼마나 소중
하고 위대한 것인가를 알아야 될 것이
니라.
19 내가 너희들에게 간곡히 전하노라.
20 너희들은 십계명을 지키는 것을 가슴
에서 잠시도 잊어서는 안 되며 지워서

도 안 되며, 나의 법전을 너희들이 읽
고 또 읽고 정독하고 정독해서 내가
너희들에게 바라고 원하는 것이 무엇
인가를 너희들이 일상생활에서 적용
하여 남들에게 하나의 부끄러움이 없
는 그와 같은 삶을 살아가는 것이 너
희들의 대명임을 알아야 될 것이니라.
21 너희들은 너희 삶을 한번 꼬집어 보라.
22 이것이 엄연한 현실이니라.
23 너희들은 꿈과 같은 세상에 지금 존재
하고 있음을 알라.
24 나 여호와가 이곳에 와 있으며, 나 여
호와가 나의 아들을 통하여 너희들에
게 내리는 이 성전에 와 있는 너희들
은 꿈이 아니고 현실임을 알라.
25 너희들로 하여금 모든 역사를 이루고
자 하며 그리하여 너희들은 선택된 자
이니, 너희들이 살아가는 그 생활 속
에 행함이 바르고 곧아야 함을 잊지
말라.
26 나의 진리요, 나의 가르침은 너희들의
생활 속에 있음이니라.
27 생활의 기본이요, 생활의 기초가 곧
나의 성령이요, 진리임을 너희들은 잊
어서는 아니 될 것이니라.
28 너희들의 삶이 얼마나 소중한가를 알
아야 될 것이니라.
29 너희들이 손끝 하나 움직이는 것, 몸
하나 움직이는 것, 너희들이 입고 있
는 옷의 단정한 그 모습 자체도 너희
들이 나와 같이하고 있다고 생각해야
될 것이니, 너희들의 자세를 흩트려서
는 아니 됨을 알아야 될 것이니라.
30 하물며 너희들이 남이 들어서 깨닫고
깨우치는 너희들의 입에서 흘러나오
는 말과 그 음성조차도 다듬어야 될
것이니라.
31 너희들이 말을 하는 것도 아름다운 말
만 하는 것이 아니요, 그 말과 더불어
나오는 음성의 형태요, 감정의 형태까
지 다스릴 수 있는 그와 같은 너희들
의 변화되는 마음 자세로써 변해야 될
것이니 그리 알라.
32 너희들은 지금 얼마 남지 않은 그 육
신의 부귀영화와 영원히 살 수 있는
나의 천국에 와 내 품에 사는 것 중에
어떤 것을 선택할 것인가를 생각해 보
라.
33 무엇이 더 소중한 것이며, 너희들이
어떤 것을 선택할 것인가?
34 너희들은 얼마 남지 않은 육의 삶의
향락을 위하여 그 모두를 다 버리겠는
가?
35 너희들은 영원히 사는 나의 품에 와
너희들이 상상할 수 없는 이 천국에서
영원히 나와 더불어 사는 그 영광과
너희들의 얼마 남지 않은 그 육신의
삶을 바꿀 수 있는 그 용기가 필요함
이니라.
36 모든 마음을 다 비워라.
37 그리고 너희들이 하얀 마음이요, 천사
와 같이 산다 하여 세상에서 불이익을
당하는 것이 없으며 억울함이 없음이
니라.
38 반드시 주면 받게 되어 있는 것이 나
의 법칙이니라.
39 너희들 인간사에서는 그것이 이루어
질 수 없을지 모르나, 나 여호와는 공
의의 하나님이니라.
40 너희들이 나에게 선한 것을 하나 보이

면 내가 반드시 너희들에게 줌이니,
너희들은 이를 잊지 말라.
41 그리고 기다리는 마음으로써 너희들
이 나를 향하여 달려올 때 모두는 이
루어질 것이니라.
42 오늘 이후 너희들은 천 길 낭떠러지에
서 가지를 잡고 있어 그 가지를 놓으
면 너희들이 산산조각이 나 죽음이니,
43 내가 너희들을 잡으려 해도 잡을 수
없으며 너희들이 나를 잡으려 해도 잡
을 수 없음이니, 나 여호와를 너희들
마음속에서 지우는 일이 없도록 그리
하라.
44 나 여호와가 존재함을 너희 가슴에 깊
이 심고 있을 때, 너희들의 언어와 행
동과 몸가짐과 그 모두를 다스려 갈
수 있을 것이니라.
45 내가 너희들을 사랑함이니라.
46 서서히 너희들에게 지금 피어 가는 이
꽃을 활짝 피울 수 있도록 그리하라.
47 지금 봉오리가 맺어 가는 이 분위기
를, 꽃이 피지 못하도록 꺾이게 하는
그와 같은 우를 범하는 자, 내가 용서
치 아니할 것이니 그리 알라.

## 3,310 번째 하나님 말씀

*2002년 9월 8일 15시 31분*

1 사랑하는 나의 아들아!
2 "네, 아버님! 말씀하옵소서."
3 '창조주인 나 여호와의 이름을 망령되
이 일컫지 말라.' 함은 너희들이 나에
게 부끄러운 행위요, 내 이름에 누가
되는 행위를 해서는 아니 된다는 말을
너희들에게 깨우쳐 줌이니,
4 정녕 나의 백성이라 선택된 자며 나
여호와가 존재함을 알고 있는 백성,
너희들은 바로 그와 같은 마음 자세로
살아가야 됨을 잊어서는 안 되는 것이
니라.
5 믿음의 길은 조금도 방심해서는 안 되
며 마음을 놓아서도 안 되는 것이니라.
6 너희들은 말하지 않느냐?
7 모든 일을 역사함에 있어서 그 흐름에
탄력이라는 것이 있다 하지 않느냐?
8 탄력이라는 것이 붙었을 때 너희들이
모두가 다 이루어질 것이며 그 탄력이
중단되어서는 아니 되며 멈춰서도 아
니 됨이니, 다시 그를 시작함이란 어
렵다 하였음이니라.
9 어린아이들이 자라면서 공부라는 것
에 취미를 붙여 공부를 하기 시작하면
그 공부하는 속에 즐거움이 있고 제
나름대로 행복이 있음이니,
10 그리하여 그는 공부하는 데 남보다
더 열심히 하며 즐거운 마음으로 행하
니, 그가 바로 그와 같은 마음을 가지
고 평생을 살아갈 때 그는 사회에서
필요한 사람으로서 지식인이요, 깨달
음을 갖는 사람이 되느니라.
11 그가 한 번 중단하여 오락이요, 노는
그와 같은 길로 마음이 한 번 돌아서
면 그 마음을 바로잡기가 너무나도 어
렵고 힘든 것이니라.
12 그리하여 탄력이 붙었을 때 그 탄력을
가지고 목표했던 것을 이룰 수 있는
그와 같은 너희들의 마음 자세가 필요
한 것이니라.
13 믿음도 그러하니라.
14 너희들이 믿음의 길에 들어설 때 그를

바로잡고 거기서 탄력을 가하여 변함
없는 믿음으로 전진해 갈 때, 어느 한
계에 올라서게 되면 너희들은 영원히
그 진실한 믿음의 길을 갈 수 있게 그
와 같이 너희들 자신이 변화되어 있음
이니라.
15 그러나 너희들이 가는 길에 마음의 동
요요, 마음의 변화가 있을 때 너희들
은 중단하고 포기하게 됨이니라.
16 너희들이 선한 것을 행하며 사는 것보
다는 그저 악한 것을 행하며 선하지
못한 일을 행함이니, 거기에서 너희들
이 용감하고 즐거운 마음이 무엇보다
도 더 솟구침이니라.
17 너희들은 그리하면 안 되는 것이라 말
하였음이니라.
18 너의 제자들이 그리하여 항상 지금의
믿음이 곱고 아름답게 가는 그 자세에
서 멈춰서는 안 되며 중단해서도 아니
됨이니라.
19 나의 법전을 접하여 읽는 백성 너희들
도 마찬가지이니라.
20 너희들이 나의 법전을 접하고 읽을 때
너희들의 깨달음의 경지가 계속 전진
하나, 너희들이 나의 법전을 놓고 이
를 들여다보지 아니하기 시작하면 너
희들 스스로 무너지며, 깨우친 것까지
도 다 물거품이 되어 감이니,
21 그리하여 너희들은 나의 법전을 접하
지 아니하며 나의 법전을 접하는 기회
를 갖지 아니하며 스스로 나의 법전을
멀리하게 되어 있음이니라.
22 나의 법전을 접하여 읽는 것도 너희들
이 거기서 깨달음이 있을 때 그를 중
단하지 말고 계속 읽어 갈 때 너희들
이 진정한 깨우침을 볼 수 있음이니라.
23 너희들의 믿음이 그와 같이 되어 있음
을 잊어서는 안 되는 것이니라.
24 지금 나의 성전에 와서 공부하며 법전
을 공부하는 나의 선택된 백성들이 탄
력이 붙었음이니 그 탄력에서 중단하
면 안 되느니라.
25 그리하여 지금의 이 방법으로써 너희
들을 계속 이끌어 가며 전진해 나가는
그와 같은 깨달음을 갖고 나가야 될
것이며,
26 너희들은 지금 중단하지 않으며 긴장
을 풀지 아니하도록 법전을 읽고 또
성전에 와서 공부하며 나의 성령의 가
르침을 직접 들어 너희들이 성령으로
써 충만된 사람으로 변하며 완벽한 삶
을 살아갈 수 있는 그 너희들의 다짐
과 변화를 이루어야 될 것이니라.
27 그렇지 아니하면 너희들은 무너지고
쓰러짐이니 이를 잊지 말라.

## 3,311 번째 하나님 말씀

*2002년 9월 8일 15시 43분*

1 사랑하는 나의 아들아!
2 "네, 아버님! 말씀하옵소서."
3 지금 수천 년 동안 믿음이라는 것에
종사하며 저희들이 구원을 받고자 하
는 그들에게 물어보라.
4 그들이 '아멘!'이요, '할렐루야!'요, 저
희들이 손으로 지은 그 성전에 한 번
발을 들여놓은 그 후부터 평생 얼마나
고통스럽고 힘든 길을 가는가?
5 그리고 지금의 잘못된 종교 지도자들
이 저희들이 성전이라는 곳을 유지하

고 관리하기 위하여 얼마나 많은 이름
과 명칭을 붙여 너희들에게 재물을 긁
어 가는가?
6 너희들이 재물과 금화를 내놓지 아니
하면 아니 되도록 너희들에게 그렇게
고통을 가하고 있으며 압력을 넣고 있
음이니라.
7 어떠한 명분이든 그들은 그저 모이기
만 하면 헌금이라는 것을 거둬들이느
니라.
8 그리고 너희들로부터 재물을 빼 감이
니라.
9 기도원이라 하는 곳에 신도들을 이끌
고 가 거기서 또 헌금이나 재물을 내
놓지 아니하면 안 되도록 저희들이 그
곳에만 초점을 맞추어 가르침이니,
10 너희들은 여기서 하나 깊이 깨우쳐야
되는 그 어리석음을 알아야 될 것이니
라.
11 너희들이 기도원이요, 모든 기도하는
곳에 가 공부를 마친 다음에 너희들이
충만한 은혜를 받았음이요, 하늘에 오
르는 길이 무엇이며 정녕 나 여호와가
존재하며 내가 원하는 것이 무엇인가
를 깨달으면 그것으로써 만족해야 하
거늘,
12 너희들은 주머니에 가지고 있는 금화
와 은화와 짤랑거리는 동전까지 다 쏟
아 놓고 가도록 만드는 것이며 그를
위하여 온갖 재주를 다 부림이니, 이
는 돈을 걷기 위하여 동물이 재주부리
는 것보다도 더 교묘한 수법으로써 너
희들이 나의 피조물 만백성이요, 너희
들이 사랑하는 그 신도들이 다 털어놓
고 가게 만드는 것이니,
13 그들은 그것을 털어놓는 데 급급한 것
이며, 그들이 깨우침을 얻는 것은 하
나도 없음이니라.
14 다만, 그들이 털어놓고 가는 데만 자
극이 되도록 세뇌교육이 되어 저희들
이 그걸 가지고 그냥 가면 죄인 것 같
은 죄의식을 느끼니, 가지고 있는 것
을 몽땅 털어놓고 가게 하는 것이 너
희들이 지금 하고 있는 수법이니,
15 너희들이 정작 믿음이요, 깨우침을 알
려 주기 위해 그들을 그와 같은 곳에
집합시키고 모이게 하는가, 그렇지 않
으면 금화와 은화를 거둬들이기 위해
서 하는가?
16 너희 자신이 그 착각 속에 살 것이니
라.
17 너희들은 진정한 깨우침을 가르치는
것이 아니라, 어떻게 하면 이 장소에
서 금화와 은화를 더 많이 거둬들이
며, 신도라 하는 자들이 가지고 있는
재물을, 지갑 속에 있는 동전까지 다
털어놓고 갈 수 있도록 만드느냐, 이
것으로 유능한 종교 지도자요, 못난
종교 지도자요, 실력이 있는 지도자
요, 없는 지도자라 평가함이니, 이게
얼마나 웃기는 일이던가?
18 너희들은 장사꾼이요, 사기꾼으로서
그 사기를 잘 치고 장사를 잘하면 유
능한 종교 지도자요, 그렇지 못하면
유능한 종교 지도자가 아니라 평가하
느니라.
19 나의 뜻과 진리를 가르치며 참뜻을 가
르치고자 설교하는 자를 무능한 종교
지도자라 하여 단상에 세우지 아니하
고 그들을 버려두며 그들을 쓰지 아니

하는 것이 너희들이 아니던가, 정녕
그렇지 아니한가?
20 너희들이 기도원이라 하는 곳에 사람
을 모아 놓고 거기서 어떠한 사람을
선택하는가?
21 너희들은 돈이라는 금화와 은화를 있
는 대로 다 털어놓고 가도록 자극을
주는 그와 같은 자를 단상에 연설자로
세우는가, 그렇지 않으면 믿음이라는
걸 깨우쳐 주며, 재물은 나 여호와로
부터 받은 것이니 각자가 알아서 간직
하고 쓰며 함부로 내놓아서는 안 된다
는 그런 식으로 나의 말씀이요, 진리
만을 가르치는 사람을 선택하는가?
22 너희들은 진리만을 가르치는 자, 진리
만을 전하며 아름다운 마음을 가지고
있는 종교 지도자를 무능한 자라 하여
세우지 않을 것이니라.
23 어쨌든 그날의 장사에서 많이 파는
자, 즉 말하자면 많은 재물을, 가진 것
을 다 털어놓고 가도록 하는 그러한
자가 유능한 사람이요, 유능한 종교
지도자라 말하니,
24 너희들은 너희 신도들이 주머니 속에
쩔렁거리는 동전을 털어놓는 것에만
모든 열정을 바치며, 많이 털어놓고
다 털어놓고 갈 수 있는 자로 그리 둔
갑시키는 사람을 유능한 종교 지도자
라 하여 단상에 세우도록 선정한다 하
면 이는 얼마나 웃기는 것이던가?
25 너희들은 정말 웃기는 짓을 하고 있음
이니라.
26 너희들은 정말 부끄러운 짓을 하고 있
으며, 정말 보통 인간들이 할 수 없는
사악한 짓을 하고 있음이니라.
27 보통 인간들도 주는 것 없이 말품을
팔아서 그들의 있는 재물을 그저 영수
증 하나 없이 거둬들이는 그와 같은
추하고 더러운 사기극을 벌이지 않느
니라.
28 너희들은 우리 부자의 이름을 팔며 천
국이라는 것을 팔아 그와 같이 가진
자가 모든 것을 털어놓고 너희들에게
다 바치고 가도록, 그저 시도 때도 없
이 기도하도록 하며,
29 기도원이요, 며칠 작정 기도요, 10일
작정 기도요, 5일 작정 기도요, 그리
하여 그때마다 너희들은 거둬들이며
그저 모이기만 하면 재물을 거둬들이
는 그와 같은 간악한 수법을 쓰고 있
음이니, 이 얼마나 너희들이 웃기는
짓을 하고 있는가?
30 내가 내려다보는 너희들의 그 추한 모
습을 내가 단번에 단죄하고 싶으나,
너희들이 육의 삶을 마치고 나에게 와
심판을 받을 그날을 기다리고 있음이
니라.
31 너희들이 얼마나 무서운 죄 속에서 얼
마나 혹독한 벌을 받으며 그 대가를
치를 것인가를 너희들은 모를 것이니,
너희들의 그 무서운 죄를 위하여 내가
기다리고 있음이니라.
32 육의 세상에서 어떠한 벌로써 너희들
을 다스린다 해도 너희들이 죽어 나에
게 와 받는 그 무서운 벌보다는 가혹
한 벌이 없으며 더 무거운 벌이 없으
며 그보다 더 힘든 벌이 없으니, 내가
육에 있는 너희들을 지금 벌하지 아니
함을 알라.
33 너희들이 지옥에 와 받는 그 벌보다

더 험악하고 힘든 벌이 있다 하면 내
가 너희들을 여기서 벌하고자 하나,
너희들이 죽어 내 앞에 와 지은 죄의
대가를 치르는 그 벌보다 험악하고 무
서운 죄는 이 세상에 없음이니라.
34 지상의 낙원의 동산에는 없음이니, 내
가 너희들을 기다리는 것뿐이니라.
35 너희들이 깨우쳐 천사로서 천국의 문
을 들어오는 것도 내가 기다리며, 너
희들이 지상에서 치를 수 없는 그 무
서운 죄의 대가를 치르기 위하여 너희
들이 그 심판을 받는 날도 기다림이니,
36 이를 피할 수도 없고 거부할 수도 없
으며 도망갈 수도 없는 엄연한 길이니
라.
37 오로지 너희들이 내 앞에 와 심판을
받는 것은 누구도 피할 수 없는 길이
니, 그때 너희들이 와서 얼마나 혹독
하고 무서운 벌을 받는 것인가?
38 그리하여 지상에서는 그와 같은 벌을
내릴 수 없으니 내가 기다림을 알라.
39 그리하여 내가 너희들을 멸하지 않으
며 지상에서 벌하지 않고 그냥 놔둠이
니라.
40 이와 같이 무서운 이치를 너희들이 알
라.
41 스스로 깨우쳐 천국의 문을 들어올 수
있는 기회를 주고 있으며, 깨우치지
못하여 또한 지옥으로 가는 자는 지옥
으로 가 벌을 받도록 그 대가를 치르
는 날까지 내가 기다림이니, 이 무섭
고 엄연한 현실을 너희들은 인정해야
될 것이니라.

## 3,312 번째 하나님 말씀

*2002년 9월 8일 15시 57분*

1 사랑하는 나의 아들아!
2 "네, 아버님! 말씀하옵소서."
3 너희들 인간사 세상 속에 살아가면서
사악한 짓, 악한 짓을 하는 자는 삶에
윤택함을 얻으며 편안하게 살아감이
니라.
4 그리고 그들은 남부럽지 않게 쓰고 먹
으며 저희들의 육신의 향락을 위하여
그 모두를 다 즐기며 살아감이니라.
5 남들이 빼 빠지게 노력하며 힘들게 고
생할 때, 악한 짓이요, 사악한 짓을 하
는 자들은 호의호식하며 편안하게 살
아감이니라.
6 또한, 너희들이 보기에 나 여호와를
찾으며 정녕 선하고 아름다운 일을 행
하는 자는 편히 살아간다 그리 말하며
스스로 너희들이 착한 자라 말함이니
라.
7 너희들은 여기서 하나를 짚고 넘어가
야 될 것이니라.
8 내가 너희들에게 지금 전하노니, 사악
한 짓, 악한 짓을 하면서 육신을 위하
여 부귀영화를 누리고 호의호식하며
살아가는 사악한 자들이 있는가 하면,
9 지금 종교 지도자처럼, 너희 종교 집
단처럼 믿음을 찾으며 나 여호와를 찾
으며 선량하게 산다고 말로는 하나
정녕 생활에서 사랑을 나누지 못하고
하늘에 오르는 참된 길을 못 오르고
가는 자들이 있으며,
10 그리고 지금 나의 법전을 읽고 깨우쳐
나의 성전에 와 진정한 천사와 같이

변하며 살아가고자 하는 그와 같은 자
들의 세 부류가 지금 세상에 존재하고
있음이니라.
11 여기서 너희들은 깨우쳐야 할 것이 있
느니라.
12 정녕 너희들은 사악한 짓이요, 남에게
누를 끼치며 남의 눈살을 찌푸리게 하
며 남에게 못된 짓을 하면서 육의 삶
의 부귀와 영화요, 윤택함을 과연 얻
는가?
13 너희들은 그들을 보고 부러워하며, 그
들을 보고 그와 같은 삶을 원하는가?
14 너희들은 여기서 돌이켜 봐야 될 것이
니라.
15 그들은 얼마 살지 않는 그 육의 삶을
위해서 사는 것이 아니라, 다음 세상
에 저희들이 지옥에 가기 위한 연습을
하고 있음을 알아야 될 것이니라.
16 그들은 스스로 지옥으로 가기 위하여
하나하나 죄를 쌓고 있으며, 지옥에
가는 것을 연습하는 자들이니라.
17 너희들은 이것을 보아야 될 것이니라.
18 그리고 하나는 저희들 자신만이 구원
을 받는 길이라 하여 착각하고 있는
자들 또한 그들이 죄를 지으며 사악
하게 살아가는 자들이라 그리 원망하
나,
19 믿음이라는 것을 가지고 가면서 베풀
지 아니하고 사랑을 나누지 아니하며
지금 살아가는 너희들은 믿음을 가진
것이 아니며 나에게 등을 돌려 죄를
짓는 행위를 하며 살아가는 자들이니,
너희들 또한 그와 같이 말할 자격이
없느니라.
20 그들이나 너희들이나 다 똑같은 상태
에서 하나는 육신의 물질적인 것에서
죄를 짓고, 너희들은 구원이라는 것을
위하여 너희 모두를 다 팔아 버리며
잘못 가는 그 길을 가고 있음이니,
21 너희들은 하늘에 오르는 티켓을 재물
로써 살 수 있다 생각하는 자들이며,
그리고 어떠한 일이든 저질러 놓고 죄
를 용서 빌면 용서해 준다는 착각 속
에 살아가는 자들이니, 그들과 너희들
이 차이점이 없다는 것을 알라.
22 감히 너희들은 그런 말을 할 수도 없
음을 알라.
23 지금 나의 제3의 시대에 나의 법전을
읽고 깨우친 백성 너희들은 과연 어떠
한 길을 선택하며 가겠는가?
24 너희들이 잘못 믿어 온 그 종교 집단
속에서 너희들도 편안한 삶과 편안한
생활 속에서 편안한 믿음의 가는 길로
써 너희들이 구원을 받고자 지옥 불로
가는 그들을 따라가겠는가?
25 또 하나는 육의 부귀영화를 위해서 못
된 짓, 남들에게 해서는 안 되는 사악
한 짓을 하며, 육신의 금전적으로 윤
택한 삶을 사는 자, 그들은 지옥에 가
는 연습을 하는 것이며 지옥에 가기
위하여 저희들이 죄를 하나하나 뒤집
어쓰고 있는 것이 그들의 삶이니, 그
들은 지옥에 갈 수 있는 죄를 만들며
살아가는 자들이니라.
26 너희들은 또한 그 길을 선택하기 원하
는가?
27 너희들은 바로 보아야 될 것이니라.
28 얼마 안 되는 육의 삶의 그 향락을 위
하여 너희들이 영원히 사는 나의 나라
에 올 수 있는 기회를 버리는 삶을 살

아서는 안 될 것이니라.

29 지금 너희들은 육의 고통이요, 믿음의 고통을 같이 동반하여 가나, 나의 법전을 읽고 법전대로 행하며 그대로 살아가는 자, 나의 아들을 통하여 내가 내리는 그 성령의 강론을 듣는 자, 그 어렵고 힘들고 고달픈 길을 갈 때 그 다음에 얻어지는 것은 너희들이 상상할 수 없는 엄청난 부귀영화와 은총이 있음을 알라.

30 그리고 내가 너희들에게 짚어 확실히 말하노니, 진실한 믿음으로써 나를 향하는 자에게는 육의 삶에서 내가 고통을 주지 아니함을 알라.

31 나를 믿으며 나 여호와를 경배하며 나의 아들 예수의 보혈로써 구원을 받았다 말하는 자, 내가 존재한다 말하는 자, 나 여호와가 존재한다 믿는 자가 진정 나로부터 선택된 백성이요, 진심으로 나를 향하여 믿음의 길을 가는 백성이라면, 어떠한 누구든 그들에게 육의 고통과 시련을 주지 아니하느니라.

32 진정으로 믿는 자, 진정으로 깨닫는 자, 그리고 진정으로 십계명을 행하며 나의 법전대로 행하며 살아가는 자, 그들에게는 의식주를 해결하며 아름답게 살아가며 믿음으로 살아갈 수 있도록 해 주며 영원히 고통이 없음을 알라.

33 이것이 나로부터 선택된 백성과 선택되지 않은 나의 백성의 차이점이니라.

34 다만, 지금에 있어서 너희들이 나의 법전을 공부하며 나의 성전에 와 나의 아들의 강론을 들은 그 기간이 얼마나 되는가?

35 너희들이 10년, 20년이란 세월을 나의 아들 앞에 와 강론을 들었고 나의 법전을 공부하였는가?

36 너희들은 365일, 1년도 아직 안 된 자들이니라.

37 그러한 너희들이 무엇을 더 얻고자, 구원받고자 하나, 너희들이 5년, 10년이란 그 세월을 나의 아들을 따라 성령을 공부하며 나의 법전을 읽고 깨우쳐 정녕 변화되는 삶을 살아 보라.

38 너희들은 아직 변화의 기초에도 들어서지 아니하였으니, 너희들이 은혜와 축복을 바라는 것은 너희들의 욕심이니라.

39 너희들이 5년, 10년 나의 아들을 따라 법전을 공부하고 나의 성령을 직접 들어 천사와 같은 마음으로 변해졌을 때, 너희들은 육에서도 얻을 수 없는 은혜와 영광의 은총을 얻을 것이니라.

40 그러니 너희들은 사악하고 간악한 방법으로써 인간의 향락을 위해서 살아가는 그들의 윤택함을 보고 부러워하지 말라.

41 그들의 윤택함은 저희들이 죄를 짓는 것이며 지옥으로 가기 위한 연습을 하는 것이며, 잘못 믿음을 가는 자, 쉽게 믿음을 가는 자, 그들 또한 지옥으로 가는 연습을 하고 있는 것이니,

42 너희들이야말로 진정한 믿음을 가졌을 때 육의 행복을 얻을 것이며 영혼을 구할 것이며, 그리하여 나의 법전을 가지고 공부하며 깨닫는 너희들에게는 그와 같은 선택된 백성의 차이점이 있느니라.

43 너희들이 노력하고 하루하루 사는 것
은 영혼을 구원받는 것이요, 또 너희
들이 그리 착하고 아름답게 살 때 육
에 대한 축복과 은혜와 영광을 다 받
는 것이니,
44 너희들이 얼마나 위대한 백성이며 얼
마나 행복한 백성이며, 선택됐다는 나
의 백성이요, 나의 법전을 읽는 너희
들이 얼마나 행복한 자들이며 선택된
백성이며 은혜 속에 살아가는 것인가
를 너희들이 한번 견주어 생각해 본다
면, 너희들의 마음 자세가 어떠해야
할 것인가를 알아야 될 것이니라.
45 잠시도 나 여호와를 지워서도 안 될
것이며 나의 법전에서 너희들이 눈을
떼서도 안 될 것이며, 항상 정독하며
그 뜻을 따라 행하는 너희들이 되어야
될 것이니, 그리하여도 너희들이 나에
게 선택된 그 은혜에 보답할 길이 없
음을 알라.

# 부 록

【하나님께서 가르쳐 주신 운동】

천재지변이 일어날 때, 동물이나 미물들은 미리 알고 대피하지만, 인간은 알지 못하고 큰 화를 당합니다. 하나님께서 인간에게 가장 높은 지혜를 주시고 완벽하게 창조해 주셨기에 동물들보다 더 잘 알 수 있지만, 욕심으로 마음이 혼탁해져서 한 치 앞을 보지 못하는 것입니다.

마찬가지로, 인간은 누구나 스스로 필요한 운동을 해서 건강을 지킬 수 있도록 하나님께서 만들어 주셨습니다. 우리의 머리에서 우리 몸에 필요한 동작을 해 달라고 끊임없이 신호를 보내지만, 인간이 혼탁하게 살아서 그 신호를 알아채지 못합니다. 그러니 자연스럽게 자기 몸이 원하는 그 신호를 따라서 운동하는 것이 하나님께서 가르쳐 주신 운동 방법입니다. 바로, 우리의 영이 육을 이끄는 운동입니다.

▶ 하나님 운동법

1. 눈을 감고, 발을 어깨너비로 벌리고 바르게 선다.
2. 몸에 힘을 풀고, 허리를 숙이면서 손과 머리를 아래로 내린다.
3. 허리를 펴고 싶을 때, 천천히 펴면서 하고 싶은 동작을 하면 운동이 시작된다. (사람마다 다르다.)
4. 멈추지 말고, 어떤 동작이든지 자기 몸의 느낌대로 계속 이어서 한다.

▶ 참고 사항

① 눈을 감은 상태로 아무 생각 하지 않고, 자기 몸의 느낌대로 움직입니다.
② 마음을 비우고, 욕심을 버리고, 지난날의 잘못을 반성하면서 몇 차례 시도하다 보면, 자기도 모르게 하고 싶은 동작이 끊임없이 생깁니다.
③ 운동 장소는 방 안이든 운동장이든 관계없으며, 걷거나 달리고 싶을 때는 눈을 떠도 됩니다.
④ 매일 40분 이상, 주 4회 이상, 3개월 이상 하면 음식 조절에 들어갑니다.
- 음식으로 생긴 병은 음식으로 치료하게 되며, 어떤 음식을 먹어야 하는지 스스로 알게 됩니다.
(자기 몸에 필요한 음식만 먹고 싶어집니다.)
⑤ 사랑하는 사람과 함께 운동하면 서로 치료해 주기도 합니다.
⑥ 운동을 하다가 몸의 어느 한 부분을 계속 손으로 자극한다면 그쪽에 이상이 있는 것이니, 의사에게 상담을 받고 적절한 치료를 받으면 됩니다.
⑦ 다이어트 및 기타 건강관리에 효과적입니다.
⑧ 꾸준히 운동하여 영이 맑아지면, 자신의 과거와 미래를 스스로 보게 됩니다.

누구나 스스로 하실 수 있습니다.

# 간 행 사

## 《새로운 성경》은:

· 새로운 성경은, 하나님께서 선량하고 선한 자를 선택하여 십계명을 암송하도록 하시고, 십계명을 암송한 다음에 음성으로써 들려주시는 말씀을 듣고 그대로 카세트테이프에 녹음해서 받아쓴 책입니다.

· 90분짜리 녹음테이프 700여 개에 달하는 말씀으로, 1999년 8월부터 2004년 7월까지 총 160권(권당 288쪽)을 완성하였으며, 그 이후에도 현재까지 계속 말씀을 내려 주고 계십니다.

· 새로운 성경은 "하늘을 두루마리 삼고 바닷물을 먹물 삼아 쓰고 써도 다 못 쓴다"는, 끝없이 방대한 하나님의 말씀이 두루마리로 직접 내려오는 것입니다. 이러한 새로운 성경은 구약과 신약을 폐하려는 것이 아니라 "인봉된 성서의 비유의 뜻"을 상세히 설명하여 완성하고자 하나님께서 직접 내려 주신 말씀입니다.

## 《새로운 성경》의 구성:

· 제 목: 2013년, 160권 모음집을 발간하면서, 본 도서의 제목을 "하나님! 말씀하옵소서"에서 《새로운 성경》으로 명해 주셨습니다.

· 단행본: 각 권당 288쪽(신국판) 책이 160권까지 시리즈로 출판됩니다.
(모음집은 단행본을 16권씩 묶어서, 총 10부로 구성됩니다.)

## 《새로운 성경》의 성경적 근거:

· 신약 성경 [요한복음] 16장 13절에 "진리의 성령이 오시면 그가 너희를 모든 진리 가운데로 인도하시리니 그가 자의로 말하지 않고, 오직 듣는 것만을 말하며" 하신 말씀처럼 하나님의 음성을 들은 것만 기록하였으며,

· "장래 일을 너희에게 알리시리라" 하신 말씀과 같이 개인, 나라, 인류의 "장래"일을 하나님께서 알려 주시는 것만 기록하여 책으로 만들었습니다.

### 《새로운 성경》의 기록 방법:

· 1999년 8월부터 하나님께서 저에게 들려주시는 음성을 기록하였습니다. 처음에는 제가 들은 말씀을 불러 주면 저의 아내가 기록하여, 2000년 1월 29일에 1권 초판이 세상에 나왔습니다. 2000년 4월부터는 주시는 말씀을 받아 녹음기에 기록하여 시리즈로 출간하기 시작하였습니다.

· 녹음을 시작하면서 하나님의 말씀을 받는 데 가속도가 붙었고, 2001년 5월 3일에 1부(1~16권까지)를 인쇄하여 출판하였으며, 2004년 7월까지 총160권 분량의 말씀을 받아 기록하였습니다.

### 하나님께서 저에게 주신 것은:

· 첫째, 만백성을 상대로 내려 주시는 "기도", 둘째, 수시로 내려 주시는 "묵상", 셋째, 개인의 과거, 현재, 미래를 알려 주시는 "개인 기도", 넷째, 개인의 건강을 위해서 내려 주시는 "음식 처방", 다섯째, 하나님께서 가르쳐 주신 "운동"등이 있습니다. 이 중에 첫 번째, "기도"를 책으로 편찬하였습니다. 사람의 생사, 개인의 미래에 관한 천기는 수록하지 말라 하셨습니다.

### 강론 안내:

· 하나님께서는 지금도 매일 저에게 새로운 하늘의 비밀의 말씀을 내려 주고 계십니다. 수시로 내려 주시는 말씀을 정리해서 제자를 육성하라는 말씀에 따라 매주 강론을 하고 있습니다. 누구나 무료로 들으실 수 있습니다. (book160.com)

### 《새로운 성경》을 읽는 분들에게 드리는 선물:

· 개인 기도: 개인의 과거, 현재, 미래에 관하여 말씀을 내려 주십니다.

· 음식 처방: 사람은 음식을 먹고살다가 건강을 잃으니, 음식과 운동으로 건강을 되찾는 방법을 알려 드립니다. 단, 하나님이 계심을 믿고, 십계명을 지키겠다고 진실로 서약하는 분들께 알려드립니다.

### 《새로운 성경》의 은혜와 기적:

· 새로운 성경 전160권은 16권씩 묶어서 총 10부의 모음집으로 구성됩니다. 모음집 한 부를 읽고 깨우치는 자에게 하나님께서 다음과 같은 기적이 있다고 하셨습니다.

· "첫째, 그가 죽어 하늘에 갔을 때 그의 죄를 묻지 아니하며, 구원을 받는 위대한 은혜가 있으며, 둘째, 그의 소원과 소망이 이루어지고, 셋째, 죽은 사(부모, 형제, 자식, 사랑하고 은혜 입은 분)의 이름으로 구입한 책을 읽고 누군가 한 사람이 깨우칠 때, 그 죽은 자가 지옥에서 천국으로 구원을 받게 되며, 넷째, 유산, 중절 수술 등으로 태어나지 못한 아이를 위하여 구입한 책을 보고 한 명이 깨우쳤을 때, 그 아이가 사람으로 다시 한 번 태어나는 은혜를 받는다."

· "새로운 성경"을 3회 이상 정성을 다해 정독하는 자, 성서의 비밀을 알게 되고, 세상의 이치를 알게 되며, 세상을 지배하고 통제할 수 있는 지혜를 다 얻게 된다고 하셨습니다. 이 책은 만백성이 정독하고 이웃에게 전하여, 평생 가슴에 묻은 슬픔과 고통의 짐을 벗고 미래를 위한 힘찬 삶을 살아가도록 하는 책입니다.

## 끝으로

· 하나님께서는 흰 눈이 세상을 덮듯이 새로운 성경을 온 세상에 전하라고 하셨습니다. 《새로운 성경》을 각국어로 번역해서 온 인류에게 구원의 길을 깨우쳐 주고, 그 수익으로 가난하고 어려운 백성을 구제하여, 만백성의 영과 육을 함께 구원하는 선지자의 임무를 수행하라고 저에게 명하셨습니다.

· 하늘에서 내려 주신 말씀의 보화를 만백성에게 나누어 주는 것이 선지자의 임무라고 하셨습니다. 새로운 성경을 통해서 얻는 재물을 사용할 곳도 하나님께서 일일이 명해 주십니다. 모든 재물은 저의 자의로 쓸 수 없고, 하나님께서 명하시는 대로만 쓰여집니다.

· 어떤 명분으로든 십일조나 각종 헌금을 거두어들이지 말라 하셨으며, 국내뿐 아니라 각국에 성전과 단독 서점을 운영하며, 한국의 많은 젊은이들을 전 세계에 지도자로 내보내라고 하셨습니다.

· 우리는 세계적으로 새로운 성경을 보급하며 어려운 이들을 돕는 역사를 해 나갈 것입니다. 지금까지 비록 몇 명 안 되는 제자들과 함께 이러한 일을 역사했지만, 앞으로도 계속 하나님께서 기뻐하시는 일들을 해 나갈 것입니다. 부족한 저희에게 여러분들의 지혜와 성원을 보내 주시기를 바랍니다. 많은 분들의 참여와 도움을 간절히 기다립니다. 감사합니다.

한국어로 내려온 《새로운 성경》 단행본을 출간하며
2016년 4월 10일

발행인 **김 용 철**

한국어로 내려온

# 새로운 **성 경** · 3부 · 제45권

지은이 하나님 말씀
대역자 김용철



초판인쇄 1쇄 2009년 11월 21일
재판인쇄 1쇄 2017년 4월 3일

펴낸 곳 도서출판 하얀마음
등록번호 제 10-2107호 (2001년 2월 14일)
주소 서울시 노원구 덕릉로86길5, 2층
전화번호 02) 313-1114
팩스 02) 393-5554
전자우편 book160@hanmail.net
편집위원 조나영 김미향 이석교
제작지원 김철종 조현숙 김영환 이계숙

도서상담 1600-7527
ISBN 978-89-5875-145-8 (04230)
978-89-5875-100-7 (세 트)

값 10,000원
잘못된 책은 구입하신 곳에서 바꾸어 드립니다.

※이 책은 10부로 제작되며, 각 부 16권씩 총160권으로 구성됩니다.※

| 1부 | 2부 | **3부** | 4부 | 5부 | 6부 | 7부 | 8부 | 9부 | 10부 |
|---|---|---|---|---|---|---|---|---|---|
| 1권 | 17권 | 33권 | 49권 | 65권 | 81권 | 97권 | 113권 | 129권 | 145권 |
| 2권 | 18권 | 34권 | 50권 | 66권 | 82권 | 98권 | 114권 | 130권 | 146권 |
| 3권 | 19권 | 35권 | 51권 | 67권 | 83권 | 99권 | 115권 | 131권 | 147권 |
| 4권 | 20권 | 36권 | 52권 | 68권 | 84권 | 100권 | 116권 | 132권 | 148권 |
| 5권 | 21권 | 37권 | 53권 | 69권 | 85권 | 101권 | 117권 | 133권 | 149권 |
| 6권 | 22권 | 38권 | 54권 | 70권 | 86권 | 102권 | 118권 | 134권 | 150권 |
| 7권 | 23권 | 39권 | 55권 | 71권 | 87권 | 103권 | 119권 | 135권 | 151권 |
| 8권 | 24권 | 40권 | 56권 | 72권 | 88권 | 104권 | 120권 | 136권 | 152권 |
| 9권 | 25권 | 41권 | 57권 | 73권 | 89권 | 105권 | 121권 | 137권 | 153권 |
| 10권 | 26권 | 42권 | 58권 | 74권 | 90권 | 106권 | 122권 | 138권 | 154권 |
| 11권 | 27권 | 43권 | 59권 | 75권 | 91권 | 107권 | 123권 | 139권 | 155권 |
| 12권 | 28권 | 44권 | 60권 | 76권 | 92권 | 108권 | 124권 | 140권 | 156권 |
| 13권 | 29권 | 45권 | 61권 | 77권 | 93권 | 109권 | 125권 | 141권 | 157권 |
| 14권 | 30권 | 46권 | 62권 | 78권 | 94권 | 110권 | 126권 | 142권 | 158권 |
| 15권 | 31권 | 47권 | 63권 | 79권 | 95권 | 111권 | 127권 | 143권 | 159권 |
| 16권 | 32권 | 48권 | 64권 | 80권 | 96권 | 112권 | 128권 | 144권 | 160권 |